国家自然科学基金：基于食品质量安全的生猪
协调机制研究（编号：71462020）
国家自然科学基金：供应链联盟视域下蛋鸡产业节点间多主体利益协
调机制研究（编号：71662019）

中国化肥产业走出去研究

高　阔　张　弦　江　浩　朱玉华　著

东北大学出版社
·沈　阳·

ⓒ 高 阔 张 弦 江 浩 朱玉华 2018

图书在版编目（CIP）数据

中国化肥产业走出去研究 / 高阔等著. — 沈阳：
东北大学出版社，2018.4
ISBN 978-7-5517-1857-8

Ⅰ．①中…　Ⅱ．①高…　Ⅲ．①化肥工业－经济发展－
研究－中国　Ⅳ．①F426.76

中国版本图书馆 CIP 数据核字（2018）第 081438 号

出 版 者：东北大学出版社
　　　　　地址：沈阳市和平区文化路三号巷 11 号
　　　　　邮编：110819
　　　　　电话：024－83683655（总编室）　83687331（营销部）
　　　　　传真：024－83687332（总编室）　83680180（营销部）
　　　　　网址：http://www.neupress.com
　　　　　E-mail: neuph@neupress.com
印 刷 者：沈阳市第二市政建设工程公司印刷厂
发 行 者：东北大学出版社
幅面尺寸：170mm×228mm
印　　张：19.5
字　　数：357 千字
出版时间：2018 年 4 月第 1 版
印刷时间：2018 年 4 月第 1 次印刷
组稿编辑：刘振军
责任编辑：汪彤彤
责任校对：汪彤彤
封面设计：潘正一
责任出版：唐敏志

ISBN 978-7-5517-1857-8　　　　　　　　　定　价：80.00 元

前　言

近年来，全球农业产业布局正在发生巨大变化。一方面，农业的生产、贸易、加工、消费等产业链各环节都在往亚洲转移，亚洲已经成为农产品消费高地和生产主力；另一方面，全要素开放市场也成为新的趋势，特别是中国农业企业对外投资呈现爆发式的增长趋势。从1995年开始的农业"走出去"的提法，到2017年中央1号文件正式把农业"走出去"作为国家战略提出来，20多年以来，中国农业走出去取得了不俗的成绩，也遇到了一些困难。总结中国农业"走出去"取得的成绩和经验，分析背后的各种问题，是推动习近平新时代社会主义时期中国农业发展走向全球化的基础。

在当前全球经济发展长期趋好，国际格局深刻调整的大背景下，我国农业企业应该以提升我国农业的全球竞争力、资源配置力、市场控制力和国际影响力为发展目标，统筹考虑和综合利用国际国内两个市场、两种资源、两类规则，从全产业链布局的角度出发，在农业科研、农资研发、生产、加工、物流、仓储和销售等诸多环节合理布局，长远谋划，形成全产业链的"走出去"战略。

化肥作为粮食的"粮食"，是工业革命的成果和现代农业的支撑。目前我国的化肥生产总量和消费总量已经位居世界前列，不仅满足国内需要，而且我国已成为国际上重要的化肥进口国和出口国。从目前形势看，我国化肥产业面临国内产能严重过剩，开工率较低；产业整合不足，落后产能退出缓慢；产业技术创新不足，资源消耗和环境排放较高；产品结构同质化、利用率低下以及国际出口竞争力等问题。本书根据联合国粮农组织FAO数据库中提供的世界各国化肥生产、消费、进出口贸易的数据资料，对全球化肥产业格局进行了分析，并从国际市场占有率和贸易竞争指数这两个指标对世界主要国家化肥的竞争力进行了测度。研究发现，全球化肥的生产和消费继续保持增长的趋势，但增速开始减慢，化肥贸易向亚非拉地区转移扩散的程度加深，而以美国、加拿大为主的部分世界主要国家在国际化肥市场中的竞争力在不断减弱，尤其是氮肥和磷肥，中国借此机会可以调整化肥产业的国际化布局，深入亚非拉等潜在市场，进一步提高我国化肥产业的国际竞争力。

参加本书编写的作者有九江学院经济与管理学院高阔博士、农业农村部对外经济合作中心张弦博士、中国农科院农业信息研究所江浩副研究员、江西财经大学国际经贸学院朱玉华和周火梅、厦门大学幸伟博士等，本书的编写和出版得到了农业农村部对外经济合作中心农业走出去产业研究项目和国家自然科学基金（71462020、71662019）的资助，特此表示感谢！同时，衷心感谢东北大学出版社的组稿编辑刘振军老师及其有关编校部门的老师，他们为本书的出版做了大量的细致而专业的工作，倾注了大量的时间和精力，在此表示衷心感谢！

我们要特别感谢农业农村部对外经济合作中心杨易主任！感谢杨主任长期以来的耐心指导和默默支持！

由于我国专门从事化肥产业"走出去"研究的机构相对较少，资料收集的途径有限，加之编写时间仓促，本书尚难以做到对我国化肥产业进行准确的分析和总结，书中可能存在的疏漏和不足之处，真诚欢迎专家和同仁指正。

高　阔
2018 年 5 月

目 录

第一章
绪 论

一、化肥产业的地位

化肥是粮食的粮食。施用化肥使得全球粮食作物产量增加了 40% ~ 60%[①]。《2017 年全球粮食危机》报告显示，全球处于严重粮食不安全状态的人数仍在大幅攀升，2015 年至 2016 年间，全球面临严重粮食不安全的人口从 8000 万猛增至 1.08 亿，粮食供给不均衡是导致这一现象的主要原因之一。提高粮食供给可以通过提高粮食生产规模和提高单位产量来实现，中国粮食种植面积从 2006 年的 10496 万公顷增长到 2016 年的 11303 万公顷，增长了 7.69%，中国的粮食产量从 2006 年的 49804 万吨增长到 2016 年的 61624 万吨，增长了 23.7%。全球历史数据特别是中国的历史数据显示提高单产是保证粮食供给的最主要措施[②]。

全球化肥生产和消费量总体上升。如表 1.1、图 1.1 所示，全球化肥生产量从 2002 年的 20268 万吨增长到 2014 年的 29643 万吨，增长了 46.25%。全球化肥消费量从 2002 年的 19697 万吨增长到 2014 年的 30853 万吨，增长了 53.12%。

表 1.1　　　　　　　　　全球化肥生产量和消费量　　　　　　　　　万吨

年份	生产量	消费量	盈余量	年份	生产量	消费量	盈余量
2002	20268	19697	571	2009	24926	25214	-288
2003	21462	21950	-488	2010	28606	28332	274
2004	23422	23261	161	2011	29503	29798	-295
2005	23563	23284	279	2012	29205	30161	-956
2006	23729	23138	591	2013	29233	29929	-696
2007	24660	24918	-258	2014	29643	30853	-1210
2008	25559	25281	278				

---

① African Union. 2006. "Abuja Declaration on Fertilizer for an African Green Revolution." African Union. Abuja, Nigeria.

② 黄高强. 我国化肥产业发展特征及可持续性研究 [D]. 北京：中国农业大学, 2015.

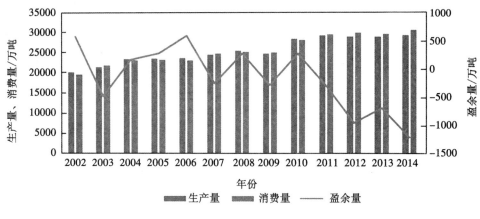

图1.1　2002—2014年全球化肥生产量和消费者

二、从全球视角分析化肥生产和消费的区域分布

全球化肥的生产多集中于石油、天然气、煤炭、磷矿、钾矿等资源较为丰富的地方，而这些资源的分布总体上来说较为集中，这就导致全球化肥的生产分布极度不平衡。图1.2为2014年全球各大洲化肥生产量的分布状况，从图1.2中可以看到，全球化肥的生产集中分布于亚洲、北美洲和欧洲，这三个大洲的化肥产量占据了全球化肥总产量的90%以上，而南美洲、非洲和大洋洲三个大洲化肥产量加起来还不到10%，生产差距巨大。从化肥生产的分布中可以发现，化肥产量高的地区都分布在北半球，而产量低的地区则皆分布于南半球，这说明化肥的生产不仅和资源的分布有关，还和经济的发展有密切的关系。

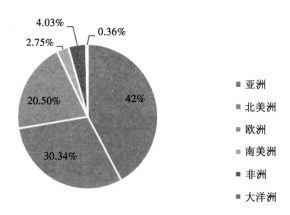

图1.2　2014年全球各大洲化肥生产量占比

以 2014 年全球各大洲化肥消费量的分布为例，化肥的消费多分布于亚洲和北美洲，这两个大洲化肥的消费量占据了全球化肥消费量的 70% 以上，同时两个大洲也是世界主要的农业区，生产各种粮食作物和经济作物，农业较为发达。其次为欧洲和南美洲，化肥消费量的占比合计在 20% 以上。非洲和大洋洲化肥的消费量则相对较少，参见图 1.3。

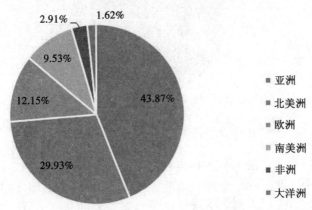

图 1.3 2014 年全球各大洲化肥消费量占比

对比全球各大洲化肥的生产和消费分布可以发现，亚洲和北美洲是化肥生产和消费占比最高的两个大洲，生产和消费的占比合计皆在 70% 以上。其次为欧洲，生产量的占比在 20% 以上，但消费量的占比却只有百分之十几，这说明欧洲化肥的生产要大于消费，与上文欧洲化肥的生产消费盈余量在所有大洲中最高的结论相一致。南美洲化肥生产量的占比在 3% 左右，而消费量的占比接近 10%，这说明南美洲化肥的消费要远远大于生产。非洲和大洋洲化肥的生产和消费占比都较小，但相对来说非洲化肥的生产消费占比要更大一些，且非洲化肥生产量的占比要大于消费量的占比，这说明相对于化肥消费来说，非洲在化肥生产上更具有优势。

三、从全球视角分析化肥进出口情况分布

从全球各大洲化肥的进出口情况来看，全球化肥的出口集中在亚洲、欧洲、北美洲以及北非，这些地区是世界重要的化肥生产地区，占据了全球化肥生产的 90%。2014 年欧洲出口化肥 4886 万吨，占全球化肥出口量的 35.4%；其次为北美洲，出口化肥 4228 万吨，占比 30.6%；亚洲排名第三，出口化肥 3401 万吨，占比 24.6%；非洲、南美洲以及大洋洲化肥的出口量较小，分别为 910 万吨、

313 万吨和 64 万吨，这三大洲化肥的出口占比合计为 9.3%，参见图 1.4。

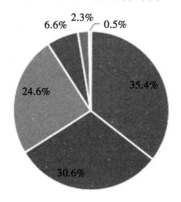

2.3%
6.6%   0.5%
35.4%
24.6%
30.6%

■ 欧洲 ■ 北美洲 ■ 亚洲 ■ 非洲 ■ 南美洲 ■ 大洋洲

图 1.4 2014 年各大洲化肥出口量占比

　　亚洲、欧洲、北美洲、南美洲这四个大洲是全球最主要的化肥消费大洲，每年化肥的进口量巨大，占据了全球化肥进口量贸易的 90% 以上。2014 年化肥进口量排在第一位的是北美洲，全年进口化肥 6241 万吨，占比 35.4%；其次是亚洲，进口化肥 4259 万吨，占比 24.2%；欧洲进口化肥 3430 万吨，占比 19.5%；南美洲进口化肥 2631 万吨，占比 14.9%；非洲和大洋洲化肥的进口量分别为 611 万吨和 461 万吨，占比分别为 3.5% 和 2.6%，参见图 1.5。

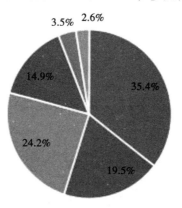

3.5%   2.6%
14.9%
35.4%
24.2%
19.5%

■ 北美洲 ■ 欧洲 ■ 亚洲 ■ 南美洲 ■ 非洲 ■ 大洋洲

图 1.5 2014 年各大洲化肥进口量占比

四、从中国和全球视角分析化肥产业发展

化肥产业政策区域有差异，利弊共存。化肥的使用使得过去 40 年全球农作物生产率得到了卓越发展，然而化肥和其他化学投入品的使用导致土壤侵蚀酸化和地下水污染程度日益严重，因此多个地区和国家正在采取措施防范土体损伤、环境污染和使用伪劣化肥，同时在某些急需使用化肥的地区继续扩大化肥的使用规模。最近，欧盟以及德国、印度、巴基斯坦和尼日利亚等地区和国家的政策都有重要举措。欧盟实施"循环经济"战略鼓励使用有机肥；德国修改施肥条例，在 2018 年将氮肥和磷肥的使用量分别控制在 50 公斤/公顷和 10 公斤/公顷；印度对化肥补贴做了大幅调整；2017 年印度尿素消费量减少了 200 万吨左右；巴基斯坦取消对尿素和 DAP 的直接现金补贴政策。尼日利亚开展"总统肥料倡议"。同时类似撒哈拉以南非洲地区的生产率水平低下与化肥施用规模有限有关，鼓励加大使用量。

未来五年全球化肥需求温和增长。钾肥需求继续稳步增长（+2.1%年），磷肥温和增长（+1.5%年），氮肥需求继续下滑（+1.2%年），如表 1.2 所示。增长速度最快的地区是非洲，其次是中东中亚和拉丁美洲，这三个地区将是未来十年需求潜力最大的地区。由于印度的化肥补贴政策调整，其需求增速将低于以往趋势水平。在东亚地区预计肥料消费增长有限，中国在天然气、电价及运价方面的调整，使得中国的氮和磷正处于一个平台期，但是中国、印度尼西亚和马来西亚的钾肥需求持续增长，将贡献世界钾肥需求预期增量的五分之二。发达地区的需求增长处于低迷时期，其中大洋洲的需求前景好于北美洲、西欧和中欧。

表 1. 2   **全球肥料需求（百万吨养分）**

时间	氮	五氧化二磷	氧化钾	总计
2014/15	102.9	43.2	33.3	179.5
2015/16	104.2	43.7	33.5	181.5
变化	+1.3%	+1.0%	+0.7%	+1.1%
2016/17f	106.3	44.9	34.6	185.8
变化	+2.0%	+2.8%	+3.1%	+2.4%
2017/18 f	107.3	45.3	35.4	188.0
变化	+0.9%	+1.0%	+2.3%	+1.2%
2021/22f	112.4	48.1	38.4	198.9
变化	+1.2%	+1.5%	+2.1%	+1.5%

注：数据来源于世界农业和肥料需求中期展望：2016/17 – 2021/22

产能将大幅扩张，市场竞争日趋激烈。在 2017 年至 2021 年阶段，化肥工业将投资近 1100 亿美元于 65 个以上的新生产装置，使全球产能增加 9000 万吨。相较于 2016 年，氮产能增长 7%，磷矿石增加 10%，钾盐增长 20%。而市场需求在接下来的五年年均增长大概在 1.4%，化肥工业将面临日益扩大的结构性不均衡问题，三种主要化肥产品存在潜在过剩的风险。

五、中国化肥产业布局战略

1. 发展思路与目标

立足国际国内两种资源、两个市场，紧紧围绕国家农业对外合作规划和"一带一路"倡议，统筹谋划重点国别、市场、产品的区域布局，以培育具有国际竞争力的跨国化肥企业为抓手，以境外氮磷钾资源及加工、贸易合作为突破口，以构建稳定、安全的化肥供应体系为己任，着力创新农业对外开放机制，加快国内优势产能转移，有效促进国际国内化肥产业要素有序流动、资源高效配置、市场深度融合，大力提升我国化肥产业对外合作过程中的全球竞争力、资源配置力、市场控制力和国际影响力。

2. 化肥产业布局基本原则

① 优化布局，突出重点。综合考虑境外目标国化肥自然资源条件、经济社会发展水平、产业比较优势，优化生产区域布局，全面参与全球价值链、产业链建构，重点强化与非洲、东欧、中亚、拉丁美洲和东南亚等区域重点国家的合作，突出主攻方向和关键环节。② 政府引导，市场主体。坚持以企业为主体，实行市场化运作，发挥市场在资源配置中的决定性作用，深化改革，加强政府对化肥产业政策、资金、服务上的支持力度，促进企业间协同推进。③ 龙头带动，优势互补。结合东道国发展诉求，充分利用我国资金、技术、市场及经验优势和多双边农业合作平台，发挥龙头企业的示范带动作用，抱团出海，构建化肥产业原材料资源供应、加工、仓储、物流、贸易全产业链体系，实现互利共赢。④ 防范风险，持续发展。严格投资论证，强化市场、融资、汇率、政治风险监测与评估，做好应急预案，确保项目安全运营；主动融入东道国经济社会发展，自觉履行社会责任，保护生态环境，实现境外化肥产业的可持续发展。⑤ 分类管理，持有优化。针对化肥细分产品中氮磷钾等资源禀赋差异，进行分类管理，分别制定战略布局和规划。

六、中国化肥产业走出去的技术路径

1. 培育国际化肥龙头大企业

依托现有上市化肥龙头企业，深化国有化肥企业改革，加大资源整合力度，实施联合体、联盟、联营体三大经营战略，推广产业化、集团化和股份化等三大现代经营模式，通过资源集聚与资本运作相结合等现代经营方式组建化肥行业联盟，在化肥原料配制、化肥销售、加工、种业、科技创新、信息、产业基金等领域开展全面务实合作，通过实施"协同、交叉、一体化"战略和"联合、联盟、联营"方式，加快形成以资本为纽带、连接紧密的利益共同体，打造国际化化肥龙头企业，鼓励国内具有互补优势的企业"抱团出海"，共同参与国际产能合作、开拓海外市场，培育具有国际竞争力的大企业大集团；完善我国化肥产品出口的相关政策，拉动我国化肥出口，化解产能过剩矛盾，把握化肥产业的话语权和控制力。

2. 建立一批境外规模化原料供应研发生产加工企业

应加快实施走出去战略，按照政府引导、企业运作的方式，将企业建设境外化肥原料供应研发生产加工基地项目列入政府间农业经济合作框架，在海外设立或合办研发机构，在海外投资或并购企业，给予相应的财政资助、税收优惠等政策支持，加强我国化肥企业对外投资生产经营活动的鼓励、扶持、保护和引导，开辟"绿色通道"，实行"一站式"服务，简化对外投资审批流程，实行境外投资贴息贷款、优惠利率等信贷支持，以及给予政府补贴等融资政策，加强企业投资决策的信息服务，推动我国化肥企业海外投资规模化原料供应、研发、生产、销售。转变海外投资方式，加快从目前独资、新建为主，转向以合资合作、新建、扩建、并购、参股、上市等多种方式并举，绕过主要境外地区和国家的壁垒，增强我国在国际化肥业的影响力，提高我国化肥的供给能力和对全球化肥资源的控制力，保证国家经济安全。

3. 融入化肥全球产业链建设并逐步获取主导权

全球化肥原料供应地区和国家正在由原来传统的原料出口逐步转向全产业链建设，向供应链的下游延伸。我国以东道国重点鼓励的化肥产业链环节为重点，为产业链各类企业走出去参与境外投资合作搭建平台，以研发、加工、仓储、物流体系建设等为重点，提升产业链环节上企业资源整合、优势互补，形成功能相互配套、相互衔接的优势产业集群。支持企业通过参控股方式新建或者收购重要物流节点的港口、码头，重点在"一带一路"沿线发展化肥仓储物流体系，利用陆海丝绸之路国际运输通道，发展境内外农产品跨境运输，增强国际市场开拓能力。

七、中国化肥产业走出去的区域布局

1. 化肥产业的区域选择

从空间布局来看，我国化肥企业重点投资区域可以分成两类：一类是非洲地区，主要是摩洛哥和尼日利亚（氮素和磷酸盐）、埃及和阿尔及利亚（磷酸盐）、坦桑尼亚和莫桑比克（天然气）；另一类是东南亚地区，主要是泰国和老挝（钾盐），东南亚钾盐需求占全球的11%。

2. 化肥产业的市场选择

中国化肥产业走出去布局，从市场选择来看，主要是满足国内钾盐进口的需求，北美和东欧中亚地区贡献全球钾盐供应增量的97%，北美（以加拿大为主）将贡献全球供应的35%，其次是东欧中亚（34%）、东亚（14%）和其他地区（17%）；其次是满足国际市场的氮肥和磷肥需要。非洲、拉丁美洲和南亚氮肥需求持续增加，将是未来主要市场。2016—2021年中国合成氮产能移除约600万吨，到2021年我国将依旧是氮肥和磷肥产品的支配性出口国，但钾肥进口可能会进一步增加。

第二章
全球化肥生产与消费

第一节　化肥消费地位

化肥是粮食生产的主要物质生产资料，是粮食的粮食，是粮食增产的基础。现如今，化肥已成为农业生产中必不可少的生产资料，人们也越来越习惯于通过施肥来提高农作物的产量，全球化肥的消费量在不断增加，各个国家和地区对化肥的生产和使用也越来越重视。中国是农业大国，也是世界人口最多的国家，在人多耕地少的情况下，通过使用化肥来提高粮食产量是解决我国粮食问题最为重要的方法之一。随着经济的快速发展，中国的农业越来越趋向于现代化，化肥产业也在这一过程中得到了迅猛发展，中国从一个依赖于其他国家的化肥进口大国逐渐转变为化肥出口大国。参见图 2.1，2.2。

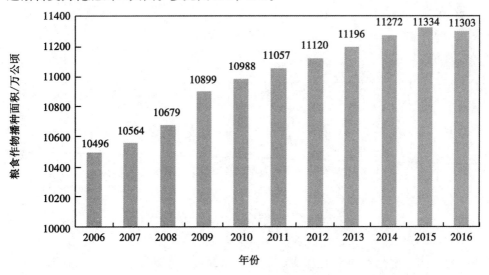

图 2.1　2006—2016 年中国粮食种植面积

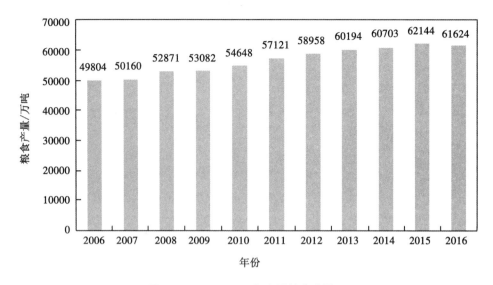

图 2.2　2006—2016 年中国粮食产量

全球化肥消费量总体上升。全球化肥消费量从 2002 年的 19697 万吨增长到 2012 年的 30161 万吨，十年间增长了 53.12%，如图 2.3 所示。

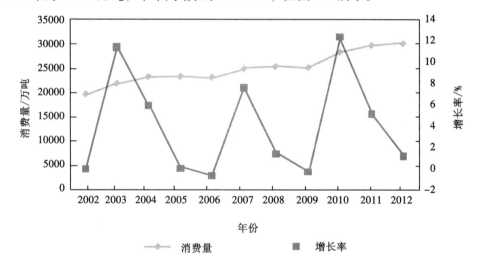

图 2.3　全球化肥消费量及其增长率情况（2002—2012 年）

第二节　化肥生产条件

化肥的上游行业主要是煤炭、天然气、磷矿、硫磺和钾矿等（见图 2.4），上游原料的价格对化肥生产成本具有直接的影响。全球氮肥生产以天然气为主要原料，而我国氮肥企业面临天然气成本较高与用气量限制的问题，因此氮肥生产更依赖煤炭。磷矿与硫磺是磷肥的主要生产原料，我国磷矿资源储量较高、硫磺资源缺乏，硫磺价格起伏对化肥行业的影响很大。钾矿主要分布在加拿大、俄罗斯等国，加之我国自身钾肥产能较低，我国钾肥的进口依存度很高，钾矿价格波动将直接影响化肥企业的生产成本。化肥的下游行业主要是农业，其中农业种植面积、单位面积施肥量（施肥水平）对化肥需求量有直接的影响，而生物能源的发展以及食品消费升级是化肥产业发展的重要下游推动力量。

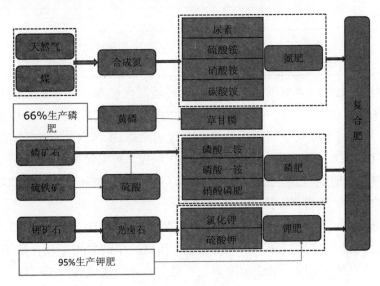

图 2 - 4　化肥产业链

化肥产业上游 - 煤炭分布：智研咨询发布的《2017—2023 年中国一次能源行业分析与投资前景分析报告》显示，全球煤炭消费减少 5300 万吨油当量，较 2015 年下降 1.7%，这是煤炭消费连续第二年下滑。煤炭消费降幅最大的是美国（-3300 万吨油当量，-8.8%）和中国（-2600 万吨油当量，-1.6%）。英国煤炭消费下降超过五成（-52.5%，-1200 万吨油当量），成为年鉴历史记录中的最低值。煤炭在全球一次能源消费中的占比降至 28.1%，达到 2004 年以来的最低水平。全球煤炭产量下降 6.2%，即 2.31 亿吨油当量，创有记录以来最大跌幅。中国煤炭产量也历史性地下降 7.9%，减少了 1.40 亿吨油当量。美国煤炭产量下降 19%，减少 8500 万吨油当量。参见表 2.1。

表 2.1	2016 年全球主要国家煤炭资源探明储量
国家	煤炭探明储量/百万吨
美国	251582
中国	244010
澳大利亚	144818
俄罗斯	160364
印度	94769
德国	36212
哈萨克斯坦	25605
波兰	24161
印度尼西亚	25573

化肥产业上游 – 天然气分布:《BP 世界能源统计 2015》中的数据显示,截至 2014 年底,全球的天然气探明可采储量为 187.3 万亿立方米,其中伊朗、俄罗斯、卡塔尔和土库曼斯坦四国的储量合计占全球的 58.3%。根据国际能源署(IEA)2012 年的统计数据,全球天然气的探明技术可采储量为 420 万亿立方米;非常规天然气的探明技术可采储量为 331 万亿立方米,其中页岩气为 208 万亿立方米,致密气为 76 万亿立方米,煤层气为 47 万亿立方米。

国土资源部的统计资料显示,截至 2012 年底,我国的天然气探明可采储量为 4.5 万亿立方米。而《BP 世界能源统计 2013》中的数据显示,截至 2012 年底,我国的天然气探明可采储量为 3.1 万亿立方米,居世界第 13 位。我国天然气资源主要分布于塔里木、四川、鄂尔多斯和东海大陆架,约占全部资源量的 2/3。国土资源部的统计资料显示,我国陆域页岩气地质资源潜力为 134.42 万亿立方米,可采资源潜力为 25.08 万亿立方米(不含青藏地区)。其中,已获得工业气流或有页岩气发现的评价单元,面积为 88 万平方千米,地质资源为 93.01 万亿立方米,可采资源为 15.95 万亿立方米。而根据美国能源局(EIA)的最新预测数据,我国页岩气的技术可采储量约为 31.58 万亿立方米,占全球预测总量的 15.3%,居世界第一位。为了摸清我国页岩气资源潜力,优选出有利目标区,推动我国页岩气勘探开发,增强页岩气资源可持续供应能力,国土资源部组织开展了全国页岩气资源潜力调查评价及有利区优选工作。评价和优选将我国陆域划分为五个区,分别是:上扬子及滇黔桂区、中下扬子及东南区、华北及东北区、西北区和青藏区,共评价了 41 个盆地和地区、87 个评价单元、57 个含页岩气的层段。这些工作由国土资源部油气资源战略研究中心牵头,国内相关石油企业、大学、地质调查机构和科研院所等 27 个单位 420 多人参加。根据国家能源局煤炭司的统计数据，中国煤层气预测资源量近 37 万亿立方米，位列世界第三位，但目前勘查程度低，探明的地质储量仅是资源总量的 0.74%。山西是全国煤层气资源最为富集、最具开发潜力的地区。全省 2000 米以浅的煤层气资源总量约为 10 万亿立方米，约占全国的 1/3。根据国际能源署（IEA）2012 年的统计数据，我国非常规天然气的探明技术可采储量约为 50 万亿立方米，其中页岩气为 36 万亿立方米，致密气为 3 万亿立方米，煤层气为 9 万亿立方米[①]。

化肥产业上游 – 磷矿分布：世界上大约 66% 的磷矿石用于生产磷肥，而中国 80.5% 的磷矿石用于生产磷肥，磷矿的合理开采和利用直接关系国家粮食安全以及人类的生存发展，对磷矿工业和农业可持续发展均具有十分重要的意义。根据美国地质调查局统计数据，截至 2012 年底，世界磷矿石储量为 670 亿吨，世界磷矿资源主要分布在摩洛哥和西撒哈拉、中国、阿尔及利亚、叙利亚、约旦、南非、美国和俄罗斯等 8 个国家或地区，占全球储量的 94.6%。目前，我国每年的磷矿石产量在 6000 万吨以上，远高于美国、摩洛哥和西撒哈拉等国家或地区的产量。我国磷矿资源储量丰富，但高品位磷矿储量低。我国磷矿储量居世界第二位，仅次于摩洛哥和西撒哈拉。我国磷矿已查明资源储量矿石量 176 亿吨，折算成标矿 105 亿吨；P_2O_5 含量大于等于 30% 的富磷矿资源储量矿石量 16.6 亿吨（标矿 17.6 亿吨）。如果仍按照目前"采富弃贫"的开采模式进行下降，20 年后我国磷矿石将开采殆尽。云南、贵州、四川、湖北是我国磷矿最为丰富的四个省份。其中，湖北省磷矿年产量突破 2000 万吨，是磷矿产量最大的省份。但湖北省单厂磷矿产量只有 21.4 万吨，不仅低于云贵 63.67 万吨和 54.43 万吨的单厂水平，也明显低于 31.86 万吨的全国平均水平。未来湖北省以及全国的磷矿资源整合将是必然趋势。

由于磷矿石资源已经具有一定的稀缺性，同时国内存在较为严重的乱采现象，小磷矿资源利用率仅有 15% ~ 30%，而大矿的利用率可以达到 60% ~ 80% 左右，因此我国主要磷资源储量大省都采取了措施以控制小磷矿开采，并且取得了一定的成效，如湖北地区磷矿山数量由整治前的 284 家减少到了 145 家。《化工矿业"十二五"发展规划》将磷矿资源的地位提高到空前水平，要求建立磷矿产地资源储备机制，提高磷矿开采准入门槛。与此同时，各磷矿大省积极出台整合计划，磷矿价格也一路上涨。

---

① http：//gas. in – en. com/html/gas – 2429594. shtml

化肥产业上游－钾矿分布：钾是农作物生长必需的营养元素，钾肥是农业种植三大肥料之一，世界上约95%的钾盐用于生产钾肥，主要产品有氯化钾和硫酸钾，其余5%主要用作工业用钾。2016年11月发布的《全国矿产资源规划（2016—2020年）》将钾盐等24种矿产列入战略性矿产目录，钾盐成为国家的战略性矿产。我国是世界上最大的钾肥消费国和进口国，钾肥需求量约占世界的20%，我国每年进口钾肥量约800万吨，进口依存度为50%。作为生产钾肥的原料，中国钾矿（钾盐）资源匮乏。据国土资源部统计，我国已探明可溶性钾资源量为10.85亿吨，其中储量仅为7516万吨，且品位低，固体难溶物多，可选性差。钾矿是我国大宗稀缺矿产之一①。

据美国地质调查局 *Mineral Commodity Summary* 2017年统计，全球钾盐储量43亿吨，主要集中在加拿大、俄罗斯、白俄罗斯、中国等地区。全球钾盐资源分布严重不均，加拿大、俄罗斯、白俄罗斯三个国家的储量占全球储量的61.08%。加拿大钾矿资源极为丰富，是世界上面积最大、品质最好的钾矿资源富集地，探明储量44亿吨，占世界总储量的46.7%。加拿大90%以上的钾矿资源分布在中部的萨斯喀彻温省，其余少量资源分布在东部新不伦瑞克省。加拿大钾矿资源品位高、地质条件简单、易于开采，萨省钾矿总产量约为2000万吨/年，占世界总产能的1/3，是全球最大的钾肥生产基地。加拿大钾矿的储量、产量和出口量均居世界第一，被称为"世界钾矿之都"。

从勘查公司挂牌的交易所看，在加拿大的多伦多证券交易所挂牌的以钾矿勘探和开发为主的勘查公司有15家，在澳大利亚证券交易所挂牌的有4家，在伦敦证券交易所挂牌的有1家，在中国的深圳证券交易所挂牌的有11家，在中国香港联合证券交易所挂牌的有1家。从持有的项目分布地点看，主要分布于加拿大的萨省、阿尔伯塔、纽芬兰地区，美国的新墨西哥州、犹他州地区，非洲的厄尔特里亚、刚果、博茨瓦纳地区。此外，英国、巴西、秘鲁、哈萨克斯坦、澳大利亚、中国和老挝也有一些工作程度较高的项目。综合分析上述从事勘探和开发的公司的项目进展，短期内新成长的独立钾矿公司，最有可能从资产在美国、厄尔特里特、刚果、巴西、英国的公司中产生，这些公司业也是最有可能被并购的对象。

从全球18家主要钾矿生产商的资料和22家上市的钾矿相关的资料和技术报告（见表2.2和表2.3）可知，从投资区域角度看，未来有发展潜力并适合中国

① http://www.mofcom.gov.cn/article/i/dxfw/nbgz/201706/20170602588746.shtml

企业投资的区域主要包括非洲的安哥拉–刚果、厄尔特里亚–埃塞俄比亚、中亚的哈萨克斯坦、东南亚的老挝等地区，是中国企业"走出去"投资钾矿可以重点考虑的区域。

表2.2　　　　　　　　　全球主要钾盐（钾矿）供应商

公司名称	代码/交易所	国家	地区	矿石类型	全球占比/%
Potash Corporation of Saskatchewan Inc. 萨省钾肥公司（世界最大的钾肥生产企业）	POT. TSX	加拿大	北美	钾石盐	19（2013）
The Mosaic Company 美盛公司（世界第三、北美第二）	MOS. NYSE	加拿大	北美	钾石盐	16（2013）
Agium Inc. 加阳公司（北美第三）	AGU. TSX	加拿大	北美	钾石盐	
Pubic Joint Stock Company Uralkali 俄罗斯乌拉尔钾肥公司	URKA. ME	俄罗斯	欧洲	钾石盐、光卤石	17
Open Joint Stock Company Belaruskali 白俄罗斯国家钾肥厂	—	白俄罗斯	欧洲	钾石盐	15.8
K + S Aktiengesellschaft 德钾公司	SDF. F	德国	欧洲	钾石盐	8.8
Isreal Chemicals Ltd 以色列化工有限公司	ICL. NYSE	以色列	中东	钾石盐、盐湖卤水	
Arab Potash Company 阿拉伯钾盐公司	—	约旦	中东	盐湖卤水	
Compass Minerals Intl Inc.	CMP. NYSE	美英加	北美	钾石盐、盐湖卤水	
Intrepid Potash Inc.	IPI. NYSE	美国	北美	钾石盐、盐湖卤水	
青海盐湖工业股份有限公司 （盐湖股份，中国最大）	000792. SZ	中国	亚洲	盐湖卤水	13.8
藏格控股股份有限公司（藏格控股）	000408. SZ	中国	亚洲	盐湖卤水	
国投新疆罗布泊钾盐有限责任公司	—	中国	亚洲	盐湖卤水	
Orocobre Limited	ORL. ASX	阿根廷	南美	盐湖卤水	

公司名称	代码/交易所	国家	地区	矿石类型	全球占比/%
Sociedad Quimicay Minera de Chile S. A	SQM. NYSE	智利	南美	盐湖卤水	
FMC Corporation	FMC. NYSE	阿根廷	南美	盐湖卤水	
Albemarle Corporation	ALB. NYSE	阿根廷	南美	盐湖卤水	
Corporation Mineral de Bolivia	——	玻利维亚	南美	盐湖卤水	

注：① 萨省钾肥公司持有在加拿大运营的 6 座钾盐矿山，同时还持有 Arab Potash Company 的 28% 股权、Sociedad Quimicay Minera de Chile S. A 的 32% 股权、Isreal Chemicals Ltd 的 14% 股权，以及 Sinofert Holdings Limited 的 22% 股权（Sinofert Holdings Limited 持有青海盐湖工业股份有限公司 21% 的股权）；② 上述 18 家企业合计占全球钾盐产品市场份额的 97% 以上。

表 2. 3 全球主要从事钾盐资源勘探和开发的公司

序号	公司名称	代码/交易所	钾矿所在区域	阶段
1	IC Potash Corp.	ICP. TSX	Ochoa（美国新墨西哥）	PEA、可研
2	Karnalyte Resources Inc.	KRN. TSX	Wynyard（加拿大）	可研、开发
3	Potash Ridge Corporation	PRK. TSX	Valleyfield（加拿大） Blawn Mountain（美国）	可研、开发
4	Verde Agritech Plc	NPK. TSX	Cerrado Verde（巴西）	可研、开发
5	Western Potash Corp.	WPX. TSX	Milestone（加拿大）	可研
6	Crystal Peak Minerals Inc.	CPM. TSX	Sevier Playa（美国）	可研、开发
7	Encanto Potash Corp.	EPO. TSX	Muskowekwan、 Ochapowace、Chacachas（加拿大）	勘探、PEA
8	Gensource Potash Croporation	GSP. TSX	Vanguard（加拿大）	勘探
9	Gteat Quest Fertilizer Ltd.	GQ. TSX	Sua Pan（博茨瓦纳）	勘探、PEA
10	Grizzly Discoveries Inc.	GZD. TSX	Cannada	勘探
11	Grownmax Resources Corp.	GRO. TSX	Bayover（秘鲁）	PEA
12	Mesa Exploration Corp.	MSA. TSX	East Utah（美国）	勘探

续表 2.3

序号	公司名称	代码/交易所	钾矿所在区域	阶段
13	Red Moon Resources Inc.	RMK. TSX	Captain Cook（加拿大）	勘探
14	Sennen Potash Corporation	SN. TSX	Monument（美国）	勘探
15	Kazakhstan Potash Corporation Ltd.	KPC. ASX	Zhilyanskoye、Chelkar. Satimola（哈萨克斯坦）	可研、开发
16	Kore Potash Ltd.	K2P. ASX	Kola、Dougou. Dougou Extension（刚果）	可研、开发
17	Reward Minerals Ltd.	RWD. ASX	LD. Karly（澳大利亚）	勘探、PEA
18	Danakali Limited	DNK. ASX	Colluli（厄尔特里特）	可研、开发
19	Sirius Minerals Plc.	SXX. L	York（英国）	开发、建设
20	Encanto Potash Corp.	EPO. TSX	Muskowekwan（加拿大）	预可研、可研
21	北方矿业股份有限公司	0466. HK	中国（陕西）	可研、建设
22	广州东凌国际投资股份有限公司	00893. SZ	老挝（万象）	可研、建设

第三节 化肥供需比较

化肥的生产对自然资源具有比较大的依附性，从全球化肥供给情况来看，各个国家和地区化肥的供给主要通过两种方式：一是国内生产，二是国外进口。对于自然资源较为丰富的国家，化肥的供给主要以国内生产为主再加部分进口；而对于自然资源较为匮乏的国家，则大部分依赖进口。从生产上看，全球化肥的生产总体保持上升的趋势，2014 年全球化肥的生产量达到 29643 万吨，较 2002 年的 20268 万吨增长了 9375 万吨，平均增长速度为 3.85%；从消费上看，全球化肥的消费也保持上升的趋势，在 2014 年达到 30853 万吨，比 2002 年的 19697 万吨增长了 11156 万吨，平均增长速度为 4.72%，消费量在增长速度和增长幅度上都要大于生产量；从盈余量上看，2002 年到 2014 年这 13 年间，有 7 个年份盈余量是负数，存在生产消费缺口，有 6 个年份盈余量是正数，存在盈余，且 2011 到 2014 连续四年盈余量是负数，缺口数量在不断扩大，如表 2.4 和图 2.5 所示。这说明全球化肥的生产和消费皆处于上升的趋势中，但消费量的增长速度要快于生产量的增长速度，在这一趋势的作用下，化肥的消费量开始赶超生产量，并且在不断拉大与生产量的差距，全球化肥的供给也从尚能满足消费的需求转变为生产与消费的供不应求。目前，全球化肥的生产仍无法满足消费的需求，生产消费缺口还在扩大。

表2.4 全球化肥生产量和消费量 万吨

年份	生产量	消费量	盈余量	年份	生产量	消费量	盈余量
2002	20268	19697	571	2009	24926	25214	−288
2003	21462	21950	−488	2010	28606	28332	274
2004	23422	23261	161	2011	29503	29798	−295
2005	23563	23284	279	2012	29205	30161	−956
2006	23729	23138	591	2013	29233	29929	−696
2007	24660	24918	−258	2014	29643	30853	−1210
2008	25559	25281	278				

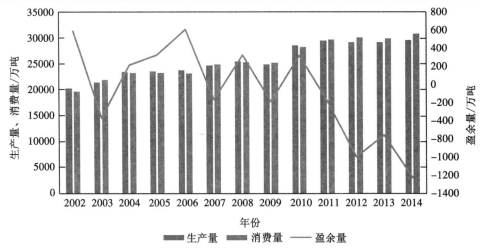

图2.5 2002—2014年全球化肥生产量和消费量

从各大洲化肥的生产消费盈余量情况来看，欧洲、北美洲和非洲的化肥存在盈余，总体上化肥的生产可以满足消费的需要，能够达到自给自足；而南美洲、亚洲和大洋洲的化肥则一直存在缺口。在这六个大洲中，欧洲的化肥盈余量最大，最高时达到3000万吨，最低时也在1000万吨以上，但总体不稳定，时增时减，其在2002—2006年以及2009—2011年这两个时间段上化肥的盈余量处于上升的阶段，在2006—2009年期间以及2011年之后，化肥的盈余量又处于下降的趋势，但从整体来说，欧洲化肥的生产要大于消费，如图2.6所示。北美洲化肥的生产消费盈余量在2002—2010年期间较为稳定，2010年之后呈现下降的趋势，且在2014年化肥的消费量超过了生产量，北美洲化肥由存在盈余转变为出现缺口，本地区化肥的生产量已经无法满足消费的需求。非洲也是存在化肥盈余的地区，且非洲化肥的生产消费盈余量整体较为稳定。其余三个大洲皆为化肥供给小于需求的地区，其中大洋洲化肥的缺口较小，缺口量较为稳定；亚洲为缺口最大的地区，最大时缺口超过 2000 万吨，但近几年亚洲化肥的缺口量有减少的趋势；南美洲化肥的缺口则越来越大，2014 年缺口量突破 2000 万吨，超过了亚洲。

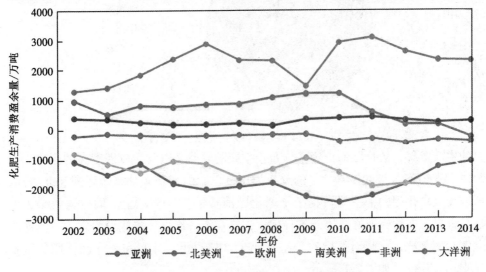

图 2.6　全球各大洲化肥的生产消费盈余量

第四节　化肥生产与消费的分布

全球化肥的生产多集中在石油、天然气、煤炭、磷矿、钾矿等资源较为丰富的地区，而这些资源的分布总体来说较为集中，这就导致全球化肥的生产分布极度不平衡。图 2.7 为 2014 年全球各大洲化肥生产量的分布状况，从中可以看到，全球化肥的生产集中分布在亚洲、北美洲和欧洲，这三个大洲的化肥产量占全球化肥总产量的 90% 以上，而南美洲、非洲和大洋洲三个大洲化肥产量加起来还不到 10%，生产差距巨大。从化肥生产的分布可以发现，化肥产量高的地区都分布在北半球，而产量低的地区则分布在南半球，这说明化肥的生产不仅和资源的分布有关，还和经济的发展有密切的关系。发达国家主要分布在北半球，发达的经济不仅能够促进化肥生产资源的开发利用，还能带动化肥产业的成熟发展；而南半球以发展中国家为主，总体经济发展水平较为滞后，不利于化肥产业的发展。

化肥具有增加土壤肥力、提高农作物产量的重要作用，是农业生产中必不可

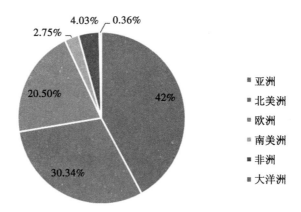

图 2.7　2014 年全球各大洲化肥生产量占比

少的生产资料，故化肥的消费多分布于重要的农业区以及人口密度高的国家。以 2014 年全球各大洲化肥消费量的分布为例，化肥的消费多分布于亚洲和北美洲，这两个大洲化肥的消费量占据了全球化肥消费量的 70% 以上，同时这两个大洲也是世界主要的农业区，生产各种粮食作物和经济作物，农业较为发达；其次为欧洲和南美洲，化肥消费量的占比合计在 20% 以上；非洲和大洋洲化肥的消费量则相对较少，如图 2.8 所示。

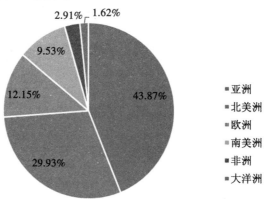

图 2.8　2014 年全球各大洲化肥消费量占比

对比全球各大洲化肥的生产和消费分布可以发现，亚洲和北美洲是化肥生产和消费占比最高的两个大洲，生产和消费的占比合计皆在 70% 以上。其次为欧洲，生产量的占比在 20% 以上，但消费量的占比却只有百分之十几，这说明欧洲化肥的生产要大于消费，与上文欧洲化肥的生产消费盈余量在所有大洲中最高的结论相一致。南美洲化肥生产量的占比在 3% 左右，而消费量的占比接近 10%，这说明南美洲化肥的消费要远远大于生产。非洲和大洋洲化肥的生产和消费占比都较小，但相对来说非洲化肥的生产和消费占比要更大一些，且非洲化肥生产量的占比要大于消费量的占比，这说明相对于化肥消费来说，非洲在化肥生产上更具有优势。

从各大洲化肥生产和消费的整体发展趋势来看，亚洲在全球化肥生产和消费所占的比重越来越大，化肥产量从 2002 年的 7335 万吨上升到 2014 年的 12457 万吨，如表 2.5 所示，所占比重也从 2002 年的 36.19% 上升到 2014 年的 42.02%；化肥消费量也有较大幅度的上升，但占比变化较小，仅从 2002 年的 42.74% 增加到 2014 年的 43.87%。北美洲和欧洲化肥的生产和消费占比变化方向相一致，生产和消费的占比都在减少。其中，北美洲的化肥生产占比由 2002 年的 34.65% 下降到 2014 年的 30.34%，消费占比由 2002 年的 30.74% 下降到 2014 年的 29.93%，生产占比的减少要大于消费占比的减少；欧洲的化肥生产占比则由 2002 年的 21.19% 下降到 2014 年的 20.4%，消费占比由 2002 年的 15.2% 下降到 2014 年的 12.15%，与北美洲相反，欧洲消费占比的减少要大于生产占比的减少。南美洲的化肥生产占比变化不大，保持在 3% 左右，消费占比从 2002 年的 7% 上升到 2014 年的 9.53%。非洲和大洋洲因化肥的生产和消费整体变化较小，在全球化肥生产和消费中的占比变化也就较小。从各大洲化肥生产和消费的占比变化中可以看出，亚洲的化肥生产和消费所占比重有所提高，在世界化肥市场中的地位越来越重要，是世界化肥生产量和消费量增长的主要动力来源。其次，以北美洲和欧洲为代表的发达国家在全球化肥市场中的力量有所减弱，而以南美洲为代表的发展中国家在全球化肥市场中的力量在不断增强。

表 2.5　　　　2002—2014 年全球各大洲化肥的生产消费及盈余量　　　　万吨

年份	亚洲			北美洲			欧洲			南美洲			非洲			大洋洲		
	生产量	消费量	盈余量	生产量	消费量	盈余量	生产量	消费量	盈余量	生产量	消费量	盈余量	生产量	消费量	盈余量	生产量	消费量	盈余量
2002	7335	8419	−1084	7022	6054	968	4295	2994	1301	580	1378	−798	897	499	398	139	353	−214
2003	7815	9321	−1506	7128	6604	524	4769	3351	1418	634	1778	−1144	893	530	363	222	365	−143
2004	8900	10043	−1143	7515	6689	826	5266	3420	1846	691	2129	−1438	882	631	251	167	350	−183
2005	8951	10758	−1807	7183	6406	777	5712	3331	2381	741	1783	−1042	822	640	182	154	367	−213
2006	9417	11154	−2007	7202	6346	856	5537	2649	2888	845	1987	−1142	856	667	189	142	335	−193
2007	9577	11481	−1904	7710	6838	872	5416	3073	2343	877	2493	−1616	925	701	224	156	332	−176
2008	9951	11751	−1800	8546	7452	1094	5245	2921	2324	850	2161	−1311	852	710	142	115	286	−171
2009	10392	12633	−2241	8144	6930	1214	4413	2950	1463	827	1772	−935	1001	639	362	140	289	−149

年份	亚洲			北美洲			欧洲			南美洲			非洲			大洋洲		
	生产量	消费量	盈余量	生产量	消费量	盈余量	生产量	消费量	盈余量	生产量	消费量	盈余量	生产量	消费量	盈余量	生产量	消费量	盈余量
2010	10801	13240	-2439	9292	8072	1219	6326	3393	2933	861	2290	-1429	1221	823	398	106	514	-408
2011	11333	13544	-2211	9466	8879	587	6487	3389	3098	829	2729	-1890	1257	825	432	122	432	-310
2012	11603	13428	-1825	9277	9093	184	6060	3429	2631	901	2715	-1814	1249	923	326	114	572	-458
2013	12018	13264	-1246	9240	9063	177	5846	3497	2349	858	2744	-1886	1175	923	252	96	439	-343
2014	12457	13534	-1077	8994	9235	-241	6076	3749	2327	815	2940	-2125	1194	897	297	107	499	-392

从以上数据分析中可以大致得出以下几个结论：第一，全球化肥的生产和消费都处于上升趋势中，但消费的增速整体要大于生产的增速，全球化肥的生产已无法满足消费的需求；第二，全球化肥的生产和消费总体分布不平衡，生产和消费的主导区域皆分布在北半球，而南半球化肥的生产和消费都要更弱，这也体现出南北发展的不平衡；第三，发达国家在全球化肥市场中的力量有所减弱，而发展中国家在全球化肥市场中的力量在不断增强，成为 21 世纪化肥生产量和消费量增长的主要动力；第四，化肥的生产和消费具有鲜明的规律性，化肥的生产依资源的分布而分布，而化肥的消费则依农业和人口的发展程度而分布。

第五节　化肥国际竞争力的分布

化肥的国际竞争力与化肥的进出口具有较大的相关性，这里采用国际市场占有率和贸易竞争指数两个指标来衡量化肥的国际竞争力。国际市场占有率是指一个国家某种产品的出口总量（额）占世界该产品出口总量（额）的比例，它在一定程度上反映了一个国家参与国际市场的程度，因此，可以通过计算国际市场占有率来对某国某种产品国际竞争力的大小进行比较分析。占有率越大，说明该国某产业的出口竞争力越强；反之，出口竞争力越弱。贸易竞争指数又称贸易专业化系数，通常指一个国家某类产品的净出口量（额）与该类产品总贸易量（额）之比。该指标通过贸易过程中所获得的数据来分析产品的国际竞争力。贸易专业化系数的取值介于 −1 和 1 之间，且越接近 1 说明贸易竞争优势越强，越接近 −1 说明贸易竞争优势越弱。

从国际市场占有率指标来看，亚洲、北美洲、欧洲这三大洲的化肥出口总和占据了国际化肥市场出口量的 90% 以上，其中欧洲化肥出口的市场占比最高，但整体呈现下降的趋势，2002年欧洲化肥的市场占有率为51.61%，占全球化肥出口的一半以上，而到2014年占比仅有38.9%，下降幅度较大，如表2.6所示。北美洲化肥的国际市场占有率也呈现下降的趋势，并且在2007年被亚洲所赶超，国际市场占有率跌落至第三位，到2014年北美洲化肥的国际市场占有率仅有18.2%。亚洲是所有大洲中唯一一个化肥的国际市场占有率一直保持上升趋势的大洲，市场占比从2002年的14.61%上升到2014年的35.19%，上升幅度巨大，预计未来亚洲化肥的市场占有率将超过欧洲，居于世界第一位。南美洲化肥的市场占有率较小，且整体较为稳定，保持在1%左右，而非洲化肥的市场占有率则略有波动变化，整体保持在6%左右，大洋洲化肥的市场占有率非常小，不到1%。从各个大洲化肥的国际市场占有率可以看出，亚洲化肥的竞争力在不断增强，而北美洲和欧洲化肥的竞争力在不断减弱。

表2.6 2002—2014年全球各大洲化肥的国际市场占有率

年份	亚洲	北美洲	欧洲	南美洲	非洲	大洋洲
2002	0.1461	0.2494	0.5161	0.0130	0.0714	0.0040
2003	0.1566	0.2400	0.5163	0.0150	0.0636	0.0046
2004	0.1680	0.2392	0.5171	0.0162	0.0571	0.0024
2005	0.1573	0.2182	0.5476	0.0172	0.0566	0.0036
2006	0.1678	0.2291	0.5209	0.0183	0.0614	0.0026
2007	0.2141	0.2095	0.4964	0.0158	0.0595	0.0047
2008	0.2223	0.2269	0.4826	0.0150	0.0487	0.0044
2009	0.2322	0.1946	0.4626	0.0172	0.0837	0.0097
2010	0.2433	0.2023	0.4615	0.0170	0.0708	0.0051
2011	0.2750	0.1914	0.4483	0.0138	0.0664	0.0052
2012	0.2694	0.1755	0.4692	0.0157	0.0654	0.0048
2013	0.2903	0.1892	0.4405	0.0154	0.0612	0.0034
2014	0.3519	0.1820	0.3890	0.0159	0.0576	0.0036

从贸易竞争指数来看，亚洲、北美洲、南美洲和大洋洲化肥的贸易竞争指数皆是负数，只有欧洲和非洲化肥的贸易竞争指数是正数。这说明亚洲、北美洲、南美洲和大洋洲这四个大洲化肥的进口要大于出口，而欧洲和非洲化肥的出口要大于进口。从贸易竞争指数绝对值的大小来看，亚洲化肥的贸易竞争指数绝对值越来越小，总体上往1的方向靠近，这说明亚洲化肥出口的比重在不断增加，进口的比重在不断缩小，在这一趋势下，未来亚洲化肥的出口将大于进口，竞争优

势在不断加强。北美洲化肥的贸易竞争指数绝对值在不断扩大，但相对来说数值较小，这说明北美洲化肥的进口比重在扩大，但进出口的差值相对较小，所以虽然北美洲化肥的竞争优势相比之前有所减弱，但依旧在国际化肥市场上占有非常重要的地位。欧洲一直以来都是化肥出口的重要地区，故贸易竞争指数一直保持正数，具有非常强的竞争优势，但近几年欧洲化肥的贸易竞争指数数值有所减小，说明相比之前，欧洲化肥的竞争优势有所减弱。南美洲和大洋洲化肥的贸易竞争指数皆是负数，且常年保持在 -0.7 以上，较为靠近 -1，如表 2.7 所示，说明南美洲和大洋洲的化肥皆处于较严重的竞争弱势。非洲化肥的贸易竞争指数皆为正数，但近几年数值在不断减小，说明非洲的竞争优势有所减弱。

表 2.7　　　　　　　2002—2014 年全球各大洲化肥的贸易竞争指数

年份	亚洲	北美洲	欧洲	南美洲	非洲	大洋洲
2002	-4.139	-0.0470	0.2257	-0.7324	0.3522	-0.7957
2003	-0.3482	-0.0780	0.2200	-0.7573	0.2915	-0.7676
2004	-0.3259	0.0780	0.2346	-0.7531	0.2232	-0.8585
2005	-0.4304	-0.1640	0.2858	-0.6917	0.1846	-0.7897
2006	-0.3973	-0.0900	0.2762	-0.6789	0.1864	-0.7933
2007	-0.2773	-0.1710	0.2568	-0.7671	0.2831	-0.6625
2008	-0.2569	-0.1100	0.2407	-0.7490	0.1156	-0.6907
2009	0.0976	-0.0850	0.2506	-0.6803	0.3237	-0.4125
2010	-0.2375	-0.1140	0.2475	-0.6998	0.2623	-0.6750
2011	-0.1771	-0.1500	0.2669	-0.7844	0.2485	-0.6657
2012	-0.1438	-0.1870	0.2583	-0.7676	0.1781	-0.6925
2013	-0.0649	-0.1490	0.2104	-0.7734	0.1193	-0.7892
2014	-0.0047	-0.1690	0.1396	-0.7843	0.1469	-0.7968

从各大洲化肥的国际市场占有率和贸易竞争指数对比分析可以发现，自进入 21 世纪以来，亚洲化肥产业的整体竞争力在不断加强，在国际化肥市场中的地位越来越突出，已经成为左右全球化肥产业格局的重要力量。而欧洲和北美洲原本的竞争优势在逐渐减弱，但依然在国际化肥市场中占有重要地位。这也从侧面反映出，欧美等发达国家已经在抑制本国化肥产业的扩张，甚至开始收缩，而发展中国家的化肥产业伴随着新世纪经济的快速发展而得到爆发，成为当代化肥产业发展的主要动力来源。

第三章
各区域化肥生产与消费

第一节　非洲地区

一、非洲的化肥生产条件

化肥的生产是与消费紧密联系在一起的，而化肥的消费又与农业的发展息息相关。故而分析非洲的化肥生产条件可以从分析非洲的农业生产入手。非洲其特殊的地形地貌以及气候特征决定了各个地区农业的发展。从总体上看，南非和北非的耕地面积最多，气候条件也较中非等地更好，降水量更多，故而农业发展相对来说较为发达，化肥的生产与消费量也较多，例如北非的埃及、摩洛哥和突尼斯是非洲地区化肥生产排名前几位的国家。

其次，化肥的生产和消费也与当地主要种植的农作物有关。据 FAO 资料，施肥比较多的南非主要作物如小麦、玉米氮肥平均用量在 30~50 千克/公顷，磷肥为 20 千克/公顷，钾肥不足 5 千克/公顷；摩洛哥主要作物氮磷钾用量分别为 12 千克/公顷、10 千克/公顷和 2 千克/公顷，一些种植面积比较小的经济作物用肥量比较多；而尼日利亚多数作物氮磷平均用量不足 5 千克/公顷，钾肥基本没有施用。这就决定了一个国家和地区集中生产什么类型的化肥。由于非洲地区农作物对于磷肥和氮肥的需求量要大于钾肥，故而该地区生产氮肥和磷肥较多，生产钾肥较少。

此外，化肥的生产也与当地的矿产资源丰富程度有关。非洲地区具有比较丰富的磷矿资源，主要分布在摩洛哥、突尼斯、南非等国家。2005 年，非洲地区的磷矿产量达到 4300 万吨，其中 1600 多万吨用于出口。因此，这些国家也是比较重要的磷肥生产国。

二、非洲的化肥生产与消费

由于非洲地区干旱少雨，农业生产条件相对较差，再加上一些国家比较贫穷，化肥施用面积比例和单位面积用量都比较低，故该地区化肥生产量和消费量占世界的比例一直不高。但不同种类的化肥生产和消费存在较大的差异。下面将根据不同的化肥种类对非洲的化肥生产和消费进行分析。

氮肥是世界各地最为常用的化肥之一，也是非洲最常用的化肥之一，国际上常用编码3102来代表它。从表3.1和图3.1中可以看出，非洲的氮肥生产量和消费量一直以来比较稳定，2002—2014年一直稳定在800万吨到1200万吨之间，没有特别大的起伏变化，但总体来说数量是上涨的，并且大部分年份的生产量都高于消费量，除了2005年、2013年和2014年三个年份外，基本能满足该地区氮肥的自给，没有非常大的生产消费缺口。

表3.1　2002—2014年氮肥在非洲的生产量、消费量和生产消费盈余量　　　　　万吨

年份	生产量	消费量	生产消费缺口	年份	生产量	消费量	生产消费缺口
2002	906	788	118	2009	1219	864	355
2003	912	898	14	2010	1211	1040	171
2004	940	935	5	2011	1150	999	151
2005	846	932	−68	2012	1086	1056	30
2006	880	884	36	2013	1034	1142	−108
2007	1056	837	219	2014	1077	1174	−97
2008	1053	980	73				

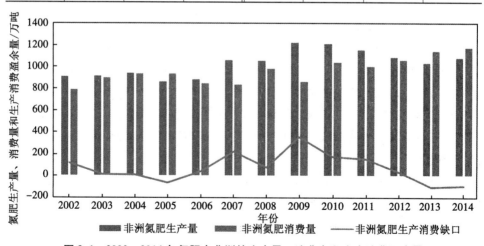

图3.1　2002—2014年氮肥在非洲的生产量、消费者和生产消费盈余量

非洲地区氮肥生产和消费的不完全匹配促进了该地区氮肥的进出口。从非洲氮肥进出口情况图表（表3.2和图3.2）中可以看出，在氮肥生产大于消费的年份，氮肥的出口也大于进口，净出口值为正数；而在氮肥供不应求、生产小于消费的年份，氮肥的进口要大于出口，如2005年、2013年和2014年三个年份氮肥生产量小于消费量，其进口量则大于出口量。从总体上看，非洲氮肥的生产消费盈余曲线和净出口曲线在走向上是一致的。

表 3.2 　　　2002—2014 年氮肥在非洲的出口量、进口量和净出口量　　　万吨

年份	出口量	进口量	净出口量	年份	出口量	进口量	净出口量
2002	492	325	167	2009	757	415	342
2003	401	412	−11	2010	790	594	196
2004	398	412	−14	2011	711	568	143
2005	413	483	−70	2012	596	591	5
2006	563	439	97	2013	585	695	−110
2007	658	394	264	2014	584	679	−95
2008	532	446	86				

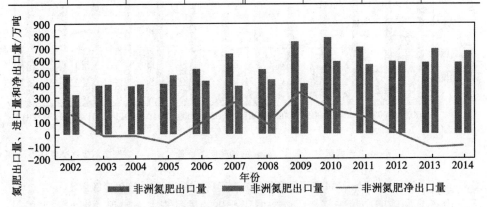

图 3.2　2002—2014 年氮肥在非洲的出口量、进口量和净出口量

磷肥是除了氮肥之外非洲用的最多的另一种化肥。从表3.3和图3.3中可以看到，磷肥的生产量和消费量总体来说是上涨的，从2002年生产803万吨、消费303万吨，增加到2014年生产1034万吨、消费448万吨。与氮肥相比，磷肥的生产量和氮肥的生产量相差无几，但磷肥的消费量却远低于氮肥的消费量，这或许是当地农作物每公顷所需要的氮肥和磷肥数量不同所造成的。此外，由于非

洲地区磷矿资源丰富，因此该地区磷肥的产量也比较多，磷肥的消费量不到生产量的一半，生产消费盈余较多。

表3.3　　2002—2014年磷肥在非洲的生产量、消费量和生产消费盈余量　　　　万吨

年份	生产量	消费量	生产消费缺口	年份	生产量	消费量	生产消费缺口
2002	803	303	500	2009	771	342	429
2003	834	297	537	2010	1010	421	589
2004	849	327	522	2011	1034	442	592
2005	780	301	479	2012	1079	500	579
2006	739	310	429	2013	981	460	521
2007	775	329	446	2014	1034	448	586
2008	700	298	402				

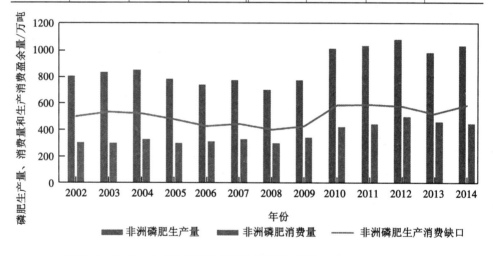

图3.3　2002—2014年磷肥在非洲的生产量、销售量和生产消费额余量

由于非洲磷肥产量丰富，因此造成了严重的供过于求，使得非洲将一半以上的磷肥都用于出口。伴随着近几年非洲磷肥产量的增加，非洲磷肥的出口也处于上升的趋势，如表3.4和图3.4所示，从2002年出口645万吨上升为2014年出口823万吨，而进口量则只有少量的增加，磷肥呈现出严重的贸易顺差。

表 3.4　　　　　2002—2014 年磷肥在非洲的出口量、进口量和净出口量　　　　　万吨

年份	出口量	进口量	净出口量	年份	出口量	进口量	净出口量
2002	645	120	525	2009	635	194	441
2003	654	106	548	2010	787	205	582
2004	660	182	478	2011	824	242	582
2005	584	150	434	2012	853	284	569
2006	615	186	429	2013	785	271	514
2007	618	152	466	2014	823	237	586
2008	478	164	314				

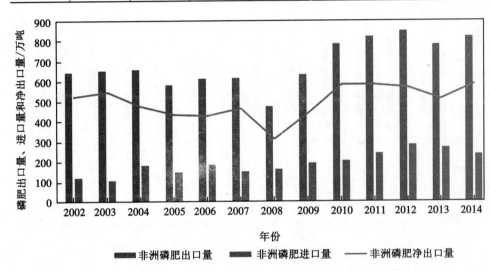

图 3.4　2002—2014 年磷肥在非洲的出口量、进口量和净出口量

　　受资源条件限制，非洲在 2002 年到 2007 年间一直没有钾肥的生产，直到 2008 年才开始生产钾肥，而且生产的量也特别少，无法满足当地的消费需求，生产消费缺口巨大，故而非洲的钾肥完全依赖进口。从消费量上看，如表 3.5 和图 3.5 所示，2002—2014 年这 13 年间没有很大的变化，一直处在 100 万 ~ 200 万吨之间，但由于当地农业对钾肥的需求比较小，所以钾肥的消费量一直低于氮肥和磷肥的消费量。

表 3.5　　2002—2014 年钾肥在非洲的生产量、消费量和生产消费盈余量　　万吨

年份	生产量	消费量	生产消费缺口	年份	生产量	消费量	生产消费缺口
2002	0	139	−139	2009	0.4	122	−122
2003	0	149	−149	2010	0.08	146	−146
2004	0	154	−154	2011	4	154	−150
2005	0	143	−143	2012	3	172	−169
2006	0	175	−175	2013	3	169	−166
2007	0	167	−167	2014	3	183	−180
2008	0.04	164	−164				

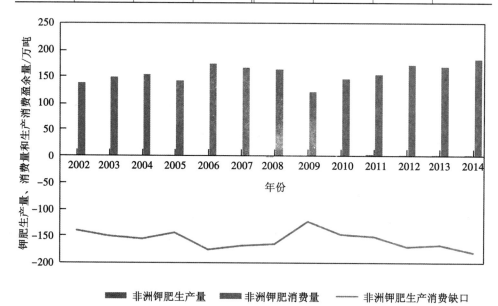

图 3.5　2002—2014 年钾肥在非洲的生产量、消费量和生产消费盈余量

　　3105 类化肥表示的是含氮、磷、钾中两种或三种肥效元素的矿物肥料或化学肥料，因其种类繁多，故这里用 3105 来总体进行概括分析。

　　3105 类化肥的使用并没有氮肥、磷肥、钾肥的使用那么广泛，只有部分国家和地区会生产消费到 3105 类化肥中的部分化肥品种，并且生产消费的数量也比较小。从表 3.6 中的数据可以看到，3105 类化肥的生产要多于消费，并且消费量只占生产量的一半，生产存在着剩余。从图 3.6 中的走势可以看出，3105 类化肥的生产和消费都趋于上升的状态，说明非洲地区除了使用氮、磷、钾三种单一

元素的化肥之外，也在扩大使用氮磷钾几种元素混在一起的复合型化肥。

表 3.6　　2002—2014 年 3105 类化肥在非洲的生产量、消费量和生产消费盈余量　　万吨

年份	生产量	消费量	生产消费缺口	年份	生产量	消费量	生产消费缺口
2002	323	87	236	2009	317	150	167
2003	308	60	248	2010	438	197	241
2004	283	100	183	2011	490	228	262
2005	266	113	153	2012	486	259	227
2006	285	118	167	2013	448	239	209
2007	292	158	134	2014	436	222	214
2008	229	132	98				

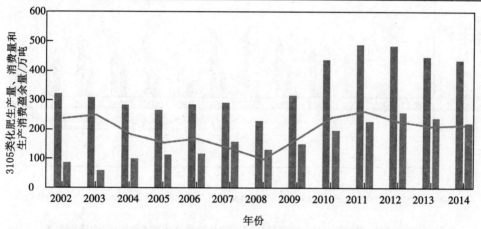

图 3.6　2002—2014 年 3105 类化肥在非洲的生产量、消费者和生产消费盈余量

3106 类化肥指的是氮磷钾混合物，也是生产使用较少的一类化肥，在非洲地区只有五个国家会生产这一类的化肥，分别是埃及、摩洛哥、阿尔及利亚、突尼斯和塞内加尔，并且生产的量也比较少，所以该种类的化肥供应大部分依赖进口。如表 3.7 和图 3.7 所示，3106 类化肥的生产量和消费量都不超过 100 万吨，在 2002—2009 年间生产消费缺口比较大，在 2009 年之后生产消费缺口有所缩小，主要原因是该区域 3106 类化肥的生产量不断增加，而消费量较为稳定，在一定程度上缓解了供不应求的态势。

表 3.7　2002—2014 年 3106 类化肥在非洲的生产量、消费量和生产消费盈余量　万吨

年份	生产量	消费量	生产消费缺口	年份	生产量	消费量	生产消费缺口
2002	4	3	1	2009	21	47	-26
2003	3	22	-19	2010	42	90	-48
2004	4	59	-55	2011	38	66	-28
2005	8	69	-61	2012	41	88	-47
2006	31	106	-75	2013	54	93	-39
2007	22	99	-77	2014	53	73	-20
2008	38	98	-60				

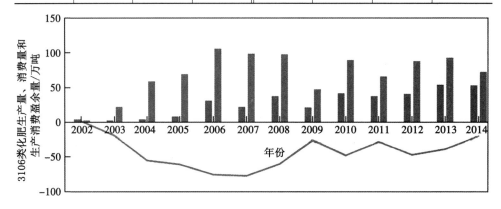

图 3.7　2002—2014 年 3106 类化肥在非洲的生产量、消费量和生产消费盈余量

三、非洲化肥的国际竞争力

1. 国际市场占有率

从表 3.8 可以看出，非洲氮肥的国际市场占有率比较低，一直在 4%～8% 之间徘徊，曾在 2009 年达到最高（为 7.73%），但又在 2014 年跌落到最低（为 4.21%）。由于非洲是磷肥的净出口国，每年磷肥的出口量比较大，所以非洲在磷肥方面的国际市场占有率比较高，在 2010 年时曾达到 16.84%，但近几年国际市场占有率有所跌落，在 2014 年仅为 13.83%。而在钾肥方面，因为非洲是钾肥净进口国，钾肥的供应完全依赖进口，故其国际市场占有率特别低，出口占比不到世界化肥出口的 0.5%。在 3105 类化肥方面，因非洲该类化肥生产量较高，出

口量也较多，所以国际市场占有率比较高，但总体呈现下降的趋势，从 2002 年最高时的 25.27% 下降到 2014 年的 10.42%。3106 类化肥也是大部分依赖进口，出口比较少，所以其国际市场占有率比较低，最高时达到 8.37%，而最低的时候仅有 2.95%，且因其在 2002—2004 年以及 2008 年没有出口，所以这一时期的国际市场占有率为零。从化肥产业的总体来看，非洲占国际化肥市场出口的比重还是比较弱的，平均来说在 6%～8% 之间，并且趋势较为稳定，波动性不大。

表 3.8　　2002—2014 年非洲地区化肥产业及各类产品的国际市场占有率情况

化肥品种　年份	3102	3103	3104	3105	3106	31
2002	0.0590	0.1630	0.0043	0.2527	0	0.0714
2003	0.0452	0.1586	0.0043	0.1978	0	0.0636
2004	0.0430	0.1524	0.0034	0.1753	0	0.0571
2005	0.0440	0.1453	0.0043	0.1886	0	0.0566
2006	0.0580	0.1456	0.0026	0.1736	0.0184	0.0614
2007	0.0621	0.1386	0.0024	0.1513	0.0632	0.0595
2008	0.0540	0.1243	0.0021	0.0833	0.0000	0.0487
2009	0.0773	0.1612	0.0046	0.1209	0.0714	0.0837
2010	0.700	0.1684	0.0018	0.1287	0.0422	0.0708
2011	0.619	0.1441	0.0026	0.1169	0.0837	0.0664
2012	0.0499	0.1661	0.0022	0.1276	0.0658	0.0654
2013	0.0476	0.1486	0.0029	0.1212	0.0295	0.0612
2014	0.0421	0.1383	0.0032	0.1042	0.0337	0.0576

2. 贸易竞争指数

表 3.9 为 2002—2014 年间各类化肥贸易竞争指数的对比分析。从表中可以看到，氮肥的贸易竞争指数除在 2003 年、2004 年、2005 年、2013 年和 2014 年是负数外，其他年份皆为正数，但数值都较小，说明非洲地区氮肥不具有竞争优势，或者说贸易竞争优势较弱。磷肥和 3105 类化肥都属于净出口类化肥，每年出口量较多，且竞争指数皆为正数，说明磷肥和 3105 类化肥都存在竞争优势。但从数值上看，磷肥的数值要更大，且较为稳定，而 3105 类化肥的数值较小，并且处于递减的趋势，说明磷肥的贸易竞争优势较强，一直以来在国际上处于比较稳定的竞争地位，而 3105 类化肥竞争优势相比来说偏弱一些，并且竞争优势有减弱的趋势。钾肥和 3106 类化肥是净进口类化肥，每年的出口量特别少，贸

易竞争指数连年为负，且较接近 -1，说明钾肥和 3106 类化肥处于严重的竞争弱势地位。从化肥产业的总体来看，非洲地区的贸易竞争指数皆为正数，但数值在 0.1 到 0.4 之间，并且近几年数值还有减小的趋势，这说明非洲地区化肥产业总体上存在竞争优势，但优势不强，并且这一竞争优势还有减弱的趋势。

表 3.9　2002—2014 年非洲地区化肥产业及各类产品的贸易竞争指数对比分析

化肥品种 年份	3102	3103	3104	3105	3106	31
2002	0.2044	0.6863	-0.683	0.5234	0	0.3522
2003	-0.014	0.7211	0.667	0.5507	-1	0.2915
2004	-0.017	0.5677	-0.702	0.4952	-1	0.2232
2005	-0.078	0.5913	-0.619	0.4574	-0.308	0.1846
2006	0.0995	0.5356	-0.788	0.3189	-0.902	0.1864
2007	0.251	0.6052	-0.795	0.3989	-0.643	0.2831
2008	0.0879	0.4891	0.836	0.2076	-1	0.1156
2009	0.2918	0.532	-0.710	0.3817	-0.619	0.3237
2010	0.1416	0.5867	-0.829	0.458	-0.864	0.2623
2011	0.1118	0.546	-0.777	0.4121	-0.6	0.2485
2012	0.0042	0.5004	-0.830	0.3478	-0.808	0.1781
2013	-0.086	0.4867	-0.790	0.3215	-0.8	0.1193
2014	-0.075	0.5528	-0.804	0.3676	-0.625	0.1469

第二节　亚洲地区

一、亚洲的化肥生产条件

　　亚洲是一个地域辽阔的大洲，能够生产化肥的原材料非常丰富，并且亚洲还是一个农业生产大洲，从大洲的角度考虑，化肥整体生产量大，但是，由于各个国家的矿产资源不同、生产技术不同，加上历史和其他一些原因，亚洲各国化肥产量并不均衡，各个国家化肥产业的发展存在较大差异。亚洲化肥的生产集中分布在东亚和亚洲南部，但由于各国资源的丰富程度及发展情况不一致，所以各国产量的变动情况也不一样。从整个化肥产业来看，化肥生产量较大且排名前五的国家分别是中国、印度、泰国、印度尼西亚、巴基斯坦，其中，中国和印度、泰国这三个国家的化肥生产量都在百万吨以上，其他的国家则相对较少点。

二、亚洲的化肥生产与消费

化肥的种类可以分为大类和小类，小类可以划分至上百种，大类一般可以分为8大种。首先31代表的是化肥业中化肥代码以31开头的化肥集合类，其中的6类编码为：3102代表矿物氮肥和化学氮肥，3103代表矿物钾肥和化学钾肥，3104代表矿物磷肥和化学磷肥，3105代表含氮、磷、钾中两种或者三种化肥元素的矿物化肥和化学肥料，3106代表的是含氮、磷、钾三种化肥元素的矿物化肥和化学肥料。除开31种类的化肥，还有两种是代码前两位为28和25开头的化肥种类，28代表的是化肥元素中含硝酸钾或者无水氨的化学肥料，25代表的是化肥元素中含有磷酸盐岩的化学肥料。本书利用统计数据对各个大洲及各个大洲的重点国家的化肥使用情况进行了分析。

亚洲既是化肥生产大洲，也是全球重要的化肥消费大洲，是全球化肥供应商销售的主要目标市场之一。亚洲生产的化肥种类主要集中在氮磷钾这三种矿物和化学化肥上，对于其他种类，如28和25这两种化肥，则生产的数量相对较小。在消费上也是偏重于氮磷钾，除了在种类上的不同之外，亚洲每年的化肥消费数量也有差异。

1. 钾肥

钾肥的生产和消费数量在亚洲具有很重要的地位。因为从亚洲的土壤和亚洲种植的农作物来看，农户较为喜欢使用的化肥和使用较广的化肥品种有钾肥。它的发展介于氮肥和磷肥之间，仅次于氮肥。

表3.10　　2002—2014年钾肥在亚洲的生产量、消费量和生产消费盈余量　　　　　万吨

年份	生产量	消费量	盈余量	年份	生产量	消费量	盈余量
2002	6799	5386	1413	2009	8966	7804	1162
2003	7065	5978	1087	2010	9537	8610	927
2004	7419	6482	937	2011	9801	9849	−48
2005	7803	6626	1177	2012	9737	9541	196
2006	8172	6782	1390	2013	9670	9740	−70
2007	8285	7462	823	2014	9920	10541	−621
2008	8250	7517	733				

从表3.10和图3.8可以看出,亚洲钾肥生产数量从2002年到2014年间保持着稳定增长的趋势,并且每年的增长率都在2.5%以上。而亚洲钾肥消费量也保持逐年上升的趋势,并且增长率也保持在2%以上,增长率的幅度保持稳定,只是在2013年增长数量有所下降,2013年后又开始慢慢回升。从生产和消费缺口来看,亚洲生产的钾肥在2011年以前能够满足亚洲本大洲的需求,并且有部分盈余;但是从2011年开始,亚洲生产的钾肥不能够满足亚洲本部的需求,出现了供不应求。

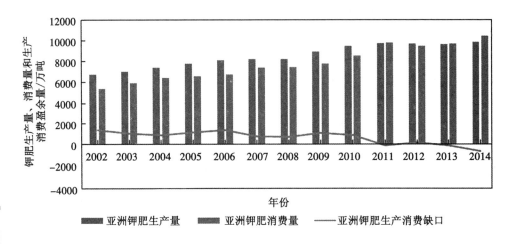

图3.8 亚洲钾肥生产消费情况

从生产和消费上看,亚洲在钾肥的使用上发生重大改变是在2011年,该年出现了消费缺口。从亚洲钾肥的进出口数据图表(表3.11和图3.9)来看,亚洲钾肥出口数量是在逐年增长的,这表明亚洲2002年以后加大了钾肥的生产力度,只有钾肥的生产数量增加,亚洲才能有盈余的钾肥数量出口。而亚洲钾肥进口量则呈现波动的状态,但是每年的进口数量大部分保持在1500万吨以上,只在2003年和2004年这两年进口数量低于1500万吨。从钾肥净出口量数据可知,2010年前,亚洲钾肥是出口小于进口,净出口量都是负的,2010年后,这个数值才开始为正,出口量大于进口量,但是,2012年却是出口小于进口,除此之外,2013年和2014年净出口量数值都是正的。

年份	出口量	进口量	净出口量	年份	出口量	进口量	净出口量
表 3.11		2002—2014 钾肥在亚洲的出口量、进口量和净出口量					万吨
2002	480	1871	−1391	2009	958	1808	−850
2003	525	1480	−955	2010	1241	2163	−922
2004	659	1478	−819	2011	2162	2151	11
2005	508	1737	−1229	2012	1740	1934	−194
2006	787	1813	−1026	2013	1839	1628	211
2007	1130	1547	−417	2014	2488	1812	676
2008	1032	1714	−682				

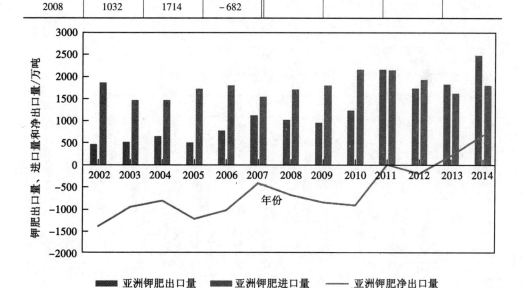

图 3.9　亚洲钾肥进出口情况

2. 磷肥

磷肥的生产和消费数量是最小的，虽然不及钾肥的发展态势，但是，磷肥作为三大（氮磷钾）化肥之一，它在亚洲未来的发展也是很有前景的。从表 3.12 和图 3.10 可以看出，亚洲的磷肥生产在这些年里一直保持上涨，生产数量从 2004 年开始一直在 5000 万吨以上，消费量也保持上涨，但都低于 4000 万吨。由此可知，生产的数量要高于消费的数量，磷肥还能够一直保持盈余。

表 3.12　　　　　2002—2014 年磷肥在亚洲的生产量、消费量和生产消费盈余量　　　　万吨

年份	生产量	消费量	生产消费缺口	年份	生产量	消费量	生产消费缺口
2002	4335	2261	2074	2009	6463	4857	1606
2003	4651	2576	2075	2010	6954	4349	2605
2004	5222	2439	2783	2011	7114	4392	2722
2005	5439	2361	3078	2012	7015	4509	2506
2006	5659	2883	2776	2013	7235	4754	2481
2007	6262	2779	3483	2014	7618	4368	2980
2008	6569	4119	2450				

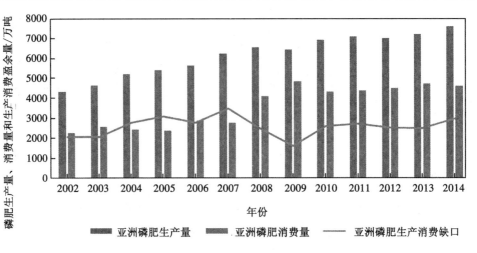

图 3.10　亚洲磷肥的生产消费情况

从亚洲磷肥生产和消费方面可知，亚洲磷肥生产消费缺口一直都是正的。从亚洲磷肥进出口数据可以看出，亚洲磷肥大部分都是进口数量大于出口数量，出口数量保持在 1000 万吨左右，进口数量在 3000 万吨左右，那么，进出口缺口在 2000 万吨左右，并且这个缺口大部分都是负值，仅在 2009 年出口大于进口，为正值，如表 3.13 和图 3.11 所示。

表 3.13		2002—2014 年磷肥在亚洲的出口量、进口量和净出口量					万吨
年份	出口量	进口量	净出口量	年份	出口量	进口量	净出口量
2002	900	3176	−2276	2009	6403	2275	4128
2003	819	3168	−2349	2010	1136	3913	−2777
2004	982	3878	−2896	2011	1150	4254	−3104
2005	874	4269	−3395	2012	999	3585	−2586
2006	818	3767	−2949	2013	1010	3715	−2705
2007	1016	4550	−3534	2014	1204	4555	−3351
2008	1075	3756	−2681				

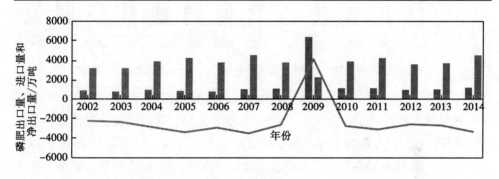

图 3.11　亚洲磷肥进出口情况

3. 氮肥

相比较于钾、磷两种化肥而言，亚洲的氮肥生产和消费是最大的。亚洲的氮肥生产一直逐年上涨，从 2002 年的 16818 万吨上涨到 2014 年的 22232 万吨，如表 3.14 和图 3.12 所示。亚洲对于氮肥的使用是最为广泛的，消费数量也呈现逐年递增的趋势，关键是 2002—2009 年，氮肥的生产数量和消费数量差不多，盈余较小；但是从 2010 年开始，氮肥的消费数量大于氮肥的生产数量，盈余为负，出现了供小于求。

表 3.14　　　2002—2014 年氮肥在亚洲的生产量、消费量和生产消费盈余量　　　万吨

年份	生产量	消费量	生产消费缺口	年份	生产量	消费量	生产消费缺口
2002	16818	16167	651	2009	21164	20838	326
2003	17262	17041	221	2010	21289	22217	838
2004	18214	18312	−98	2011	21655	22274	−619
2005	18588	18459	129	2012	21883	23010	−1127
2006	19390	18958	432	2013	21983	23690	−1707
2007	19901	20462	−561	2014	22232	25221	2989
2008	20303	20659	−356				

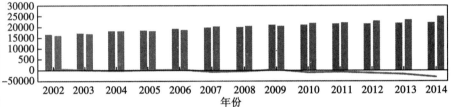

图 3.12　亚洲氮肥生产消费情况

从亚洲氮肥进出口数量图表（表 3.15 和图 3.13）可以看出，亚洲每年都在进口氮肥，进口速度缓缓下降，出口数量逐年上升并且出口速度在 2009 年以后急剧上升。在 2009 年前，净出口数量呈波动性变动；而 2009 年后，亚洲氮肥出口大于进口，净出口量为正。结合前面氮肥的生产和消费数量可知，亚洲对于氮肥的需求量是非常巨大的，既是氮肥的重要生产地之一，也是氮肥的重要消费地之一。亚洲在近几年保持着氮肥的稳定出口，为世界上氮肥的供应做出了巨大的贡献。

表 3.15　　　　2002—2014 年氮肥在亚洲的出口量、进口量和净出口量　　　万吨

年份	出口量	进口量	净出口量	年份	出口量	进口量	净出口量
2002	1628	2258	−630	2009	2826	3337	−511
2003	2046	2102	−56	2010	3934	3526	408
2004	2232	2254	−22	2011	3864	3819	45
2005	2099	2509	−410	2012	4362	3691	671
2006	2199	2996	−797	2013	4908	3397	1511
2007	3269	2968	301	2014	6370	3796	2574
2008	2957	2817	140				

中国化肥产业走出去研究

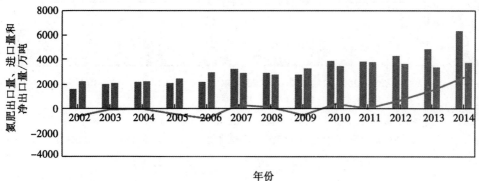

图 3.13　亚洲氮肥进出口情况

4. 3105 和 3106

3105 和 3106 这两种化肥在亚洲化肥生产和消费中所占的比重都是很小的，亚洲对于 3105 化肥的需求量要大于 3106 化肥。在生产数量上，3105 的生产量也要多于 3106 的生产量。3105 化肥的生产量虽每年增加，但是增长幅度很小，从 2002 年到 2014 年，只增长了 33.3%；亚洲 3105 的消费量也年年递增，增长最开始为 66%，最后下降到 4%，增长率在 2002—2009 年间较大，从 2009 年以后，慢慢减小，如表 3.16 和图 3.14 所示。亚洲对于 3106 化肥的生产和消费数量更小，如表 3.17 和图 3.15 所示，生产和消费数量在 500 万吨左右，并且和 3105 一样，3106 化肥也是供不应求，生产消费缺口都为负，都需要依靠进口才能满足正常的需求。

表 3.16　　2002—2014 年 3105 化肥在亚洲的生产量、消费量和生产消费盈余量　　万吨

年份	生产量	消费量	生产消费缺口	年份	生产量	消费量	生产消费缺口
2002	638	665	−27	2009	645	1902	−1257
2003	605	1072	−422	2010	608	2065	−1457
2004	848	1053	−205	2011	705	2185	−1480
2005	787	1213	−426	2012	736	2027	−1291
2006	823	1404	−581	2013	886	1872	−986
2007	734	1339	−605	2014	851	1945	−1094
2008	534	1432	−898				

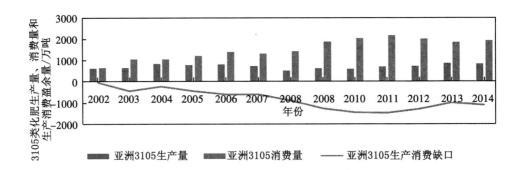

图 3.14　亚洲 3105 类化肥生产消费情况

表 3.17　　2002—2014 年 3106 化肥在亚洲的生产量、消费量和生产消费盈余量　　　万吨

年份	生产量	消费量	生产消费缺口	年份	生产量	消费量	生产消费缺口
2002	7	11	−4	2009	503	549	−46
2003	49	205	−156	2010	504	645	−141
2004	459	396	63	2011	570	599	−29
2005	469	673	−204	2012	662	682	−20
2006	324	471	−147	2013	591	633	−42
2007	324	506	−182	2014	476	554	−78
2008	486	471	15				

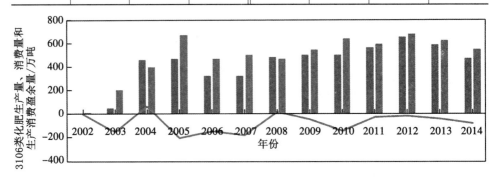

图 3.15　亚洲 3106 类化肥生产消费情况

从 3105 和 3106 这两种化肥的进出口量来看，这两种化肥都是出口量少，进口量多。如表 3.18 和图 3.16 所示，在 2007 年以前，3105 化肥的出口量和进口量都很小，对于这种化肥的需求不多，生产也不多；2007 年以后，对于这种化肥的需求量逐渐地增加，进口数量有明显的上升，进口增加，生产者获取了盈利

的途径，也增加了生产，但是需求在短期内是较为稳定的，生产多了，需求稳定，造成了部分生产过剩，盈余部分则用于出口，所以 2011 年后，3105 化肥的出口增加了。亚洲对于 3106 化肥一直都是进口少、出口少、消费少，只是在某个特殊的年份如 2011 年扩大进口量，为 392 万吨，其余的年份里出口和进口都在 100 万吨以下，份额非常小，如表 3.19 和图 3.17 所示。

表 3.18　　　　　2002—2014 年 3105 肥在亚洲的出口量、进口量和净出口量　　　　　万吨

年份	出口量	进口量	净出口量	年份	出口量	进口量	净出口量
2002	119	236	−117	2009	365	1250	−885
2003	162	594	−432	2010	575	1513	−938
2004	225	452	−227	2011	1205	1428	−223
2005	199	699	−500	2012	849	1385	−536
2006	214	769	−555	2013	977	1178	−201
2007	210	853	−643	2014	1325	1282	43
2008	455	1100	−645				

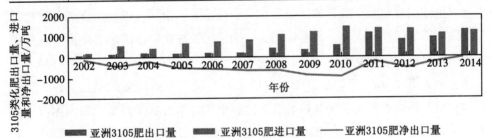

图 3.16　亚洲 3105 类化肥进出口情况

表 3.19　2002—2014 年 3106 肥在亚洲的出口量、进口量和净出口量　　　　万吨

年份	出口量	进口量	净出口量	年份	出口量	进口量	净出口量
2002	0	2	−2	2009	35	34	1
2003	0	3	−3	2010	37	120	−83
2004	20	37	−17	2011	39	392	−353
2005	4	38	−34	2012	28	63	−35
2006	26	30	−4	2013	26	58	−32
2007	6	35	−29	2014	5	55	−50
2008	51	35	16				

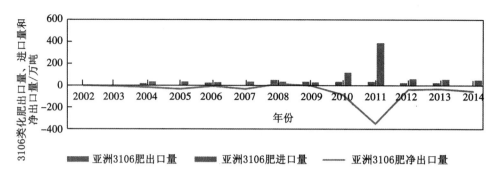

图 3.17　亚洲 3106 类化肥进出口情况

三、亚洲化肥的国际竞争力

本书在评判化肥的国际竞争力时采用了两个指标，一个是国际市场占有率，另一个是贸易竞争指数。国际市场占有率是指一个国家某种产品的出口量占世界该产品出口量的比例，那么，亚洲化肥的国际市场占有率就为亚洲该种化肥的出口量占全球该种化肥出口量的比值。在一定程度上该指标可以反映亚洲各种化肥参与国际市场的程度大小。占有率越大，则说明该种化肥在国际上的出口竞争优势越大，出口竞争力越强；反之，则越弱。

由表 3.20 可知，亚洲的化肥品种中国际市场竞争力较强的是氮、钾、磷这三种化肥。而这三种化肥中又以氮肥的国际市场竞争力最强，氮肥的国际市场占有率从 2002 年的 19.5% 上升到 2014 年的 45.9%，几乎占据了全球市场的一半，发展态势非常迅速。钾肥的国际市场占有率的提升速度也非常快，2002 年为 12.2%，2014 年则为 41.8%，这一发展趋势也非常可观。磷肥的国际市场占有率的提升却比较缓慢，2002 年为 11.7%，2014 年为 14.6%，这十几年间只提升了 2.9%，非常缓慢。3105 化肥的国际市场占有率很低，最低只有 8.4%，最高只达到 32.4%。3106 化肥的国际市场占有率的波动性较大，最开始两年为 0，2007 年到 2010 年间上涨较快，最高为 73.6%，但 2010 年以后又开始下降，到 2014 年只有 2.6%。

表 3.20　　　　　　　　　亚洲各类化肥的国际市场占有率

年份＼化肥品种	3102	3103	3104	3105	3106	31
2002	0.1952	0.1212	0.1170	0.0844	0	0.1461
2003	0.2308	0.1273	0.1036	0.091	0	0.1566
2004	0.2413	0.1522	0.1082	0.1269	0.2393	0.168
2005	0.2237	0.1265	0.1031	0.1332	0.0722	0.1573
2006	0.2381	0.1863	0.0929	0.1219	0.302	0.1678
2007	0.3084	0.2534	0.1079	0.1208	0.0714	0.2141
2008	0.3000	0.2682	0.1196	0.198	0.7364	0.2223
2009	0.2885	0.2431	0.1485	0.1362	0.6643	0.2322
2010	0.3486	0.2657	0.1235	0.1774	0.5979	0.2433
2011	0.3364	0.3782	0.1230	0.3023	0.4887	0.275
2012	0.3653	0.3389	0.1183	0.2329	0.3591	0.2694
2013	0.3995	0.3479	0.1156	0.2647	0.1457	0.2903
2014	0.4592	0.4178	0.1455	0.3242	0.0264	0.3519

贸易竞争指数是指一个国家某类产品的净出口量与该类产品总贸易量之比。对应到亚洲上，则是亚洲某类化肥的净出口量与该类化肥总贸易量（出口＋进口）之比。这个指标衡量的是某类化肥是属于进口种类还是出口种类。它的值在 −1 和 1 之间，越接近于 1，表明该类化肥出口力度越大；越接近于 −1，则说明该类化肥进口力度越大。

从表 3.21 可知，在氮、磷、钾这三种化肥中，在 2009 年之前，氮肥属于进口力度较大的化肥种类，2009 年以后，亚洲就开始慢慢地出口氮肥，且出口的数量在逐年地增加，出口的力度也在逐年地增强。钾肥在 2012 年之前都是以进口为主，之后两年里才转为出口，出口所占的比例也非常小，2014 年只有 15.7%。磷肥在 2002—2014 年间都是以进口为主，且进口所占比例非常大，每年都在 50% 以上，这说明亚洲在磷肥上主要靠进口满足需要。其他的 3105 和 3106 这两种化肥，亚洲也是以进口为主，并且进口比例较大。

表 3.21　　　　　　　　　　亚洲各类化肥贸易竞争性指数

化肥品种 年份	3102	3103	3104	3105	3106	31
2002	- 0.1621	- 0.5917	- 0.5584	- 0.3296	- 1	- 0.4139
2003	- 0.0135	- 0.4763	- 0.5892	- 0.5714	- 1	- 0.3482
2004	- 0.0049	- 0.3832	- 0.5959	- 0.3353	- 0.2982	- 0.3259
2005	- 0.0890	- 0.5474	- 0.6601	- 0.5568	- 0.8095	- 0.4304
2006	- 0.1534	- 0.3946	- 0.6432	- 0.5646	- 0.0714	- 0.3973
2007	- 0.0483	- 0.1558	- 0.6349	- 0.6049	- 0.7073	- 0.2773
2008	- 0.0242	- 0.2484	- 0.5550	- 0.4148	- 0.186	- 0.2569
2009	- 0.0829	- 0.3073	- 0.4757	- 0.548	- 0.0145	- 0.0976
2010	- 0.0547	- 0.2709	- 0.5500	- 0.4492	- 0.5287	- 0.2375
2011	- 0.0059	- 0.0026	- 0.5744	- 0.0847	- 0.819	- 0.1771
2012	- 0.0833	- 0.0528	- 0.5641	- 0.2399	- 0.3846	- 0.1438
2013	- 0.1819	- 0.0609	- 0.5725	- 0.0933	- 0.381	- 0.0649
2014	- 0.2532	- 0.1572	- 0.5819	- 0.0165	- 0.8333	- 0.0047

第三节　北美洲地区

一、北美洲的化肥生产条件

北美洲总体上可以分为北美、中美和加勒比三个地区,其中北美地区主要由美国和加拿大两大发达国家组成,是世界上最主要的化肥生产地区之一,几乎占据了北美洲化肥生产总量的 80%,故本书着重分析北美地区的化肥生产条件。

北美地区化肥生产量巨大主要有三个条件:一是陆地面积广阔,自然资源丰富。加拿大和美国分别为世界上国土面积排名第二和第四的国家,有着丰富的矿产资源,为氮肥、磷肥、钾肥的生产提供了资源条件。二是农业发达,对化肥的需求量巨大。北美地区农业生产专门化、商品化和机械化程度都很高,中部平原是世界著名的农业区之一，农作物以玉米、小麦、水稻、棉花、大豆、烟草为主，其大豆、玉米和小麦产量在世界农业中占重要地位，农业生产对化肥的需求量巨大。三是经济发达，化肥产业化水平高。美国和加拿大都是发达国家，工业基础雄厚，科学技术先进，化肥产业已经形成了完善的生产体系，在世界十大化肥生产企业中，排名前两位的便是美国的美盛公司和加拿大的 PCS 公司。

二、北美洲的化肥生产与消费

北美洲因其独特的地理位置和资源优势，一直以来都是化肥生产和消费的重要大洲，这其中又以北美地区为核心地区，每年化肥的生产不仅满足自身的需要，还大量用于出口，故北美地区也是世界重要的化肥出口地区。从品种上看，氮肥、磷肥、钾肥仍然是生产消费上的重点，复合肥则稍微有所落后；而从具体的生产量和消费量上看，不同种类的化肥则存在较大的差距，下面具体来分析。

氮肥是北美洲生产量和消费量皆为最大的化肥种类，这一方面是因为北美洲地区蕴藏了丰富的天然气资源，为氮肥的生产提供了资源优势；另一方面则是因为北美洲规模化、集约化的农业生产，使得单位面积产量对化肥的需求量较高。从图 3.22 和图 3.18 中可以看到，2002—2014 年期间，氮肥的生产量一直较为稳定，年产值保持在约 4000 万吨；而氮肥的消费量则有所上升，从最低时的 4519 万吨增长到最高时的 5885 万吨，近十年的时间里增长了约 1300 万吨，预计未来还有上升的可能。从总体上看，北美洲氮肥的生产无法完全满足消费的需求，并且这一消费缺口还有扩大的趋势，氮肥处于供不应求的状态。

表 3.22　　　　2002—2014 年氮肥在北美洲的生产量、消费量和生产消费盈余量　　　万吨

年份	生产量	消费量	生产消费缺口	年份	生产量	消费量	生产消费缺口
2002	4110	4519	−409	2009	3642	4749	−1107
2003	3802	4807	−1005	2010	3929	5028	−1099
2004	3987	4750	−763	2011	4055	5588	−1533
2005	3870	4763	−893	2012	3982	5885	−1903
2006	3547	4818	−1271	2013	4117	5843	−1726
2007	3952	5145	−1193	2014	4210	5817	−1607
2008	3804	4805	−1001				

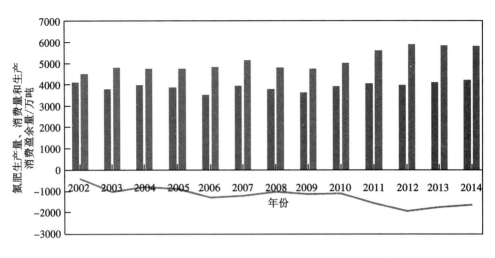

图例：
■ 氮肥生产量　■ 氮肥消费量　—— 氮肥生产消费缺口

图 3.18　2002—2014 年氮肥在北美洲的生产量、销售量和生产消费盈余量

由于北美洲氮肥的生产无法完全满足氮肥的需求，因而促进了氮肥的进口。从表 3.23 中可以看到，北美洲氮肥的进口量在 3000 万吨到 4000 万吨之间，补足了生产不足的缺口，并在满足了本地区消费的需求之后，剩余部分用于出口。从表中数据可知，近几年氮肥的出口量一直稳定在 1000 万吨左右，从总体上说 2002—2014 年间氮肥的出口量变化不大，但略有下降。由于北美洲氮肥的出口量一直小于进口量，故氮肥的净出口值一直是负数（见图 3.19），北美洲的氮肥处于严重的贸易逆差。

表 3.23　　　　　2002—2014 年氮肥在北美洲的出口量、进口量和净出口量　　　　　　万吨

年份	出口量	进口量	净出口量	年份	出口量	进口量	净出口量
2002	1413	3184	−1771	2009	1121	2987	−1866
2003	1372	3536	−2164	2010	1154	3792	−2638
2004	1456	3594	−2138	2011	1036	4009	−2973
2005	1368	3914	−2546	2012	1084	4095	−3011
2006	1172	3576	−2404	2013	1063	3974	−2911
2007	1163	4247	−3084	2014	1080	4013	−2933
2008	1123	3753	−2630				

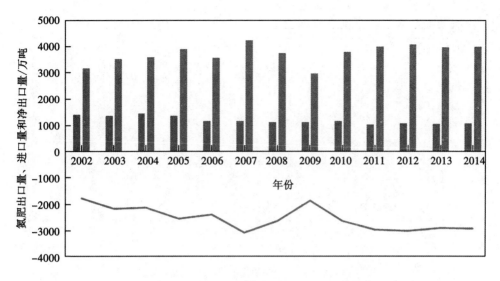

图 3.19　2002—2014 年氮肥在北美洲的出口量、进口量和净出口量

在磷肥生产中，磷矿石是重要的条件所在。调查资料显示，全球的磷矿资源中有 90% 用于生产磷肥，而北美洲除了拥有丰富的天然气资源外还拥有丰富的磷矿资源，北美地区是世界主要的磷肥生产地区和贸易地区。从表 3.24 和图 3.20 中可以看到，北美洲的磷肥生产量处于缓慢上升的态势，从 2002 年最低年产值仅 3395 万吨上升到 2013 年最高年产值 4598 万吨；而北美洲磷肥的消费量相对于生产量来说则略少，平均值在 2000 万吨左右，仅占生产量的一半。2008年，由于生产量的大幅上升以及消费量的大幅减少，生产消费盈余量大幅增加，较上一年增加了 1360 万吨，该年消费量不到生产量的一半，故北美洲的磷肥在满足本地区的需求之后有大量的剩余可用于出口。

表 3.24　　　　2002—2014 年磷肥在北美洲的生产量、消费量和生产消费盈余量　　　　万吨

年份	生产量	消费量	生产消费缺口	年份	生产量	消费量	生产消费缺口
2002	3395	1915	1480	2009	4216	1585	2631
2003	3471	2111	1360	2010	4424	1889	2535
2004	3563	2173	1390	2011	4515	2148	2367
2005	3726	2038	1688	2012	4589	2158	2431
2006	3506	2017	1489	2013	4598	2293	2305
2007	3624	2147	1477	2014	4162	2370	1792
2008	4592	1753	2839				

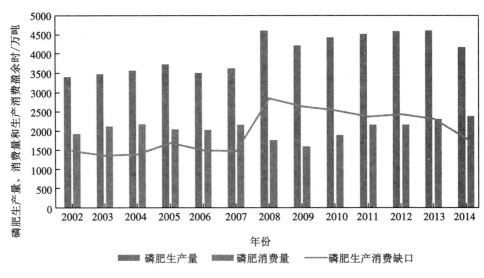

图 3.20　2002—2014 年磷肥在北美洲的生产量、消费量和生产消费盈余量

从北美洲磷肥的进出口量图表（表 3.25 和图 3.21）中可以看到，磷肥的出口量趋于缓慢下降的态势，从 2002 年最高可出口 1363 万吨下降至 2014 年仅出口 880 万吨；反观磷肥的进口量则处于波动上升的状态，从 2002 年仅进口 575 万吨上升至 2014 年进口 1163 万吨。并且在 2011 年之前，磷肥的出口量一直大于进口量，净出口值是正的；但从 2011 年开始，磷肥的进口量超过了出口量，净出口值转为负数，磷肥也由贸易顺差转为了贸易逆差。

表 3.25　　　　2002—2014 年磷肥在北美洲的出口量、进口量和净出口量　　　　万吨

年份	出口量	进口量	净出口量	年份	出口量	进口量	净出口量
2002	1363	575	788	2009	1081	531	550
2003	1360	760	600	2010	993	773	220
2004	1347	802	545	2011	991	1034	−43
2005	1353	741	612	2012	856	1000	−144
2006	1264	754	510	2013	926	996	−70
2007	1085	883	202	2014	880	1163	−283
2008	913	711	202				

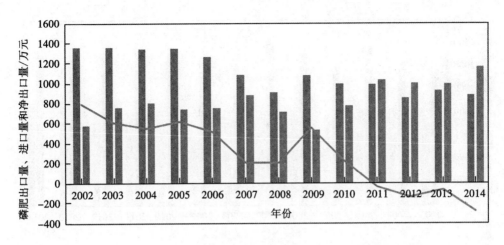

■ 磷肥出口量　■ 磷肥进口量　—— 磷肥净出口量

图 3.21　2002—2014 年磷肥在北美洲的出口量、进口量和净出口量

钾肥和磷肥一样,也是依靠矿藏资源生产的化肥。北美洲的钾矿资源集中在加拿大和美国两个国家,这两个国家也是世界钾肥生产和贸易的主要国家,全球最大的钾肥生产企业便位于加拿大。从表 3.26 和图 3.22 中可以看出,北美洲钾肥的生产总体来说还是较为稳定的,除了 2008 年和 2009 年受金融危机的影响减产较多之外,其余年份的变化量不大,近几年更是稳定在 3300 万吨左右。钾肥的消费量也是较为稳定的,大部分年份的消费量在 2000 万吨左右,仅有少部分年份低于这一数值。从总体上说,钾肥的生产量要高于消费量,生产存在盈余。

表 3.26　　　　2002—2014 年钾肥在北美洲的生产量、消费量和生产消费盈余量　　　　万吨

年份	生产量	消费量	生产消费缺口	年份	生产量	消费量	生产消费缺口
2002	2766	1901	865	2009	2387	1435	952
2003	3139	2089	1050	2010	3430	1813	1617
2004	3427	2177	1250	2011	3358	2022	1336
2005	2873	1971	902	2012	3324	2037	1287
2006	3437	1952	1485	2013	3203	2139	1064
2007	3662	2054	1608	2014	3240	2233	1007
2008	2388	1796	592				

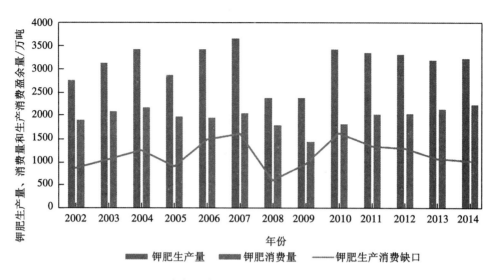

图 3.22 2002—2014 年钾肥在北美洲的生产量、消费量和生产消费盈余量

从钾肥的进出口图表（表 3.27 和图 3.23）中可以分析得到，北美洲钾肥的出口量和进口量都较大，且钾肥的出口量超过了氮肥和磷肥的出口量，除了 2009 年进口量和出口量较少且出口量小于进口量之外，其余年份进出口量皆大于 2000 万吨，并且出口量大于进口量。

表 3.27　　　　　**2002—2014 年钾肥在北美洲的出口量、进口量和净出口量**　　　　万吨

年份	出口量	进口量	净出口量	年份	出口量	进口量	净出口量
2002	2561	2030	531	2009	1093	1167	−74
2003	2797	2134	663	2010	2942	2412	530
2004	3056	2315	741	2011	3172	2571	601
2005	2388	2324	64	2012	2676	2172	504
2006	3075	2132	943	2013	3054	2401	653
2007	3253	2585	668	2014	3285	2681	604
2008	3080	2538	542				

北美洲 3105 类复合肥的生产和消费在 2002—2014 年这 13 年间变化是非常巨大的。如表 3.28 和图 3.24 所示，从生产上看，北美洲 3105 类复合肥在 2002 年和 2003 年只有非常少量的生产，且生产量不到 1 万吨；在 2004 年到 2007 年间没有生产；而到了 2008 年生产量则迅猛增加至 1145 万吨，此后便稳定在这一生产水平。从消费上看，变化也是非常巨大的，北美洲 3105 类复合肥在 2002 年至 2004 年间消费量保持在 120 万吨至 135 万吨之间，而到了 2006 年迅速跌至 27 万

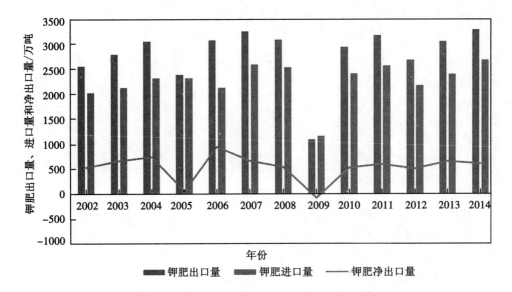

图 3. 23　2002—2014 年钾肥在北美洲的出口量、进口量和净出口量

吨，之后在 2008 年又迅速增加至 711 万吨，此后便处于波动上升的状态。生产量和消费量的巨大变化使得 3105 类复合肥由 2008 年之前的生产不足转变为之后的生产有盈余，供过于求。

表 3. 28　2002—2014 年 3105 类化肥在北美洲的生产量、消费量和生产消费盈余量　　万吨

年份	生产量	消费量	生产消费缺口	年份	生产量	消费量	生产消费缺口
2002	0. 5	123	−122. 5	2009	1103	693	410
2003	0. 074	135	−134. 926	2010	1217	1018	199
2004	0	121	−121	2011	1294	1039	255
2005	0	129	−129	2012	1119	1048	71
2006	0	27	−27	2013	1081	852	229
2007	0	39	−39	2014	1043	879	164
2008	1145	711	434				

　　北美洲 3105 类复合肥生产和消费的巨大变化直接导致了 3105 类复合肥进出口的巨大变化。从表 3.29 和图 3.25 可以看到，3105 类复合肥在 2002—2007 年间出口量是非常小的，仅有几万吨；而在 2008 年则迅速增加至 553 万吨，和生产量的变化方向几乎是一致的。而 3105 类复合肥的进口量则一直保持上升的态势。另一方面从净出口量的变化来看，2008 年以前净出口量一直是负数，从 2008 年开始净出口量转变为正数，并且净出口量越来越小，呈现下降的趋势。

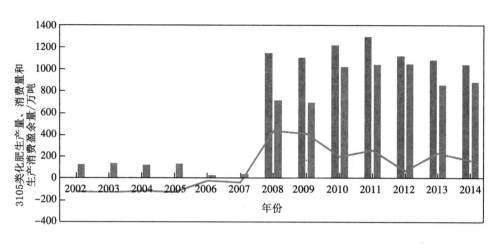

图 3.24　2002—2014 年 3105 类化肥在北美洲的生产量、消费量和生产消费盈余量

表 3.29　　　　2002—2014 年 3105 类化肥在北美洲的出口量、进口量和净出口量　　　　万吨

年份	出口量	进口量	净出口量	年份	出口量	进口量	净出口量
2002	2	73	−71	2009	734	95	639
2003	2	38	−36	2010	646	242	404
2004	3	135	−132	2011	626	292	334
2005	3	141	−138	2012	537	282	255
2006	11	143	−132	2013	545	312	233
2007	8	41	−33	2014	495	413	82
2008	553	60	493				

从表 3.30 和图 3.26 中可以看到，北美洲 3106 类复合肥仅在 2002 年有过非常少量的生产，之后的年份都未有生产。而 3106 类复合肥的消费则变化比较大，在 2002—2007 年间，除了 2003 年未有消费之外，其余年份都有少量的消费，但消费量仅有几万吨；而在 2008 年消费量却突然迅速增至 668 万吨，之后一直保持在这一消费水平，没有太大的波动。由于北美洲不生产 3106 类复合肥，所以此类化肥一直处于生产不足的状态，并且随着消费量的增加，生产消费缺口也越来越大，只能依靠进口来满足消费的需求。

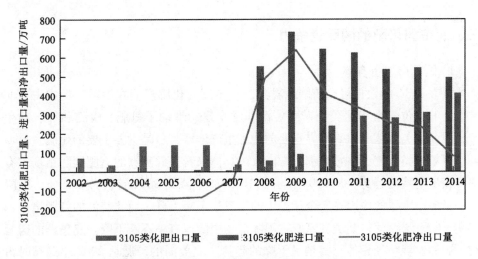

图 3.25 2002—2014 年 3105 类化肥在北美洲的出口量、进口量和净出口量

表 3.30 2002—2014 年 3106 类化肥在北美洲的生产量、消费量和生产消费盈余量 万吨

年份	生产量	消费量	生产消费缺口	年份	生产量	消费量	生产消费缺口
2002	0.9	0.9	0	2009	0	633	−633
2003	0	0	0	2010	0	690	−690
2004	0	0.9	−0.9	2011	0	695	−695
2005	0	2	−2	2012	0	698	−698
2006	0	3	−3	2013	0	727	−727
2007	0	3	−3	2014	0	744	−744
2008	0	668	−668				

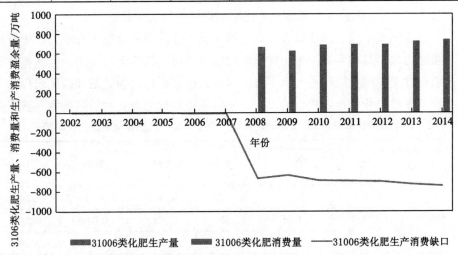

图 3.26 2002—2014 年 3106 类化肥在北美洲的生产量、消费量和生产消费盈余量

三、北美洲化肥的国际竞争力

1. 国际市场占有率

从表3.31中数据可以清楚地看到，北美洲的化肥产业在国际市场中占有非常重要的地位。由于北美洲矿藏资源非常丰富，带动了氮肥、磷肥和钾肥的生产，因此北美地区不仅是世界重要的化肥生产地区，也是世界主要的化肥贸易地区，每年各类化肥出口数量都非常庞大。具体来看，北美洲的氮肥国际市场占有率一直呈下降的趋势，从2002年占比16.95%下降到2014年仅占7.79%，下降了一半多。主要的原因在于全球氮肥的出口量不断上升，而北美洲的氮肥出口量却在不断下降，使得北美洲氮肥在国际市场中的占有率不断下降。北美洲的磷肥和氮肥的发展路径相似，都是呈下降的趋势，北美洲的磷肥从2002年最高时占比34.41%下降到2014年仅占14.78%，也是下降了一半多，但不同的是磷肥的国际市场占有率要高于氮肥。再看北美洲的钾肥，钾肥是北美洲所有化肥种类中占比最高的化肥，最高时达到39.68%，并且其发展也较为稳定，除了2005年和2009年占比略低于30%外，其余年份皆高于30%，这与钾肥是北美洲出口量最大的化肥并且其出口较稳定有关。3105类和3106类复合肥因前期生产消费量较低使得出口量也非常低，进而导致国际市场占有率也非常低，平均不到1%，直到2008年生产和消费的迅速增加使得出口量急剧上升，国际市场占有率才开始上升。所不同的是，3105类复合肥在短暂上升之后又开始下降；3106类复合肥则在2008年迅速上升之后一直保持增长的态势，并且增速越来越快，在2014年竟高达83.98%，占据了全球该种类化肥出口量的绝大部分。

从北美洲整个化肥产业来看，北美洲化肥产业的国际市场占有率处于中等地位，虽然占比不是非常高，但也在国际市场中占据比较重要的位置。但从整体走势来看，北美洲的化肥产业处于下降的状态，这主要是因为氮肥和磷肥出口的下降，拉低了整个化肥产业出口的比重，使得北美洲化肥产业的国际竞争力下降。

表3.31　　2002—2014年北美洲地区化肥产业及各类产品的国际市场占有率情况

年份 \ 化肥品种	3102	3103	3104	3105	3106	31
2002	0.1695	0.3441	0.3329	0.0016	0	0.2494
2003	0.1547	0.3299	0.3539	0.0012	0.0448	0.2440
2004	0.1574	0.3111	0.3368	0.0015	0.0001	0.2392

续表3.31

化肥品种 年份	3102	3103	3104	3105	3106	31
2005	0.1458	0.3366	0.2819	0.0018	0	0.2182
2006	0.1269	0.2991	0.3493	0.0066	0.0001	0.2291
2007	0.1097	0.2432	0.3453	0.0047	0.0007	0.2095
2008	0.114	0.2372	0.3428	0.2408	0.2636	0.2269
2009	0.1145	0.2743	0.2535	0.2743	0.2644	0.1946
2010	0.1023	0.2124	0.3201	0.1992	0.3511	0.2023
2011	0.0902	0.1734	0.3394	0.1569	0.4269	0.1914
2012	0.0908	0.1667	0.3036	0.1472	0.5571	0.1755
2013	0.0865	0.1751	0.3495	0.1475	0.6755	0.1892
2014	0.0779	0.1478	0.3968	0.1211	0.8398	0.1820

2. 贸易竞争指数

从表3.32可以比较清楚地看出北美洲化肥产业及各类产品的竞争实际情况。虽然北美洲各类化肥品种都有出口，但情况却不大一样，并且各类化肥品种的差距比较大。从氮肥来看，北美洲氮肥的贸易竞争指数全部为负数，而且数值越来越大，越来越向-1的方向靠近，这充分说明北美洲在氮肥上完全没有竞争优势。再来看磷肥，虽然磷肥的贸易竞争指数也有负数存在，但只有4年是负数，其余年份皆是正数，从具体数值来看，磷肥在2010年之前还是有竞争优势的，但随着出口的下降、进口的增加，这一竞争优势在慢慢减弱，直到2011年进口完全超过出口，贸易竞争指数转为负数，这一竞争优势才完全消失。钾肥是北美洲所有化肥种类中出口量最多且出口量较为稳定的，故除了2009年贸易竞争指数为负数外，其余年份都是正数，虽然数值不高，但还是存在贸易竞争优势的，只是这一竞争优势较弱。再看3105类和3106类复合肥，由于这两类化肥在2008年之前出口量非常小，且低于进口量，故这两类化肥在2008年之前的贸易竞争指数皆为负数，而且基本上逼近-1，说明在2008年之前这两类化肥不存在竞争优势，直到2008年出口量的迅猛增加才开始转变。但3105类复合肥和3106类复合肥还是存在差别的。3105类复合肥在2008年之后贸易竞争指数都为正数，但是数值却是减少的，这说明3105类复合肥在2008年之后竞争优势在减弱。而3106类复合肥在2008年和2010年贸易竞争指数仍是负数，只是数值不再接近-1,之后又迅速增加，往1的方向靠近，这说明3106类复合肥的贸易竞争优势在不断加强，并且这一竞争力会随着出口的继续增加而不断加强。

上文对北美洲各类化肥品种的贸易竞争优势进行了具体分析，但从整个化肥产业来看，这一竞争优势又有所不同。在样本统计的 13 年中，北美洲化肥产业的贸易竞争指数全部都是负数，这充分说明北美洲的化肥产业是缺乏竞争优势的，并且随着北美洲化肥产业的贸易竞争指数越来越向 −1 的方向靠近，北美洲化肥产业的国际竞争力会越来越弱，这间接说明了北美洲化肥产业对国外市场的依赖程度在逐步加强。

表 3.32   2002—2014 年北美洲地区化肥产业及各类产品的贸易竞争指数对比分析

化肥品种 年份	3102	3103	3104	3105	3106	31
2002	− 0.385	0.4066	0.1157	− 0.947	0	− 0.047
2003	− 0.441	0.283	0.1345	− 0.9	0	− 0.078
2004	− 0.423	0.2536	0.138	− 0.957	− 0.981	− 0.078
2005	− 0.482	0.2922	0.0136	− 0.958	− 0.998	− 0.164
2006	− 0.506	0.2527	0.1811	− 0.857	− 0.996	− 0.090
2007	− 0.570	0.1026	0.1144	− 0.674	− 0.996	− 0.171
2008	− 0.539	− 0.1244	0.0965	0.8042	− 0.143	− 0.110
2009	− 0.454	0.3412	− 0.033	0.7708	0.037	− 0.085
2010	− 0.533	0.1246	0.099	0.455	− 0.083	− 0.114
2011	− 0.589	− 0.021	0.1046	0.3638	0.0968	− 0.150
2012	− 0.581	− 0.078	0.1039	0.3114	0.1622	− 0.187
2013	− 0.578	− 0.036	0.1197	0.2719	0.6376	− 0.149
2014	− 0.576	− 0.139	0.1012	0.0903	0.7175	− 0.169

第四节   南美洲地区

一、南美洲的化肥生产条件

南美洲是世界第四大洲，总面积 1797 万平方千米，约占世界陆地总面积的12%，其地形多以平原为主，海拔在 300 米以下的平原约占全洲面积的 60%，其中亚马孙平原面积约 560 万平方千米，是世界上面积最大的冲积平原，地形平坦开阔，海拔多在 200 米以下，是耕地资源的主要分布区域。此外，全洲大部分地区属于热带雨林和热带草原气候，降水充沛，适宜农业发展。

二、南美洲的化肥生产与消费

一直以来，南美洲化肥的生产和消费都处于供需失衡的状态，该区域化肥的生产无法完全满足消费的需求，其原因在于化肥产业属于资源密集型产业，而南美洲缺乏资源上的优势，所以该区域化肥生产量占世界的比例一直不高。而南美洲作为世界重要的农业发展区，对化肥的需求量较大，并且需求量在不断上升，由此便导致了供求失衡。由于农作物对不同品种化肥的需求量存在较大差异，故各类化肥的生产消费情况也就存在了比较大的差异，下面具体进行分析。

从表 3.33 中的数据来看，南美洲氮肥的生产量非常稳定，年产值平均在 500 万吨左右，而南美洲氮肥的消费量则处于不断上升的状态（见图 3.27），从 2002 年消费 741 万吨发展到 2014 年消费 1326 万吨，氮肥消费量在 13 年的时间里增加了近一倍。在氮肥生产量没有增加的情况下，氮肥消费量的扩大使得生产消费缺口也在不断扩大，原本该区域的生产量可以满足三分之二的消费量，到后来发展为只能满足三分之一的消费量，生产严重不足，只能依靠进口来弥补消费需求。

表 3.33　　　2002—2014 年氮肥在南美洲的生产量、消费量和生产消费盈余量　　　万吨

年份	生产量	消费量	生产消费缺口	年份	生产量	消费量	生产消费缺口
2002	476	741	−265	2009	530	1082	−552
2003	495	907	−412	2010	532	1260	−728
2004	517	904	−387	2011	513	1438	−925
2005	556	831	−275	2012	528	1384	−856
2006	558	902	−344	2013	487	1330	−843
2007	565	1124	−559	2014	477	1326	−849
2008	546	1001	−455				

从氮肥的进出口上看，南美洲氮肥的出口量在多数年份保持在 100 万吨到 200 万吨之间，只有 2004—2007 年这四个年份超过了 200 万吨，并且整体上呈下降的趋势，如表 3.34 和图 3.28 所示。而南美洲氮肥的进口量则不断上升，从 2002 年进口 476 万吨发展到 2014 年进口 1123 万吨，增加了将近 2.5 倍，这使得净出口量一直为负数，并且进口和出口的差距在不断拉大，呈现严重的贸易逆差。

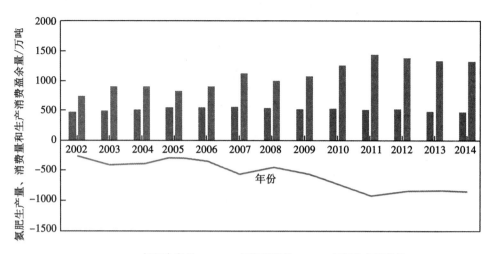

图 3.27　2002—2014 年氮肥在南美洲的生产量、消费者和生产消费盈余量

表 3.34　　　2002—2014 年氮肥在南美洲的出口量、进口量和净出口量　　　　　万吨

年份	出口量	进口量	净出口量	年份	出口量	进口量	净出口量
2002	171	476	−305	2009	178	641	−463
2003	173	624	−451	2010	174	787	−613
2004	217	642	−425	2011	144	959	−815
2005	234	549	−315	2012	173	950	−777
2006	272	586	−314	2013	131	992	−861
2007	213	824	−611	2014	149	1123	−974
2008	197	708	−511				

　　南美洲磷肥的生产和消费情况与氮肥相似，但磷肥的生产量要略低于氮肥，年产量平均为 416 万吨（见表 3.35），消费量则与氮肥相差不多，呈波动上升的趋势（见图 3.29）。南美洲磷肥的生产量也小于消费量，且这一生产消费缺口预计将继续扩大。

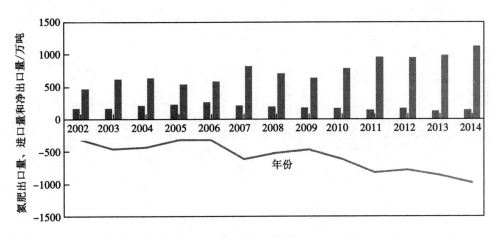

图 3.28 2002—2014 年氮肥在南美洲的出口量、进口量和净出口量

表 3.35　　　2002—2014 年磷肥在南美洲的生产量、消费量和生产消费盈余量　　　万吨

年份	生产量	消费量	生产消费缺口	年份	生产量	消费量	生产消费缺口
2002	309	694	−385	2009	397	764	−367
2003	378	928	−550	2010	448	985	−537
2004	395	1029	−634	2011	442	1167	−725
2005	374	827	−453	2012	475	1189	−714
2006	408	894	−486	2013	463	1265	−802
2007	426	1146	−684	2014	431	1292	−861
2008	426	895	−469				

　　从进出口情况上看，南美洲磷肥的进出口都要小于氮肥。南美洲磷肥的出口量每年皆不超过 50 万吨，且较为稳定，而进口量则波动性较大，但总体上处于上升的态势。如表 3.36 所示，南美洲磷肥进口量在 2009 年最低，只有 393 万吨，而在这之后磷肥进口量逐年上升，在 2014 年达到 894 万吨，这与磷肥消费量的不断增加有直接关系。南美洲磷肥的出口量和进口量差距较大（见图 3.30），使得磷肥的净出口值连年为负，并且这一贸易逆差有继续扩大的趋势。

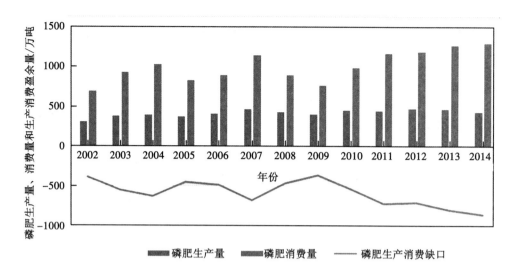

图 3.29 2002—2014 年磷肥在南美洲的生产量、消费量和生产消费盈余量

表 3.36   2002—2014 年磷肥在南美洲的出口量、进口量和净出口量　　　　　　万吨

年份	出口量	进口量	净出口量	年份	出口量	进口量	净出口量
2002	23	408	−385	2009	35	393	−358
2003	34	585	−551	2010	46	549	−503
2004	42	675	−633	2011	42	742	−700
2005	41	495	−454	2012	35	771	−736
2006	39	527	−488	2013	47	788	−741
2007	46	731	−685	2014	49	894	−845
2008	38	508	−470				

　　南美洲的钾肥和氮肥、磷肥一样，生产量小于消费量，供需不平衡，所不同的是，南美洲钾肥的生产量要大大低于氮肥和磷肥的生产量，并且与消费量的差距要更大。从 2002—2014 年这 13 年的样本统计数据（表 3.37）可以看到，南美洲钾肥的生产量在 100 万吨到 300 万吨之间，并且整体上呈小幅上升的趋势；而南美洲钾肥的消费量最低值为 630 万吨，最高值为 1268 万吨，呈波动上升的趋势。由于南美洲钾肥生产量的增长幅度要小于消费量的增长幅度，故钾肥的生产消费缺口在不断扩大（见图 3.31），2014 年生产消费缺口已达到 990 万吨，预计还有增加的可能。

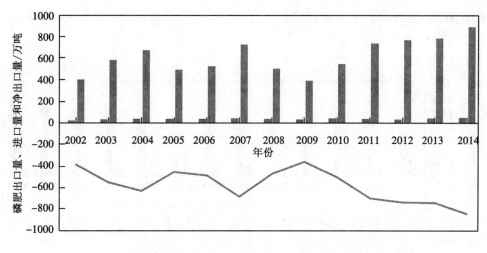

图 3.30   2002—2014 年磷肥在南美洲的出口量、进口量和净出口量

表 3.37   2002—2014 年钾肥在南美洲的生产量、消费量和生产消费盈余量   万吨

年份	生产量	消费量	生产消费缺口	年份	生产量	消费量	生产消费缺口
2002	155	708	−533	2009	236	630	−394
2003	154	898	−744	2010	237	928	−691
2004	187	1012	−825	2011	268	1139	−871
2005	180	838	−658	2012	274	1094	−820
2006	184	862	−678	2013	267	1123	−856
2007	178	1032	−854	2014	278	1268	−990
2008	206	1038	−832				

为了弥补钾肥生产消费缺口，南美洲的钾肥大部分依赖进口，并且随着消费量的增加，钾肥的进口量也随之增加，从图 3.32 中可以看到，南美洲钾肥进口量的走势基本上和钾肥消费量的走势趋于一致。再来看出口量，南美洲钾肥的出口量整体上呈小幅上升的趋势，但增长的幅度较小，从 2002 年出口 70 万吨到 2014 年出口 227 万吨（见表 3.38），这 13 年的时间里出口量只增加了 157 万吨，而在同样的时间内，钾肥的进口量则增长了 629 万吨。在出口量一直小于进口量

的状况下，南美洲钾肥的净出口值一直是负数，并且进出口量的差额在不断扩大。

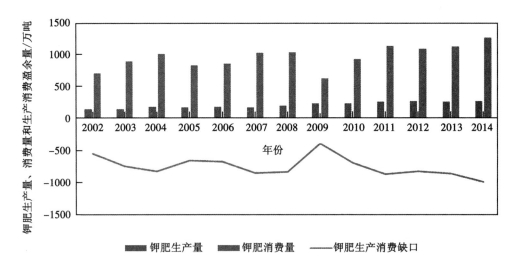

图 3.31 2002—2014 年钾肥在南美洲的生产量、消费量和生产消费盈余量

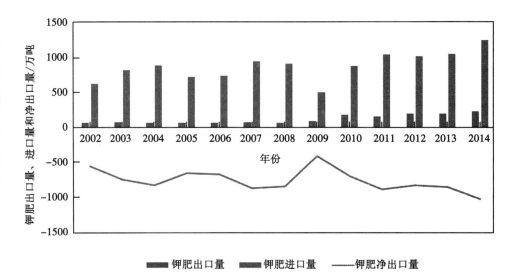

图 3.32 2002—2014 年钾肥在南美洲的出口量、进口量和净出口量

表 3.38　　2002—2014 年钾肥在南美洲的出口量、进口量和净出口量　　万吨

年份	出口量	进口量	净出口量	年份	出口量	进口量	净出口量
2002	70	627	−557	2009	89	499	−410
2003	74	823	−749	2010	185	884	−699
2004	65	894	−829	2011	158	1048	−890
2005	62	723	−661	2012	194	1025	−831
2006	62	729	−677	2013	199	1055	−856
2007	74	946	−872	2014	227	1256	−1029
2008	70	915	−845				

从表 3.39 中数据可以看到，南美洲 3105 复合肥的生产量除了在 2002 年的时候低于 100 万吨，其余年份皆在 100 万吨到 200 万吨之间，并且一直趋于稳定，波动量很小；而消费量则总体呈现波动上升的趋势，波动较大，从 2002 年仅消费 298 万吨增加到 2014 年消费 910 万吨，增长了 3 倍。生产消费的缺口也在不断扩大（见图 3.33），2014 年生产消费缺口达到 770 万吨，预计未来还有增加的趋势。

表 3.39　2002—2014 年 3105 类化肥在南美洲的生产量、消费量和生产消费盈余量　　万吨

年份	生产量	消费量	生产消费缺口	年份	生产量	消费量	生产消费缺口
2002	89	298	−209	2009	145	432	−287
2003	101	408	−307	2010	143	591	−448
2004	125	619	−494	2011	130	759	−629
2005	124	478	−354	2012	168	787	−619
2006	149	542	−393	2013	161	794	−633
2007	145	664	−519	2014	140	910	−770
2008	143	568	−425				

由于南美洲生产的 3105 复合肥无法满足消费的需要，故 3105 复合肥大部分依赖进口，属于进口型产品。从表 3.40 中数据可以看到，南美洲 3105 复合肥的进口量不断增加，而出口量则只有非常少量的增加，每年的出口量皆不超过 100 万吨，出口和进口的差距悬殊，净出口量处于负增长的态势（见图 3.34）。

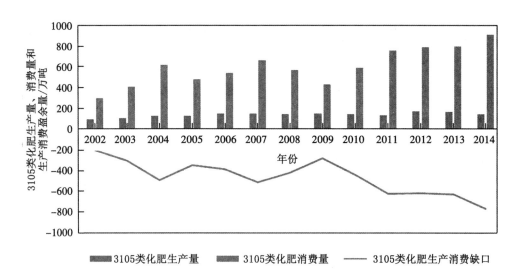

图 3.33　2002—2014 年 3105 类化肥在南美洲的生产量、消费量和生产消费盈余量

表 3.40　　　　2002—2014 年 3105 类化肥在南美洲的出口量、进口量和净出口量　　　万吨

年份	出口量	进口量	净出口量	年份	出口量	进口量	净出口量
2002	14	289	−275	2009	56	348	−292
2003	55	430	−375	2010	78	499	−421
2004	11	526	−515	2011	78	728	−650
2005	10	385	−375	2012	61	769	−708
2006	10	391	−381	2013	87	787	−700
2007	10	525	−515	2014	90	987	−897
2008	71	488	−417				

　　南美洲 3106 复合肥的生产量与 3105 复合肥相差不大，但消费量却远远小于 3105 复合肥。从表 3.41 和图 3.35 中可以看到，南美洲 3106 复合肥的生产量和消费量都呈先上升后下降的走势，并且生产消费的缺口也较为稳定，除了在 2004 年和 2007 年有相对较大的增长之外，其余大部分的年份缺口都不超过 20 万吨，在最近几年生产消费缺口还有缩小的趋势。

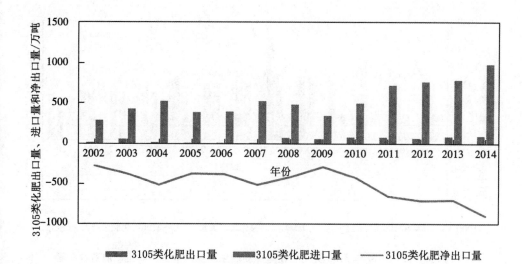

图 3.34　2002—2014 年 3105 类化肥在南美洲的出口量、进口量和净出口量

表 3.41　2002—2014 年 3106 类化肥在南美洲的生产量、消费量和生产消费盈余量　万吨

年份	生产量	消费量	生产消费缺口	年份	生产量	消费量	生产消费缺口
2002	4	0	4	2009	94	99	−5
2003	3	0	3	2010	92	106	−14
2004	3	35	−32	2011	81	91	−10
2005	43	53	−10	2012	80	87	−7
2006	104	108	−4	2013	77	84	−7
2007	111	171	−60	2014	71	77	−6
2008	102	117	−15				

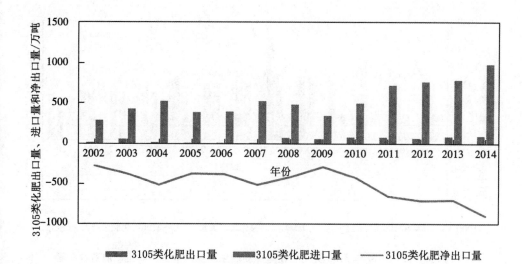

图例：
■ 3105类化肥出口量　■ 3105类化肥进口量　—— 3105类化肥净出口量

　　从进出口情况上看，南美洲 3106 复合肥的进口量和出口量都非常不稳定，波动性非常大，显得没有规律性。具体分析来看，南美洲 3106 复合肥的出口量在 2004—2007 年之间迅猛增加，每年出口量平均在 62 万吨左右，之后连续两年没有出口，再之后仅有非常少量的出口，且出口量皆不超过 1 万吨。而 3106 复合肥的进口量也是在 2004—2007 年之间数量较大，之后迅速下降，波动性非常大，但总体而言，出口量小于进口量，净出口量为负数，如表 3.42 和图 3.36 所示。南美洲 3106 复合肥进出口波动性大主要是因为，南美洲 3106 复合肥大部分时候是一种转出口贸易行为，自身并没有形成真正的出口能力，进口量的不稳定直接导致出口量也不稳定。

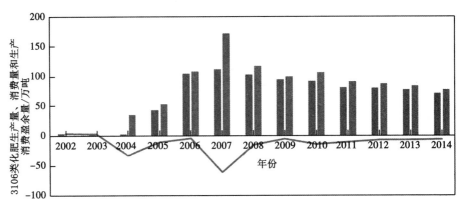

图3.35　2002—2014年3106类化肥在南美洲的生产量、消费量和生产消费盈余量

表3.42　　　　2002—2014年3106类化肥在南美洲的出口量、进口量和净出口量　　　万吨

年份	出口量	进口量	净出口量	年份	出口量	进口量	净出口量
2002	0	0	0	2009	0	0.5	−0.5
2003	4	0.09	3.91	2010	0.5	19	−18.5
2004	63	89	−26	2011	0.06	17	−16.94
2005	56	59	−3	2012	1	14	−13
2006	58	63	−5	2013	1	18	−17
2007	73	130	−57	2014	0	0	0
2008	0	0.9	−0.9				

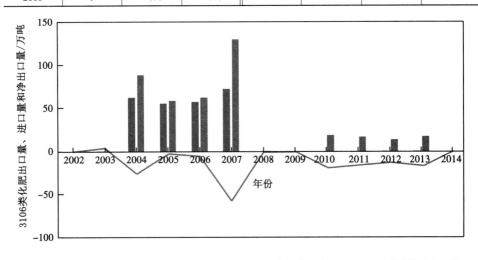

图3.36　2002—2014年3106类化肥在南美洲的出口量、进口量和净出口量

三、南美洲化肥的国际竞争力

1. 国际市场占有率

从上文的分析中可以知道，南美洲各类化肥的生产量都低于消费量，都存在生产消费缺口，所以南美洲的化肥大部分依赖进口，出口的比例非常低，这也说明南美洲化肥产业在国际市场上的竞争力非常弱。从表 3. 43 中 2002 年到 2014 年南美洲化肥产业国际市场占有率的统计数据可以看到，南美洲氮肥的国际市场占有率在 1% 到 3% 之间，南美洲磷肥的国际市场占有率则不到 1%，而南美洲钾肥的国际市场占有率最高也不超过 3%，并且有一半的年份钾肥的国际市场占有率不到 1%，这反映出氮磷钾三种化肥的出口量在国际市场上的占比非常低，充分说明了南美洲三大化肥种类缺乏竞争力，对国外化肥市场的依赖性强。再看3105 和 3106 两类复合肥，3105 类复合肥的国际市场占有率也在 1% 到 3% 之间，占比非常小；而 3106 类复合肥在 2003—2007 年间的国际市场占有率非常高，最高的时候高达 95.52%，但 2007 年之后却迅速下降至 1%，并且部分年份因出口量为 0，国际市场占有率也为 0。南美洲 3106 类复合肥国际市场占有率波动大且基本没有规律性很大程度上是因为，南美洲钾肥的出口更多的是一种转出口贸易行为，并没有形成真正的出口能力。从整个化肥产业来看，南美洲化肥产业的国际市场占有率在 1% 到 2% 之间，在所有大洲中是占比最小的，说明南美洲的化肥产业竞争力非常弱，几乎大部分化肥都依赖进口。

表 3. 43　2002—2014 年南美洲地区化肥产业及各类产品的国际市场占有率情况

化肥品种 \ 年份	3102	3103	3104	3105	3106	31
2002	0. 0205	0. 0059	0. 0090	0. 0101	0. 0000	0. 0130
2003	0. 0195	0. 0082	0. 0094	0. 0312	0. 9552	0. 0150
2004	0. 0235	0. 0096	0. 0072	0. 0064	0. 7606	0. 0162
2005	0. 0249	0. 0102	0. 0074	0. 0065	0. 9278	0. 0172
2006	0. 0295	0. 0092	0. 0070	0. 0057	0. 6796	0. 0183
2007	0. 0201	0. 0104	0. 0078	0. 0056	0. 8648	0. 0158
2008	0. 0200	0. 0099	0. 0078	0. 0310	0. 0000	0. 0150
2009	0. 0181	0. 0089	0. 0207	0. 0209	0. 0000	0. 0172
2010	0. 0154	0. 0098	0. 0202	0. 0240	0. 0088	0. 0170

化肥品种 年份	3102	3103	3104	3105	3106	31
2011	0.0125	0.0073	0.0169	0.0196	0.0007	0.0138
2012	0.0145	0.0067	0.0221	0.0166	0.0180	0.0157
2013	0.0107	0.0088	0.0227	0.0235	0.0064	0.0154
2014	0.0108	0.0082	0.0274	0.0219	0.0000	0.0159

2. 贸易竞争指数

由于南美洲所有化肥的净出口值都是负数,所以这些化肥种类的贸易竞争指数也皆为负数。从表 3.44 中的数据可以看到,南美洲氮肥的贸易竞争指数不仅都是负数并且越来越接近于 −1,这说明南美洲的氮肥不具备竞争优势,并且原有的竞争力还有减弱的趋势。而南美洲的磷肥总体上比较稳定,变化不大,但是其贸易竞争指数相较于氮肥来说更接近于 −1,所以南美洲磷肥的竞争优势要落后于氮肥。再看钾肥,虽然南美洲钾肥的贸易竞争指数都是负的,但整体上呈上升的趋势,竞争指数在向 1 的方向靠近,这说明南美洲的钾肥虽然在现阶段不具备竞争优势,但随着钾肥出口量的增加,南美洲的钾肥竞争力在逐步增强。3105 和 3106 两种复合肥的贸易竞争指数也都是负数,但 3105 复合肥和 3106 复合肥还是有区别的。从数值上看,3105 复合肥更接近于 −1,而 3106 复合肥在 2002 年到 2007 年间贸易竞争指数更大,甚至 2003 年的时候 3106 复合肥的贸易竞争指数为正数,并逼近于 1,直到 2008 年之后,3106 复合肥的竞争指数突然下降,直逼 −1,南美洲 3106 复合肥的贸易竞争指数的这种不规律性间接反映出南美洲 3106 复合肥的竞争优势非常弱,没有形成真正的出口能力。就南美洲化肥产业整体而言,贸易竞争指数始终为负数,这说明南美洲的化肥产业在国际贸易中不存在竞争优势,该区域化肥生产效率低,对国外市场的依赖性强。

表 3.44　2002—2014 年南美洲地区化肥产业及各类产品的贸易竞争指数对比分析

化肥品种 年份	3102	3103	3104	3105	3106	31
2002	− 0.4711	− 0.8921	− 0.8001	− 0.9076	0	− 0.7324
2003	− 0.5668	− 0.8906	− 0.8001	− 0.7732	0.9560	− 0.7573
2004	− 0.4944	− 0.8838	− 0.8643	− 0.9590	− 0.1711	− 0.7531
2005	− 0.4033	− 0.8465	− 0.8414	− 0.9494	− 0.0261	− 0.6917

续表 3.44

年份 \ 化肥品种	3102	3103	3104	3105	3106	31
2006	− 0.3652	− 0.8623	− 0.8460	− 0.9501	− 0.0413	− 0.6789
2007	− 0.5892	− 0.8806	− 0.8552	− 0.9626	− 0.2808	− 0.7671
2008	− 0.5642	− 0.8600	− 0.8581	− 0.7460	− 1.0000	− 0.7490
2009	− 0.5661	− 0.8354	− 0.6972	− 0.7228	− 1.0000	− 0.6803
2010	− 0.6379	− 0.8454	− 0.6535	− 0.7300	− 0.9487	− 0.6998
2011	− 0.7394	− 0.8938	− 0.7381	− 0.8060	− 0.9930	− 0.7844
2012	− 0.6917	− 0.9140	− 0.6811	− 0.8530	− 0.8667	− 0.7676
2013	− 0.7663	− 0.8882	− 0.6832	− 0.8010	− 0.8947	− 0.7734
2014	− 0.7652	− 0.8963	− 0.6942	− 0.8330	0	− 0.7843

第五节　欧洲地区

一、欧洲的化肥生产条件

欧洲的地域较为辽阔，且多是平原地区，而生产氮肥这种化肥的原材料多为石油、天然气和煤矿资源，磷肥的主要生产材料为磷矿，钾肥的主要生产原料为钾盐矿等。从全球能源分布情况可知，天然气资源主要分布在欧亚大陆和中东，两地占总储量的 74.2%；石油资源主要分布在中东和中南美洲，两地占总储量的 68.1%；煤炭资源主要分布在欧亚大陆、亚太和北美地区，三地占总储量的 94.8%。这说明欧洲天然气和煤炭这类能源数量还是丰富的。但这是从欧洲整个大洲的情况来说，从一些地区来看，这些能源分布最为集中的是在俄罗斯地区。俄罗斯联邦煤炭储量为 1570 亿吨，占世界的 18.2%，位居第二位；石油占全球的比重为 5.2%，天然气占全球的比重为 17.6%。俄罗斯地区的能源分布在全球的占比是较高的，而欧洲其他地区的能源占比则不明显，可能有这些能源，但是数量较少。欧洲磷矿资源主要分布在俄罗斯和哈萨克斯坦，俄罗斯的磷矿资源丰富，科拉半岛（Kola）的特大型磷酸盐岩矿床是磷酸盐岩与霞石正长岩复合矿体，资源量估计 32 亿吨。全球钾盐资源分布广泛，钾矿床主要分布在北半球各板块之上的海相、海陆相蒸发盐盆地中，而欧洲钾盐矿主要分布在西西里盆地、东喀尔巴阡、莱茵地堑、埃布罗盆地等地。从化肥生产材料来看，欧洲的原材料还是较为丰富的，可以为欧洲国家生产化肥提供原材料。另外，欧洲的农业面积较广，所需的化肥数量较多。

二、欧洲的化肥生产与消费

化肥的生产既与该地区的农业发展状况有关，也与该生产地区的原材料、生产技术等条件相关。欧洲整个大洲的面积较大，平原较多，农业发展较好，并且欧洲发达国家的数量较多，发达国家更容易达到化肥生产需要满足的技术条件。世界化肥生产企业主要以石油和天然气为原料，而欧洲作为一个经济实力很强的大洲，原材料的供应也较为充足。

1. 钾肥

欧洲是钾肥生产大洲，在2002—2011年这10年中，欧洲钾肥的生产几乎都在2000万吨以上，除了2009年，生产量只有1322万吨，数量急剧下滑，原因可能是2008年发生金融危机之后，整个欧洲乃至其他大洲的经济发展都受到了严重的影响，导致生产量下降。2011年之后，欧洲的肥钾生产也慢慢开始减少，数量保持在1800万吨左右，如表3.45所示。欧洲既是钾肥生产大洲，也是钾肥消费大洲，消费数量在2009年之前大致呈现下降的趋势，在2009年之后，钾肥的消费又开始有所上升，如图3.37所示。在2002—2014年这13年间，欧洲钾肥整体上都保持着盈余量，这说明欧洲钾肥的盈余量可以用来出口，为其他钾肥生产出现缺口的国家提供钾肥。

表3.45　　2002—2014年钾肥在欧洲的生产量、消费量和生产消费盈余量　　　　万吨

年份	生产量	消费量	生产消费缺口	年份	生产量	消费量	生产消费缺口
2002	2004	1624	380	2009	1322	1124	198
2003	2064	1692	372	2010	2101	1353	748
2004	2207	1686	521	2011	2031	1348	683
2005	2342	1647	695	2012	1892	1388	504
2006	2319	1592	727	2013	1730	1403	327
2007	2273	1716	557	2014	1833	1356	477
2008	2317	1250	887				

欧洲是钾肥生产和消费大洲，也是钾肥进出口大洲。欧洲钾肥出口量大是由于欧洲钾肥生产量大，每年都有钾肥盈余，除了满足欧洲本身的钾肥消费外，还

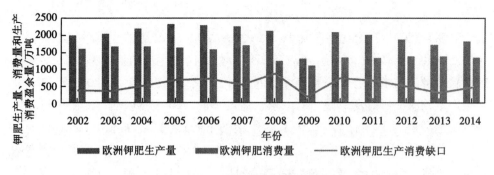

图 3.37 欧洲钾肥生产消费情况

可以有多余的钾肥用于出口。欧洲钾肥进口量大可能是因为欧洲农业发达，农作物生长需要的钾肥量大，并且生产者也可能进口部分钾肥用于该地区的消费。欧洲钾肥在 2002—2014 年近 13 年里都保持着净出口量，表明欧洲是钾肥出口大洲。钾肥的进出口量每年呈现波动性的趋势，而净出口则在 200 万吨以上，2006年以前增长率大概在 10% 左右，2007 年以后，增长率下降，最低为 -28%，最高为 30%，整体趋势在上升，如表 3.46 和图 3.38 所示。

表 3.46　　　　　　　2002—2014 年钾肥在欧洲的出口量、进口量和净出口量　　　　　　万吨

年份	出口量	进口量	净出口量	年份	出口量	进口量	净出口量
2002	1414	1332	82	2009	1156	812	344
2003	1508	1233	275	2010	1545	1099	446
2004	1589	1313	276	2011	1629	1090	539
2005	1487	1131	356	2012	1589	1204	385
2006	1493	1101	392	2013	1642	1377	265
2007	1524	1248	276	2014	1662	1396	266
2008	1330	944	386				

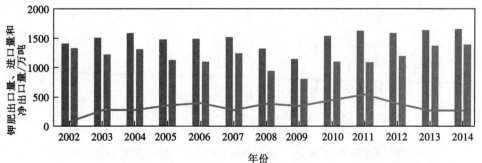

图 3.38　欧洲钾肥进出口

2. 磷肥

欧洲磷肥的生产量比钾肥更大，如表 3.47 所示，磷肥的生产量每年大概在 4000 万吨以上，除去 2009 年的 3115 万吨以外，磷肥生产的增长率在 2008 年之前呈较为可观的增长态势，最高增长量为 10%，最低为 −7%，2006 年和 2008 年生产量较前一年有所下降，所以增长速度下降，2008 年以后，磷肥增长率随着磷肥生产量的上涨而增加，随着生产量的下降而减少，最低是 2009 年的 −36%，最高是 2014 年的 13%。欧洲磷肥的消费量要小于生产量，磷肥的消费数量都在 2000 万吨以下，在 2009 年达到最低，只有 1134 万吨，其余年份较为平稳。由于生产数量远远大于消费数量，欧洲磷肥的生产消费缺口一直为正值（见图 3.39），保持着生产盈余，盈余数量平均每年在 3000 万吨左右，说明欧洲磷肥供过于求。

表 3.47　　2002—2014 年磷肥在欧洲的生产量、消费量和生产消费盈余量　　万吨

年份	生产量	消费量	生产消费缺口	年份	生产量	消费量	生产消费缺口
2002	4487	1966	2521	2009	3115	1134	1981
2003	4924	1835	3089	2010	4972	1541	3431
2004	5238	1857	3381	2011	5236	1469	3767
2005	5495	1704	3791	2012	4864	1456	3408
2006	5109	1741	3368	2013	4793	1496	3297
2007	5294	1862	3432	2014	5407	1549	3858
2008	4913	1360	3553				

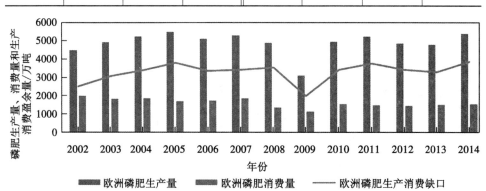

图 3.39　欧洲磷肥生产消费情况

欧洲磷肥的生产量大于消费量，那么，盈余量应该可以用于出口。从下面的图表（表3.48和图3.40）可知，欧洲磷肥的出口量平均在4000万吨以上，磷肥的进口量在2000万吨左右，出口量远远大于进口量，磷肥的净出口量平均有2000万吨左右，欧洲磷肥生产量多，消费量少，自然就出口多，需要进口的数量就会减少。出口数量和进口数量增长率都较为平稳，2009年出现了大幅下跌，出口量和进口量分别急剧下降到2466万吨和920万吨，出现了较大的波动。

表3.48　　　　　2002—2014年磷肥在欧洲的出口量、进口量和净出口量　　　　　万吨

年份	出口量	进口量	净出口量	年份	出口量	进口量	净出口量
2002	4129	2190	1939	2009	2466	920	1546
2003	4178	2369	1809	2010	4912	2112	2800
2004	4939	2615	2324	2011	4841	2079	2762
2005	5110	2279	2831	2012	4927	2024	2903
2006	4826	2037	2789	2013	4449	2186	2263
2007	5055	2425	2630	2014	3535	2344	1191
2008	4742	2193	2549				

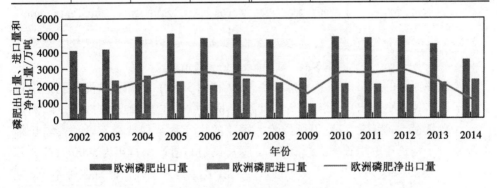

图3.40　欧洲磷肥进出口情况

3. 氮肥

从下面氮肥的生产消费图表（表3.49和图3.41）可知，欧洲氮肥生产量是氮磷钾三种化肥中生产量最大的，除了2009年之外，其余年份的生产量都在7000万吨以上，最高的年份达到了9000万吨以上，即使是最低的2009年，也有6833万吨，数量也是非常大的。欧洲氮肥的消费数量比钾肥和磷肥的消费数量更多，平均消费数量在5000万吨，并且欧洲氮肥的生产数量要多于消费数量，出现了生产盈余。

表 3.49　　　　　　　2002—2014 年氮肥在欧洲的生产量、消费量和生产消费盈余量　　　　　万吨

年份	生产量	消费量	生产消费缺口	年份	生产量	消费量	生产消费缺口
2002	7281	5172	2109	2009	6833	4984	1849
2003	7588	5428	2160	2010	7748	5267	2481
2004	8687	5251	3436	2011	8189	5262	2927
2005	9090	5088	4002	2012	8376	5374	3002
2006	8570	5093	3477	2013	8123	5541	2582
2007	8132	5407	2725	2014	7991	5907	2084
2008	7784	5130	2654				

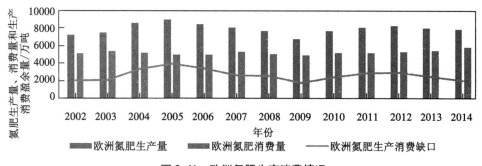

图 3.41　欧洲氮肥生产消费情况

从欧洲氮肥的进出口数量图表（表 3.50 和图 3.42）可知，欧洲氮肥的出口要大于进口，氮肥净出口为正，净出口数量平均每年在 1500 万吨以上。欧洲氮肥出口数量平均每年在 5000 万吨以上，每年的生产数量保持稳定增长，增长幅度较小，平均每年的增长率大概是 5%。氮肥的进口量平均每年为 3000 万吨，总体趋势在上涨，2009 年以前，氮肥进口的上涨速度非常平缓，保持在每年 6% 左右，2009 年以后上涨速度有所加快，增长率最快的是 2014 年，为 13%，最慢的为 2011 年，只有 0.7%，2012 年和 2013 年分别为 3.7% 和 4.1%。而净出口量每年的增长率波动性较大。

表 3.50　　　　　　2002—2014 年氮肥在欧洲的出口量、进口量和净出口量　　　　　万吨

年份	出口量	进口量	净出口量	年份	出口量	进口量	净出口量
2002	4608	2768	1840	2009	4842	3331	1511
2003	4842	3108	1734	2010	5186	3738	1448
2004	4920	3104	1816	2011	5685	3765	1920
2005	5230	2946	2284	2012	5690	3905	1785
2006	5024	3116	1908	2013	5574	4066	1508
2007	5256	3272	1984	2014	5662	4603	1059
2008	4995	3476	1519				

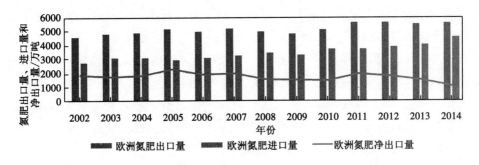

图 3.42　欧洲氮肥进出口情况

4. 3105 和 3106

从表 3.51 和图 3.43 可以看出，欧洲对于 3105 这种化肥的生产和消费数量都比较少，生产数量在 2009 年以前一直在 500 万吨以下，从 2010 年开始这种化肥的生产数量有所上升，但是最高也只有 1224 万吨。3105 化肥的消费数量也很少，在 2002—2014 年 13 年间，消费最多的也只有 703 万吨，最少的只有 168 万吨。可能是由于农作物对这种小品种的化肥的需求少，那么，它的生产和消费就相对较少。虽然欧洲的 3105 化肥生产消费少，但还是保持着生产消费盈余，只在 2005 年出现了生产消费缺口。可见，欧洲 3105 化肥还是能够留有一定的数量用于出口。

表 3.51　　2002—2014 年 3105 类化肥在欧洲的生产量、消费量和生产消费盈余量　　万吨

年份	生产量	消费量	生产消费缺口	年份	生产量	消费量	生产消费缺口
2002	270	168	102	2009	597	567	30
2003	429	362	67	2010	1224	703	521
2004	442	397	45	2011	1216	703	513
2005	459	468	− 9	2012	985	706	279
2006	444	156	288	2013	868	672	196
2007	350	297	53	2014	880	801	79
2008	412	350	62				

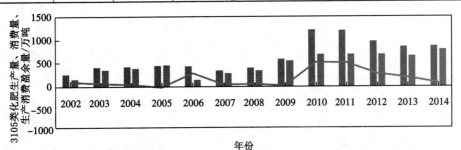

图 3.43　欧洲 3105 类化肥生产消费情况

从下面的进出口图表（表3.52和图3.44）可以看出，欧洲3105类化肥的出口量大于进口量，出口量在2008年之前波动较大，此后稳步上涨，从2008年的1027万吨上涨到2014年的1714万吨，上涨率为66.9%，上涨幅度很大。3105类化肥的进口量每年变化较大，但是在2002—2014年这13年间，进口最多也只有1000万吨，最少为600多万吨，这段时期的进口数量还是较为平均。由于出口数量多于进口数量，所以，3105化肥的净出口量是正的，保持着净出口，但是净出口数量没有超过700万吨，数值较小。

表3.52　　　　　2002—2014年3105类化肥在欧洲的出口量、进口量和净出口量　　　　　万吨

年份	出口量	进口量	净出口量	年份	出口量	进口量	净出口量
2002	896	690	206	2009	1146	692	454
2003	1178	774	404	2010	1490	966	524
2004	1223	824	399	2011	1566	1000	566
2005	1000	767	233	2012	1691	993	698
2006	1214	868	346	2013	1602	973	692
2007	1221	776	445	2014	1714	1104	610
2008	1027	782	245				

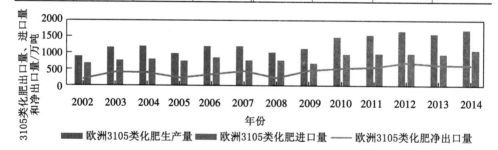

图3.44　欧洲3105类化肥进出口情况

对于3106化肥，从表3.53和图3.45可看出，欧洲3106化肥的生产量是非常小的，整个大洲每年的生产量不到700万吨，这种化肥还是从2003年才开始生产的，数量只有55万吨，到2014年为606万吨，期间3106化肥的生产是逐年上涨，从2003年到2014年上涨率达到了100%，上涨速度快，但是绝对数量小。不仅生产量少，3106化肥的消费量也很小，消费量平均为每年200万吨左右，生产消费在2002—2005年这几年间出现了缺口，需要依靠进口满足整个大洲的需要。

表 3.53　2002—2014 年 3106 类化肥在欧洲的生产量、消费量和生产消费盈余量　　万吨

年份	生产量	消费量	生产消费缺口	年份	生产量	消费量	生产消费缺口
2002	0	444	−444	2009	493	273	220
2003	55	551	−496	2010	647	359	288
2004	139	667	−528	2011	626	382	244
2005	331	581	−250	2012	561	368	193
2006	369	120	249	2013	602	397	205
2007	389	261	128	2014	606	442	164
2008	410	392	18				

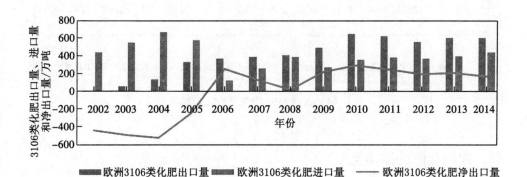

图 3.45　欧洲 3106 类化肥的生产消费情况

从表 3.54 和图 3.46 可以看出，欧洲 3106 化肥从 2013 年才开始出口，说明之前的年份里，3106 化肥的生产都只是用来满足本大洲的使用，没有多余的数量用于出口。而 3106 化肥的进口是从 2008 年开始的，进口量非常小，只有几万吨，2012 年以后，进口量才突破 50 万吨，最高有 70 万吨，最低有 59 万吨。净出口量在 2007 年以前为 0，说明不用出口，也不需要进口，2007 年以后，净出口值为负，表明大洲需要依靠进口 3106 类化肥才能满足国内的需求。

表 3.54　　　　2002—2014 年 3106 类化肥在欧洲的出口量、进口量和净出口量　　　　万吨

年份	出口量	进口量	净出口量	年份	出口量	进口量	净出口量
2002	0	0	0	2009	0	4	−4
2003	0	0	0	2010	0	5	−5
2004	0	0	0	2011	0	6	−6
2005	0	0	0	2012	0	64	−64
2006	0	0	0	2013	26	70	−44
2007	0	0	0	2014	18	59	−41
2008	0	6	−6				

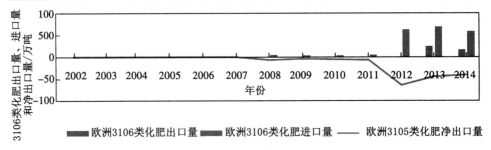

图 3.46　欧洲 3106 类化肥进出口情况

三、欧洲化肥的国际竞争力

评判化肥国际市场竞争力的两个指标是贸易竞争指数和国际市场占有率。从下面的贸易竞争指数表（表 3.55）可以看出，欧洲氮磷钾这三种化肥中，钾肥的贸易竞争力最强，竞争指数几乎都在 30% 以上，甚至在 2006 年、2009 年、2012 年这三年贸易竞争指数达到了 40% 以上，出口贸易竞争指数越大，出口强度越大，出口的优势就越大。所以，欧洲在钾肥出口上有非常大的优势，出口强度大，竞争优势强。其次是氮肥，氮肥这些年的贸易竞争指数大部分都在 16% 以上，2007 年以前平均达到了 25%，2007 年以后平均指数为 15%，氮肥的贸易竞争指数从 2007 年开始有所下降，说明欧洲氮肥在 2007 年以后，出口力度减小，出口优势减弱。磷肥的贸易竞争指数增长幅度小，最大的只有 19.8%，且每年的波动性较大，这说明欧洲在磷肥上不具有出口优势。对于 3105 类化肥而言，欧洲虽然出口数量较小，但是从贸易竞争指数来看，欧洲在 3106 类化肥上的出口优势较为可观，平均在 20% 以上，与其他大洲相比，出口优势较大。欧洲在

3106 类化肥上不具有出口优势，2007 年以前都是 0，说明欧洲在 2007 年之前进出口量非常小，可以忽略不计，2008—2014 年间欧洲都属于进口国，不具有出口优势。从整个化肥行业 31 的数值上可以看出，欧洲 31 类化肥的贸易竞争指数能够保持在 20% 以上，出口强度较大，出口量也较大，那么，整个欧洲的化肥出口优势还是较强的。

表 3.55　　　　　　　　　　欧洲各类化肥贸易竞争指数

化肥品种 年份	3102	3103	3104	3105	3106	31
2002	0.2495	0.0299	0.3069	0.1299	0	0.2257
2003	0.2181	0.1003	0.2763	0.207	0	0.22
2004	0.2263	0.0951	0.3077	0.1949	0	0.2346
2005	0.2794	0.1360	0.3831	0.1319	0	0.2858
2006	0.2344	0.1511	0.4064	0.1662	0	0.2762
2007	0.2326	0.0996	0.3516	0.2228	0	0.2568
2008	0.1793	0.1697	0.3676	0.1354	− 1	0.2407
2009	0.1849	0.1748	0.4566	0.247	− 1	0.2506
2010	0.1623	0.1687	0.3986	0.2134	− 1	0.2475
2011	0.2032	0.1982	0.3991	0.2206	− 1	0.2669
2012	0.1860	0.1378	0.4176	0.2601	− 1	0.2583
2013	0.1564	0.0878	0.3411	0.2443	− 0.4583	0.2104
2014	0.1032	0.0870	0.2026	0.2165	− 0.5325	0.1396

从下面的化肥国际市场占有率情况表（表 3.56）可以看出，在氮磷钾这三种常见化肥中，欧洲氮肥和钾肥的国际市场占有率较高，特别是钾肥，除去 2014 年之外，所有年份的国际市场占有率数值都在 50% 以上，有些年份达到了 60% 以上，占据了全球出口量一半的市场，这也说明欧洲钾肥的国际市场地位很重要，在国际上有很重要的影响力。欧洲氮肥的国际市场占有率也较高，都在 40% 以上，但是氮肥的国际市场占有率从 2008 年之后有所下降，从 2002 年的 55% 下降到 2014 的 40.8%，下降了 10% 左右，这说明欧洲氮肥整体上的国际市场地位较高，对于国际氮肥的影响力较强，但是，这种出口优势从 2008 年以后逐渐下降。磷肥的国际市场占有率较为一般，平均在 30% 以上，对于国际磷肥进出口也能产生一定的影响力。对于 3105 和 3106 这两类化肥来说，欧洲 3105 类化肥的国际市场占有率在 2007 年以前很大，出口量几乎占据了全球的 2/3，但

是这种情况在 2007 年以后有所改变，国际市场占有率的地位逐渐下降。3106 类化肥的国家市场占有率很低，2012 年以前都是 0，从 2013 年开始，才在国际上占有一定的地位。从化肥行业来说，欧洲整个化肥产业出口量的国际市场占有率较为可观。

表3.56　　　　　　　　　欧洲各类化肥的国际市场占有率

化肥品种 年份	3102	3103	3104	3105	3106	31
2002	0.5527	0.3571	0.5367	0.6333	0	0.5161
2003	0.5463	0.3657	0.5287	0.6617	0	0.5163
2004	0.5321	0.3669	0.5444	0.6897	0	0.5171
2005	0.5576	0.3698	0.6032	0.6698	0	0.5476
2006	0.5540	0.3532	0.5481	0.6921	0	0.5209
2007	0.4959	0.3418	0.5366	0.7028	0	0.4964
2008	0.5067	0.3455	0.5277	0.4467	0	0.4826
2009	0.4943	0.2934	0.5720	0.4281	0	0.4626
2010	0.4595	0.3306	0.5344	0.4593	0	0.4615
2011	0.4951	0.2851	0.5180	0.3928	0	0.4483
2012	0.4765	0.3095	0.5588	0.4637	0	0.4692
2013	0.4538	0.3108	0.5092	0.434	0.1428	0.4405
2014	0.4082	0.2791	0.4271	0.4193	0.1001	0.389

第六节　大洋洲地区

一、大洋洲的化肥生产条件

大洋洲大洲面积较小，大洲上的国家也较少，多为岛屿型国家，一些大国如澳大利亚和新西兰的畜牧业发达，而农业种植面积小，是农业欠发达国家，那么，所需的化肥数量也是较小的。从化肥生产材料看，大洋洲生产氮肥所需的能源是较少的，主要分布在澳大利亚，澳大利亚石油资源约为 39 亿桶，占全球石油资源的 0.2%，天然气为 3.8 万亿立方米，占全球的 2%，煤炭为 764 亿吨，占全球的 8.9%，澳大利亚的能源分布量在大洋洲能源总量中位居第一，其他国家的能源数量则非常少。大洋洲磷矿石的分布较多，主要集中在澳大利亚，澳大利亚最大的浅海相磷酸盐岩矿床位于乔治纳盆地，磷酸盐岩资源量约 20 亿吨，最大的磷酸盐岩矿床在西北磷酸盐岩丘陵，证实储量 2350 万吨，$P_2O_5$24.2%，概略储量 6560 万吨，P_2O_5 24.1%，储量丰富。而大洋洲的钾盐矿则较少，主要国家澳大利亚的钾盐矿也分布较少。

二、大洋洲的化肥生产与消费

大洋洲由于大洲面积较小，并且大洋洲的国家大部分都以畜牧业为主，所以所需的化肥数量较少，相对于其他大洲如亚洲和欧洲来说，大洋洲的化肥生产量和消费量都是比较小的。

1. 钾肥

从表 3.57、图 3.47 可以看出，大洋洲钾肥生产数量这些年平均在 200 万吨左右，2007 年以前，钾肥生产量在逐渐下降，下降速度从 13.7% 下降到 4%，2007 年以后钾肥的生产量呈现波动性的下降。大洋洲这些年的钾肥消费量整体上在下降，平均数量在 400 万吨左右。由于钾肥生产量小于消费量，钾肥出现了生产消费缺口，生产消费盈余为负增长，缺口额每年大概为 200 万吨，大洋洲钾肥为供不应求的状态，为了满足大洲内的消费需求，就需要进口钾肥。

表 3.57　　　2002—2014 年钾肥在大洋洲的生产量、消费量和生产消费盈余量　　　万吨

年份	生产量	消费量	生产消费缺口	年份	生产量	消费量	生产消费缺口
2002	277	454	−177	2009	227	295	−68
2003	277	464	−187	2010	201	361	−160
2004	239	447	−208	2011	241	419	−178
2005	219	560	−341	2012	241	421	−180
2006	210	511	−301	2013	196	394	−198
2007	320	509	−189	2014	205	427	−222
2008	218	400	−182				

根据下面的钾肥进出口图表（表 3.58、图 3.48）可以看出，大洋洲钾肥出口量每年不足 80 万吨，出口较少；而进口量平均在 180 万吨，进口量远远大于出口量，每年需要净进口钾肥 100 万吨左右，对于大洋洲这个国家较少的大洲来说，这个进口数额还是较大的。

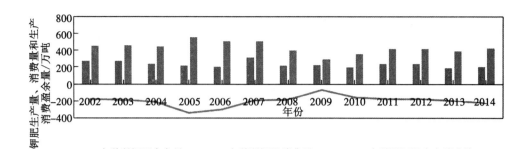

图 3.47 大洋洲钾肥生产消费情况

表 3.58 　　　　　2002—2014 年钾肥在大洋洲的出口量、进口量和净出口量 　　　　　万吨

年份	出口量	进口量	净出口量	年份	出口量	进口量	净出口量
2002	34	215	-181	2009	75	129	-54
2003	42	247	-205	2010	61	202	-141
2004	33	237	-204	2011	68	186	-118
2005	46	250	-204	2012	62	176	-114
2006	28	139	-111	2013	46	210	-164
2007	56	151	-95	2014	53	258	-205
2008	57	156	-99				

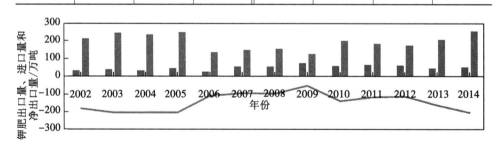

图 3.48 大洋洲钾肥进出口情况

2. 磷肥

大洋洲在 2002—2014 年这 13 年间磷肥生产量为 0，可以看出大洋洲不生产磷肥，可能是由于大洋洲对于磷肥的需求较少，所以生产者不进行磷肥生产，也可能是由于大洋洲生产磷肥的原材料非常缺乏，所以，生产者没有生产磷肥。而

从磷肥的消费量可以看出，大洋洲对于磷肥的需求还是存在的，只是对于磷肥的需求量较小，在 2002 年、2003 年这两年里，磷肥消费量达到了 100 万吨以上，2003 年以后，磷肥的消费量慢慢减少，到 2014 年，消费量为 86 万吨。大洋洲不生产磷肥，那么，大洋洲磷肥的生产消费缺口在这些年里一直为负，大洲内所需的磷肥只能依靠进口。

根据大洋洲磷肥生产消费图表（表 3.59、图 3.49）可以知道，大洋洲不从事磷肥生产，所有的磷肥只能依靠进口。从下面大洋洲磷肥进出口图表（表 3.60、图 3.50）可以看出，大洋洲这些年磷肥出口量在 0.5 万吨以下，进口量大部分在 100 万吨以上。并且磷肥进口量的波动性较大，磷肥进口量大于出口量，出现了磷肥净进口的情况，净进口量在 100 万 ~ 150 万吨之间。2002—2009 年，磷肥净进口量呈现上升的趋势，从 2009—2014 年，磷肥净进口量则呈现出下降的趋势。

表 3.59　　　　　2002—2014 年磷肥在大洋洲的生产量、消费量和生产消费盈余量　　　万吨

年份	生产量	消费量	生产消费缺口	年份	生产量	消费量	生产消费缺口
2002	0	114	−114	2009	0	54	−54
2003	0	114	−114	2010	0	58	−58
2004	0	99	−99	2011	0	70	−70
2005	0	75	−75	2012	0	75	−75
2006	0	73	−73	2013	0	81	−81
2007	0	74	−74	2014	0	86	−86
2008	0	69	−69				

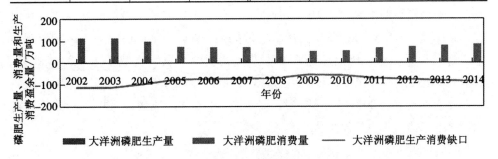

图 3.49　大洋洲磷肥生产消费情况

表 3.60　　　　　　　　2002—2014 年磷肥在大洋洲的出口量、进口量和净出口量　　　　　　　万吨

年份	出口量	进口量	净出口量	年份	出口量	进口量	净出口量
2002	0.3	122	−121.7	2009	0.3	40	−39.7
2003	0.5	112	−111.5	2010	0.4	101	−100.6
2004	0.3	144	−143.7	2011	0.3	94	−93.7
2005	0.3	130	−129.7	2012	0.3	88	−87.7
2006	0.3	104	−103.7	2013	0.2	93	−92.8
2007	0.5	98	−97.5	2014	0.5	125	−124.5
2008	0.3	144	−39.7				

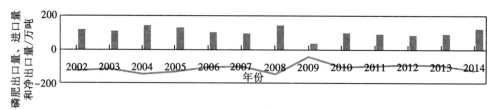

图 3.50　大洋洲磷肥进出口情况

3. 氮肥

前文讲述了大洋洲钾肥、磷肥的生产消费和进出口情况，整体上各类数量都是较小的。从下面氮肥的生产消费数量图表（表 3.61、图 3.51）可知，与钾肥、磷肥相比，大洋洲氮肥的生产量和消费量都要更高，氮肥的生产量大致呈下降的趋势，平均每年的生产量在 100 万吨以上，而氮肥每年的消费量则在 300 万吨以上，总体呈上升的趋势，每年的消费数量都保持着较为平稳的趋势。由于氮肥的生产量小于消费量，所以，氮肥的生产消费盈余为负，出现了生产消费缺口。2009 年以前，生产消费缺口保持在 200 万吨左右，2009 年以后，这种生产消费缺口逐渐扩大，到 2014 年，缺口量为 410 万吨，且这种缺口量扩大的趋势有可能在接下来的年份里持续下去。

中国化肥产业走出去研究

表 3.61　　　2002—2014 年氮肥在大洋洲的生产量、消费量和生产消费缺口　　　万吨

年份	生产量	消费量	生产消费缺口	年份	生产量	消费量	生产消费缺口
2002	141	391	−250	2009	194	339	−145
2003	130	389	−259	2010	116	375	−259
2004	153	414	−261	2011	125	422	−297
2005	154	385	−231	2012	101	435	−334
2006	140	343	−203	2013	93	466	−373
2007	146	343	−197	2014	116	526	−410
2008	126	337	−211				

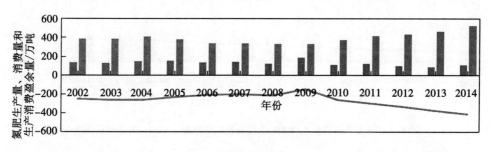

图 3.51　大洋洲氮肥生产消费情况

　　从下面大洋洲氮肥进出口图表（表 3.62、图 3.52）可以看出，大洋洲氮肥出口量较小，都在 80 万吨以下，平均在 50 万吨左右，而大洋洲氮肥进口量则要多于出口量，进口量在 200 万吨以上，平均在 250 万吨以上，整体呈现上涨的趋势，进口量大于出口量，则氮肥出现了净进口。2009 年之前，净进口量保持稳定，在 200 万吨左右，2009 年之后，净进口量逐渐扩大，从 2009 年到 2014 年增长了 176%，这种净进口量增长的趋势可能还会继续下去。

表 3.62　　　　　　2002—2014 年氮肥在大洋洲的出口量、进口量和净出口量　　　　　万吨

年份	出口量	进口量	净出口量	年份	出口量	进口量	净出口量
2002	26	281	−255	2009	71	231	−160
2003	30	289	−259	2010	47	337	−290
2004	25	353	−328	2011	45	386	−341
2005	37	307	−270	2012	36	398	−362
2006	33	263	−230	2013	22	437	−415
2007	41	258	−217	2014	25	468	−443
2008	52	287	−235				

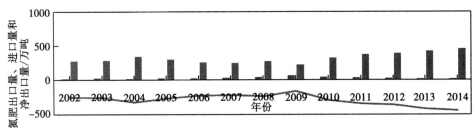

图 3.52　大洋洲氮肥进出口情况

4. 3105 和 3106

大洋洲对于 3105 这种化肥的生产量和消费量都非常小，只在 2003 年到 2006 年这四年里进行了化肥生产，在其余年份里，大洋洲并没有生产 3105 这类化肥，如表 3.63 和图 3.53 所示。3105 类化肥消费量在 2009 年之前平均为 20 万吨，在 2009 年以后，消费数量快速增长，从 2009 年到 2014 年，3105 类化肥增长了 117%，增长速度极快。2006 年以前，生产量还能满足消费，随着生产的减少、消费的扩大，生产量无法满足消费，出现了生产消费缺口。

表 3.63　2002—2014 年 3105 类化肥在大洋洲的生产量、消费量和生产消费盈余量　万吨

年份	生产量	消费量	生产消费缺口	年份	生产量	消费量	生产消费缺口
2002	0	23	−23	2009	0	56	−56
2003	86	31	55	2010	0	130	−130
2004	36	27	9	2011	0	100	−100
2005	30	25	5	2012	0	123	−123
2006	26	23	3	2013	0	94	−94
2007	0	21	−21	2014	0	122	−122
2008	0	14	−14				

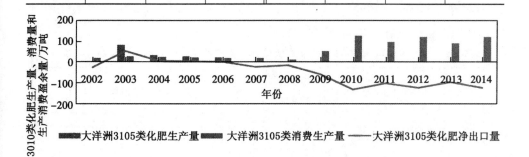

图 3.53　大洋洲 3105 类化肥生产消费情况

从大洋洲 3105 类化肥进出口图表（表 3.64、图 3.54）可知，大洋洲 3105 类化肥的出口量少、进口量较多，且进口量和出口量都是在 2009 年之后才开始慢慢发生较大的改变，出口量是慢慢减少，进口量则是慢慢增加，且进口量增加的速度要快于出口量减少的速度。而 3105 类化肥一直处于净进口的状态。

表 3.64　　2002—2014 年 3105 类化肥在大洋洲的出口量、进口量和净出口量　万吨

年份	出口量	进口量	净出口量	年份	出口量	进口量	净出口量
2002	25	133	−108	2009	52	84	−32
2003	30	141	−111	2010	37	114	−77
2004	0.3	36	−35.7	2011	46	124	−78
2005	0.2	31	−30.8	2012	44	119	−75
2006	0.2	27	−26.8	2013	34	127	−93
2007	26	96	−70	2014	38	173	−135
2008	0.2	13	−12.8				

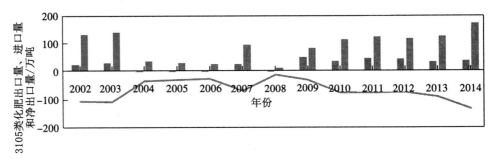

图 3.54　大洋洲 3105 类化肥进出口情况

大洋洲 3106 类化肥生产量一直都是 0，而消费数量也非常小，较为明显的是 2010 年和 2012 年，消费数量达到了 116 万吨和 134 万吨，其余年份里 3106 化肥的消费数量很小，如表 3.65 和图 3.55 所示。

表 3.65　2002—2014 年 3106 类化肥在大洋洲的生产量、消费量和生产消费盈余量　万吨

年份	生产量	消费量	生产消费缺口	年份	生产量	消费量	生产消费缺口
2002	0	6	−6	2009	0	0	0
2003	0	2	−2	2010	0	116	−116
2004	0	0	0	2011	0	24	−24
2005	0	0	0	2012	0	134	−134
2006	0	0.01	−0.01	2013	0	26	−26
2007	0	0.0012	−0.0012	2014	0	26	−26
2008	0	0.01	−0.01				

图 3.55　大洋洲 3106 类化肥生产消费情况

大洋洲 3106 类化肥的进出口数量都很小，甚至很多年份都为 0，只在 2006 年、2007 年、2008 年这三年里进口了 3106 类化肥，且进口数量不足 0.5 万吨，其他的年份里进出口量都为 0，如表 3.66 所示。

表 3.66　2002—2014 年 3106 类化肥在大洋洲的出口量、进口量和净出口量　　万吨

年份	出口量	进口量	净出口量	年份	出口量	进口量	净出口量
2002	0	0	0	2009	0	0	0
2003	0	0	0	2010	0	0	0
2004	0	0	0	2011	0	0	0
2005	0	0	0	2012	0	0	0
2006	0	0.01	−0.01	2013	0	0	0
2007	0	0.0112	−0.0112	2014	0	0	0
2008	0	0.01	−0.01				

三、大洋洲化肥的国际竞争力

从下面的各化肥贸易竞争指数情况表（表 3.67）可知，大洋洲对于氮磷钾这三种常见化肥都是属于进口较大，这三种化肥的贸易竞争指数达到了 −60% 以上，这表明大洋洲在这三种化肥上都是依赖进口，且进口势力要大于出口势力，这也说明大洋洲在这三种化肥上不具有出口竞争力，依靠进口，有很大的进口依赖性。而对于 3105 和 3106 这两类化肥而言，3105 类化肥大洋洲也是依靠进口，但是进口力度从 2008 年以后有所下降，而 3106 类化肥只在 2006 年、2007 年、2008 年这三年是纯进口的，其他的年份则为 0，既没有进口优势也没有出口优势。从 31 这大类行业来看，大洋洲对于 31 类的化肥 50% 以上都需要进口，进口占绝大部分。这也说明了大洋洲化肥行业大部分都是依靠进口来满足整个大洲的需求。

表 3.67　　　　　　　　　　大洋洲各类化肥的贸易竞争性指数

化肥品种　年份	3102	3103	3104	3105	3106	31
2002	−0.8306	−0.7269	−0.9951	−0.6835	0	−0.7957
2003	−0.8119	−0.7093	−0.9911	−0.6491	0	−0.7676
2004	−0.8677	−0.7556	−0.9958	−0.9835	0	−0.8585
2005	−0.7849	−0.6892	−0.9954	−0.9872	0	−0.7897
2006	−0.7770	−0.6647	−0.9942	−0.9853	−1	−0.7933

化肥品种 年份	3102	3103	3104	3105	3106	31
2007	− 0.7258	− 0.4589	− 0.9898	− 0.5738	− 1	− 0.6625
2008	− 0.6932	− 0.4648	− 0.9958	− 0.9697	− 1	− 0.6907
2009	− 0.5298	− 0.2647	− 0.9851	− 0.2353	0	− 0.4125
2010	− 0.7552	− 0.5361	− 0.9921	− 0.5099	0	− 0.675
2011	− 0.7912	− 0.4646	− 0.9936	− 0.4588	0	− 0.6657
2012	− 0.8341	− 0.4790	− 0.9932	− 0.4601	0	− 0.6925
2013	− 0.9041	− 0.6406	− 0.9957	− 0.5776	0	− 0.7892
2014	− 0.8986	− 0.6592	− 0.9920	− 0.6398	0	− 0.7968

从下面的各类化肥国际市场占有率情况表（表 3.68）可知，大洋洲各类化肥的国际市场占有率非常小，特别是 3106 类化肥都为 0，国际市场占有率小说明大洋洲的各类化肥在国际上的出口优势非常小，在国际化肥产业上的出口地位较低，在国际化肥出口上不具有出口优势。

表 3.68　　　　　　　　大洋洲各类化肥的国际市场占有率

化肥品种 年份	3102	3103	3104	3105	3106	31
2002	0.0031	0.0087	0.0000	0.0179	0	0.004
2003	0.0034	0.0103	0.0001	0.0171	0	0.0046
2004	0.0027	0.0077	0.0000	0.0002	0	0.0024
2005	0.0040	0.0115	0.0000	0.0002	0	0.0036
2006	0.0036	0.0066	0.0000	0.0001	0	0.0026
2007	0.0038	0.0125	0.0001	0.0148	0	0.0047
2008	0.0053	0.0149	0.0000	0.0001	0	0.0044
2009	0.0072	0.0191	0.0007	0.0196	0	0.0097
2010	0.0042	0.0131	0.0000	0.0115	0	0.0051
2011	0.0039	0.0119	0.0000	0.0115	0	0.0052
2012	0.0030	0.0121	0.0000	0.012	0	0.0048
2013	0.0018	0.0088	0.0000	0.0091	0	0.0034
2014	0.0018	0.0089	0.0001	0.0092	0	0.0036

第四章
各区域重点国家分析

第一节　非洲重点国家

一、非洲主要化肥生产国

　　化肥产业属于资源密集型产业，故化肥的生产离不开矿产资源的支持。非洲地域辽阔，矿产资源非常丰富，但由于总体经济发展落后，存在大量未开发的矿产资源，此外因为历史和其他一些原因，非洲各国的矿业发展非常不平衡，这就导致非洲各国化肥产量不高，各个国家化肥产业的发展存在较大差异。非洲的化肥生产集中分布在北非和非洲南部，但由于各国资源的丰富程度及发展情况不同，所以各国产量的变动情况也不一样。从整个化肥产业来看，非洲地区化肥生产量排名前五位的国家分别是摩洛哥、埃及、突尼斯、南非和利比亚。其中摩洛哥、埃及、突尼斯三个国家生产量较大，年产值皆突破了百万吨，而南非和利比亚的年产量则相对较少。

　　具体来看，摩洛哥的化肥年产量最高，变化也最大，如表 4.1 所示，2002 年仅生产 341 万吨，2014 年增至 656 万吨，在十三年的时间里增加了 315 万吨。从变化趋势上看，如图 4.1 所示，摩洛哥的化肥产量在前期略有下降，但在后期迅猛增加，是非洲所有国家中增速最快、增长幅度最大的国家。埃及的化肥产量紧随其后，从原来生产量不足 200 万吨到后面突破 300 万吨。但埃及的生产量并不是一直处于上升的态势，而是前期稳定，中期小幅上升，后期又有所下降，预计未来几年生产量不会有太大幅度的上升。突尼斯的化肥产量整体保持在 100 万吨到 300 万吨之间波动变化，最高产量 256 万吨，最低产量 131 万吨，并且突尼斯的化肥产量整体上呈下降趋势，其中 2012 年下降幅度最大，整整下降了 100 万吨，降幅为 41.74%。南非和利比亚是非洲化肥产量分别排名第四和第五的国家，生产量相对较小，且生产量都呈下降的趋势，其中南非的生产量从 2002 年的 58 万吨下降到 2014 年的 15 万吨，而利比亚的生产量则从 2002 年的 39 万吨下降到 2014 年的 6 万吨。虽然生产量下降不是很大，但是下降的幅度却非常大，两国下降的幅度皆超过了 70%。

表 4.1　　　　　2002—2014 年非洲地区主要国家 31 类化肥生产量　　　　万吨

年份\国家	摩洛哥	埃及	突尼斯	南非	利比亚	年份\国家	摩洛哥	埃及	突尼斯	南非	利比亚
2002	341	178	256	58	39	2009	354	319	223	47	37
2003	318	179	262	67	38	2010	542	350	249	29	25
2004	289	193	259	60	38	2011	619	333	242	20	11
2005	281	281	228	59	38	2012	721	311	141	23	6
2006	339	198	226	30	38	2013	617	307	170	33	6
2007	333	254	205	32	36	2014	656	288	131	15	6
2008	238	327	210	27	28						

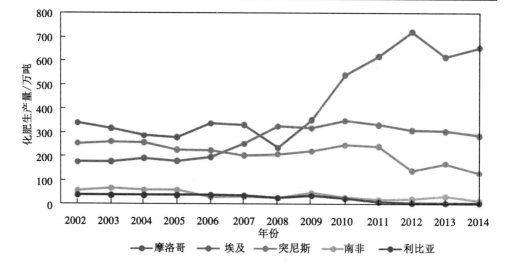

图 4.1　2002—2014 年非洲地区主要国家 31 类化肥生产量

从整个化肥产业来看，非洲地区化肥生产量排名前五位的国家分别是摩洛哥、埃及、突尼斯、南非和利比亚，由于各国资源情况不同，具体各化肥种类的生产情况也会有所不同，下面针对不同化肥品种的生产情况具体进行分析。

天然气、煤炭、石油是生产氮肥的三大原料，而非洲的石油和天然气大部分分布在北非几个国家，西非和其他地区也有部分分布，煤炭则集中分布在非洲南部，其中南非储量最为丰富，占据了非洲总产量的98%。从表4.2中数据可以看到，埃及是非洲地区生产氮肥最多的国家，同时也是非洲唯一一个氮肥生产量在100万吨以上的国家。埃及氮肥的生产量整体保持在150万吨到280万吨，其中在2002—2005年期间比较平稳，之后迅速增加，到2010年之后又迅速下降，预计未来几年生产量不会超过这个范围波动。摩洛哥是非洲地区氮肥生产仅次于埃及的国家，但摩洛哥的生产量要远低于埃及，最高产量还不到70万吨，由于摩洛哥氮肥的产量呈不断上升的趋势，所以预计未来摩洛哥氮肥的生产还将继续保持上升的趋势。氮肥生产量紧随其后的国家是利比亚、突尼斯、南非，这三个国家生产量都较少，最高产量还不到40万吨，并且除了突尼斯较为稳定之外，其余两个国家氮肥生产量都呈下降的趋势，如图4.2所示。

表4.2　　　　　　　　　　2002—2014年非洲地区主要国家氮肥生产量　　　　　　　万吨

国家 年份	埃及	摩洛哥	利比亚	突尼斯	南非	国家 年份	埃及	摩洛哥	利比亚	突尼斯	南非
2002	156	34	39	27	30	2009	272	34	37	25	26
2003	156	31	38	29	31	2010	280	50	25	28	10
2004	158	33	38	27	26	2011	269	56	11	27	5
2005	155	26	38	23	28	2012	239	64	6	18	9
2006	175	30	38	25	17	2013	230	54	6	20	15
2007	229	28	36	21	15	2014	198	57	6	16	2
2008	262	20	28	22	12						

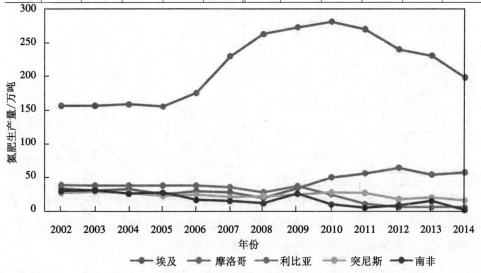

图4.2　2002—2014年非洲地区主要国家氮肥生产量

磷矿石是磷肥的主要生产原料，磷肥的生产离不开磷矿石资源的支持。非洲磷矿资源非常丰富，分布较为集中，主要分布在摩洛哥、突尼斯、埃及、南非、塞内加尔、多哥和津巴布韦等国。其中，摩洛哥为世界第一大磷矿资源国，总储量达57亿吨，占世界总储量的42%；南非为非洲第二大磷矿资源国，总储量15亿吨，占世界总储量的5%。丰富的磷矿资源为非洲磷肥的生产提供了条件。从表4.3中数据可以看到，摩洛哥是非洲磷肥产量最高的国家，大部分年份的生产量保持在100万吨到200万吨之间，有四个年份的生产量超过了200万吨，从整体走势上看，摩洛哥磷肥的生产在2008年之前较为平稳，在2008年之后迅速增加，增长速度最快，如图4.3所示。突尼斯的磷肥生产仅次于摩洛哥，但突尼斯的产量要略小，只有两个年份磷肥产量超过了100万吨，其余大部分年份都低于100万吨，并且整体上处于下降的阶段。埃及和南非的磷肥生产分别排在第三和第四位，产量基本上在50万吨之内，埃及的产量要略高于南非，整体呈小幅上升的趋势，而南非则相对更稳定一些。排在第五位的国家是阿尔及利亚，但其产量非常小，最高产量还不到5万吨，非洲其他国家的磷肥生产则要小于这一水平。

表4.3　　　　　　　　　2002—2014年非洲地区主要国家磷肥生产量　　　　　　　　万吨

国家 年份	摩洛哥	突尼斯	埃及	南非	阿尔及 利亚	国家 年份	摩洛哥	突尼斯	埃及	南非	阿尔及 利亚
2002	115	97	19	28	2	2009	118	86	27	21	0.5
2003	112	101	20	36	0.6	2010	184	93	35	19	1
2004	106	101	31	34	5	2011	207	79	38	15	1
2005	104	92	25	31	2	2012	240	53	47	14	2
2006	115	89	23	13	2	2013	202	62	39	19	2
2007	117	83	25	16	4	2014	226	50	52	13	2
2008	92	86	31	16	1						

钾肥的主要生产原料是钾盐矿，非洲的钾矿资源比较匮乏，所以非洲生产钾肥的国家特别少，只有突尼斯和马里两个国家生产少量的钾肥，且生产量还不到1万吨，其余大部分国家都依赖进口，如表4.4所示。

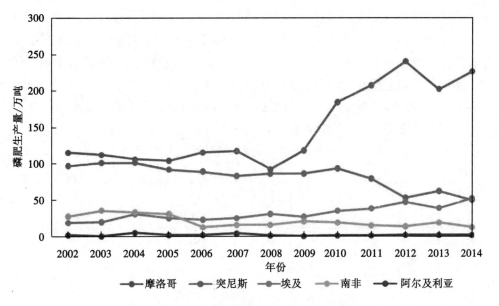

图 4.3 2002—2014 年非洲地区主要国家磷肥生产量

表 4.4   **2002—2014 年非洲地区主要国家钾肥生产量**   万吨

国家 年份	突尼斯	马里	国家 年份	突尼斯	马里
2002	0	0	2009	0	0.1
2003	0	0	2010	0	0.03
2004	0	0	2011	0.9	0.3
2005	0	0	2012	0.7	0.3
2006	0	0	2013	0.7	0.3
2007	0	0	2014	0.7	0.3
2008	0	0.01			

　　复合肥可以分为两类：一类是 3105 类复合肥，另一类是 3106 类复合肥，两类复合肥的生产原料和氮磷钾三种肥料差不多，但因需求量更少，使用范围较局限，各个国家对这两种复合肥的生产和消费存在较大差异。整个非洲地区只有摩洛哥、突尼斯、马里、塞内加尔和埃及这五个国家生产 3105 类复合肥，而生产量最多的两个国家是摩洛哥和突尼斯，这两个国家的生产量占据了整个非洲该类化肥生产量的 98%。其中摩洛哥最低时的生产量是 126 万吨，最高时的生产量是 416 万吨，两者相差 290 万吨，如表 4.5 所示。从走势上看，摩洛哥 3105 类化肥

在前期略有下降，后期迅速上升，增长幅度较大，预计今后还有继续增加的可能。突尼斯 3105 类复合肥的生产量虽远低于摩洛哥，但大部分年份的生产量都突破 100 万吨，只有三个年份生产量不到 100 万吨，整体走势前期比较平稳，保持在 100 万吨到 130 万吨之间，但从 2011 年开始，生产量逐渐下滑，下降到 100 万吨以下，如图 4.4 所示。其余国家的生产量则特别小，并且不是每年都会生产，而是只有部分年份才会生产该类化肥。

表 4.5　　　　　2002—2014 年非洲地区主要国家 3105 类化肥生产量　　　　　万吨

国家\年份	摩洛哥	突尼斯	马里	塞内加尔	埃及	国家\年份	摩洛哥	突尼斯	马里	塞内加尔	埃及
2002	192	132	0	0	0	2009	202	112	2	0	0
2003	175	132	0	0.6	0	2010	308	128	2	0	1
2004	151	131	0	0.8	0	2011	356	129	5	0	0
2005	150	113	0	3	0	2012	416	65	5	0	0
2006	172	113	0	0.5	0	2013	361	82	5	0	0
2007	173	101	16	3	0	2014	373	59	5	0	0
2008	126	102	0.1	1	0						

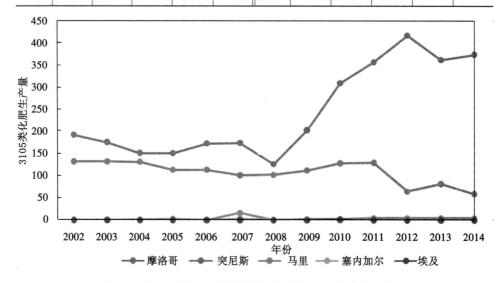

图 4.4　2002—2014 年非洲地区主要国家 3105 类化肥生产量

非洲 3106 类复合肥的生产量比 3105 类复合肥要少很多，是非洲所有化肥中生产量最少的一类化肥，只有埃及、阿尔及利亚、摩洛哥、突尼斯、塞内加尔这五个国家有所生产。其中埃及的生产量最高，除了 2005—2007 这三年间未有生产外，其余年份皆有生产，且 2008 年之后生产量保持在 20 万吨到 40 万吨之间，整体呈波动上升的趋势，如表 4.6 和图 4.5 所示。其余四个国家只有部分年份有生产，且生产量比较少，非常不稳定。

表 4.6 　　　　　　　2002—2014 年非洲地区主要国家 3106 类化肥生产量 　　　　　　　万吨

国家 年份	埃及	阿尔及利亚	摩洛哥	突尼斯	塞内加尔	国家 年份	埃及	阿尔及利亚	摩洛哥	突尼斯	塞内加尔
2002	4	0	0	0	0	2009	21	0	0	0	0
2003	3	0	0	0	0	2010	34	8	0	0	0
2004	4	0	0	0	0	2011	27	5	0	6	0
2005	0	8	0	0	0	2012	25	11	0	5	0
2006	0	9	22	0	0.3	2013	38	12	0	5	0
2007	0	6	16	0	0.07	2014	39	10	0	5	0
2008	34	4	0	0	0.2						

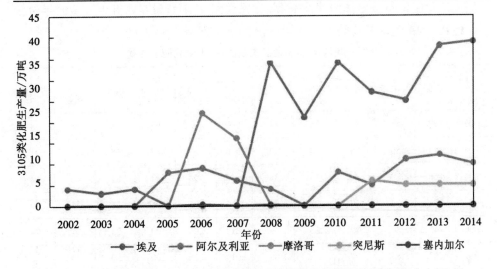

图 4.5　2002—2014 年非洲地区主要国家 3106 类化肥生产量

二、非洲主要化肥消费国

一个地区化肥的消费与这个地区农业的发展以及经济的发展是息息相关的。由于非洲大部分国家经济发展比较落后，农业生产条件较差，化肥施用面积比例和单位面积用量都比较低，故而非洲地区化肥的整体消费量是比较低的。

从整个化肥产业来看，非洲化肥消费量排在前五位的国家分别是埃及、摩洛哥、南非、尼日利亚和肯尼亚。埃及位于尼罗河流域，水资源丰富，土壤肥沃，农业最为发达，故化肥的消费量也是最高的。从表4.7中数据可以看出，埃及的化肥消费量皆超过了百万吨，埃及也是非洲唯一一个所有年份化肥消费量都达到百万吨级别的国家。埃及在2002年的化肥消费量是127万吨，但到了2014年消费量便达到215万吨，增长了88万吨，是所有非洲国家中增长最多的国家。埃及化肥消费量的整体走势呈波动上升的趋势，预计未来随着农业的继续发展，化肥的消费量也会随之上升。摩洛哥化肥的消费量要略小于埃及，其总体上呈上升趋势，并且在后期化肥的消费量连续三年突破100万吨，摩洛哥也是继埃及之后又一化肥消费量超百万吨的国家。南非的化肥消费量相对来说较为稳定，保持在七八十万吨的水平。尼日利亚的化肥消费量在前期比较稳定，中期有比较长的一段波动起伏期，后期则缓慢上升，总体来说呈波动上升的趋势，如图4.6所示。肯尼亚的化肥消费量整体波动性不大，比较稳定，消费量在四五十万吨的年份较多，但在2014年却有比较大的降幅，较上一年减少了64万吨。

表4.7　　　　　　2002—2014年非洲地区主要国家31类化肥消费量　　　　　　万吨

国家\年份	埃及	摩洛哥	南非	尼日利亚	肯尼亚	国家\年份	埃及	摩洛哥	南非	尼日利亚	肯尼亚
2002	127	55	84	26	44	2009	162	68	78	38	44
2003	183	50	75	24	42	2010	205	87	68	84	41
2004	166	80	80	19	35	2011	196	94	81	40	64
2005	172	92	62	28	59	2012	192	106	85	75	59
2006	141	86	79	85	56	2013	206	100	73	91	74
2007	157	89	77	38	58	2014	215	100	89	64	10
2008	216	83	72	58	39						

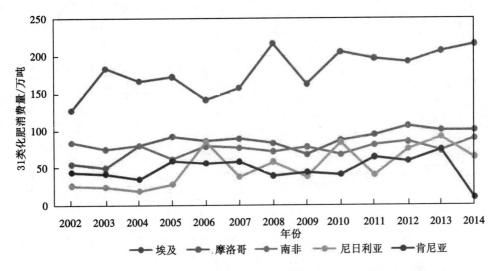

图 4.6 2002—2014 年非洲地区主要国家 31 类化肥消费量

下面从各个不同的化肥种类来具体分析非洲地区化肥的消费情况,如表 4.8 和图 4.7 所示。非洲地区氮肥消费量排在前五位的国家分别是埃及、南非、摩洛哥、尼日利亚和埃塞俄比亚。其中埃及仍然是消费量最多的国家,氮肥消费量在 100 万吨到 160 万吨之间,除前期波动性较大一些,后期整体较为稳定,这也说明埃及的氮肥消费量在整个化肥产业中所占的比重最大。南非的氮肥消费量非常稳定,整体保持在四五十万吨的水平,没有太大的变化。摩洛哥氮肥的消费量排在第三位,大部分年份保持在二三十万吨的水平。尼日利亚的氮肥消费量前期较稳定,中期有小幅的下降,后期又呈上升的趋势,消费量在一二十万吨的年份居多。埃塞俄比亚的氮肥消费量在这 13 年间略有上升,但上升的量比较小,最高时的消费量为 24 万吨,大部分年份氮肥的消费量不足 20 万吨。

表 4.8　　　　　　　　2002—2014 年非洲地区主要国家氮肥消费量　　　　　　　　万吨

国家 年份	埃及	南非	摩洛哥	尼日 利亚	埃塞俄 比亚	国家 年份	埃及	南非	摩洛哥	尼日 利亚	埃塞俄 比亚
2002	107	48	25	13	10	2009	121	45	20	10	12
2003	160	42	21	17	3	2010	142	40	22	26	16
2004	138	43	23	12	8	2011	135	42	22	14	16
2005	147	35	34	21	8	2012	127	43	19	26	18
2006	104	43	32	22	8	2013	135	42	24	42	17
2007	111	44	30	7	11	2014	131	44	23	27	24
2008	156	42	28	13	11						

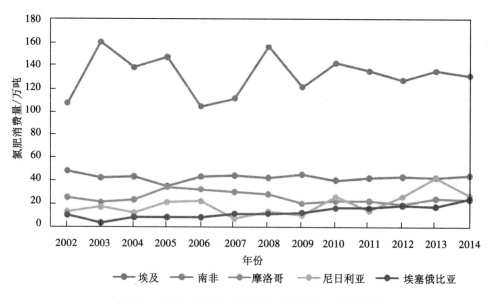

图4.7　2002—2014年非洲地区主要国家氮肥消费量

通过表4.9中数据的对比可以看到，非洲地区大部分国家磷肥的消费量要小于氮肥。埃及的氮肥消费量可达到百万吨，但磷肥的消费量最高也只有41万吨，相差甚远。埃及磷肥的消费量整体呈上升趋势，从2002年消费磷肥14万吨到2014年消费41万吨，增长了近两倍，是非洲所有国家中磷肥消费量增幅最大的国家。南非和摩洛哥的磷肥消费量相差不多，都在一二十万吨的水平。如图4.8所示，南非的磷肥消费量更趋于稳定；而摩洛哥的磷肥消费量先下降，后有一段稳定期，最后再上升，波动性更大。埃塞俄比亚和肯尼亚的磷肥消费量在这五个国家中是最少的，平均在10万吨到15万吨之间，非洲其他国家的磷肥消费量则要低于这一水平。

表4.9　　　　　　　　　2002—2014年非洲地区主要国家磷肥消费量　　　　　　　　　万吨

国家年份	埃及	南非	摩洛哥	埃塞俄比亚	肯尼亚	国家年份	埃及	南非	摩洛哥	埃塞俄比亚	肯尼亚
2002	14	22	23	7	8	2009	23	19	11	13	9
2003	18	20	22	3	9	2010	29	17	20	16	8
2004	24	23	11	5	7	2011	31	19	21	16	11
2005	21	16	11	6	6	2012	37	19	25	18	10
2006	20	20	10	6	9	2013	29	18	23	12	15
2007	17	19	11	12	10	2014	41	19	23	16	1
2008	23	19	10	12	10						

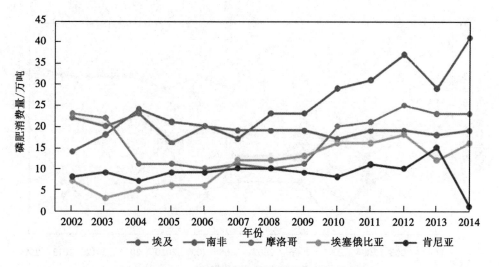

图4.8　2002—2014年非洲地区主要国家磷肥消费量

非洲地区生产钾肥的国家只有两个，而消费钾肥的国家却很多，其中排在前五位的国家分别是南非、摩洛哥、尼日利亚、埃及和加纳。从表4.10和图4.9中的数据可以看到，非洲地区钾肥的消费量总体上要比氮肥和磷肥少很多。南非作为非洲地区钾肥消费量最多的国家，平均消费量也才12万吨，最高消费量仅15万吨，由此可以看出非洲钾肥和氮肥、磷肥在消费量上的巨大差距。摩洛哥、尼日利亚、埃及和加纳钾肥的消费量较为稳定，但都不超过10万吨。

表4.10　　　　　　　　2002—2014年非洲地区主要国家钾肥消费量　　　　　　　　万吨

国家\年份	南非	摩洛哥	尼日利亚	埃及	加纳	国家\年份	南非	摩洛哥	尼日利亚	埃及	加纳
2002	14	7	2	6	1	2009	12	2	3	2	3
2003	13	7	3	5	2	2010	11	2	7	2	4
2004	15	6	2	4	4	2011	12	3	4	3	3
2005	12	7	3	5	1	2012	12	2	7	3	5
2006	11	6	7	4	4	2013	12	4	5	5	3
2007	14	6	2	6	4	2014	13	8	4	5	2
2008	11	6	4	5	4						

与氮、磷、钾肥不同，非洲3105类复合肥的消费不再完全集中于北非的几个国家，消费更加分散，其中排在前五位的国家分别是肯尼亚、摩洛哥、埃塞俄比亚、马拉维和突尼斯，这五个国家3105类复合肥的消费量都在几十万吨。肯

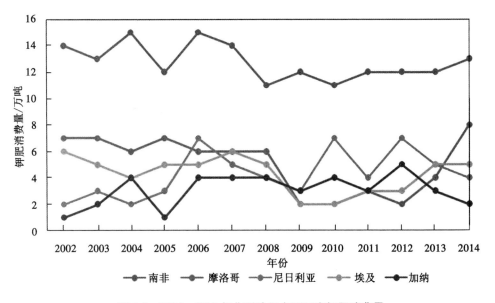

图 4.9 2002—2014 年非洲地区主要国家钾肥消费量

尼亚是这五个国家中 3105 类复合肥消费量最多的国家，但波动性较大，消费量不稳定，2014 年时 3105 类复合肥的消费量一下子从前一年的 43 万吨跌至 3 万吨，下降幅度非常大，如表 4.11 所示。摩洛哥和埃塞俄比亚 3105 类复合肥的消费量则呈不断上升的趋势，其中摩洛哥的增长幅度最大，埃塞俄比亚次之，预计后期仍将保持上升的态势，如图 4.10 所示。马拉维和突尼斯的消费量总体上较为稳定，消费量平均在 10 万吨左右。

表 4.11 2002—2014 年非洲地区主要国家 3105 类化肥消费量 万吨

国家\年份	肯尼亚	摩洛哥	埃塞俄比亚	马拉维	突尼斯	国家\年份	肯尼亚	摩洛哥	埃塞俄比亚	马拉维	突尼斯
2002	30	0	13	6	5	2009	26	35	28	10	7
2003	17	0	6	6	0.08	2010	25	43	35	10	8
2004	14	12	18	8	9	2011	38	42	35	6	13
2005	31	12	16	3	15	2012	34	52	40	11	10
2006	29	9	0	10	5	2013	43	43	34	12	4
2007	30	15	26	12	6	2014	3	43	32	8	6
2008	18	11	27	7	7						

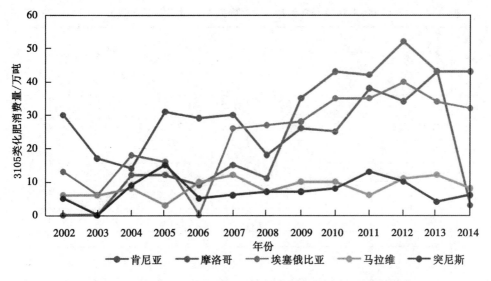

图 4.10 2002—2014 年非洲地区主要国家 3105 类化肥消费量

　　非洲 3106 类复合肥的消费量和它的生产量一样都具有不稳定性，波动性非常大，其中排在前五位的国家分别是埃及、尼日利亚、摩洛哥、阿尔及利亚和肯尼亚，与生产量排名前五位的国家有三个是重复的，这说明生产和消费是相互对应的。3106 类复合肥并非一开始便在所有非洲国家普及使用，也不是所有国家都会使用到此类化肥，数据显示，在非洲所有国家中只有一半的国家会使用到此类化肥，且仅在部分年份有使用的记录，使用的量也非常少。如表 4.12 中所示，埃及是此类化肥使用量最大的国家，其在 2002—2005 年没有使用过该类化肥，而是从 2006 年才开始使用，之后随着农业发展的需要，消费量才开始缓慢增加，2014 年 3106 类化肥的消费量达到 38 万吨，增长幅度较大。尼日利亚 3106 类复合肥的整体发展趋势与埃及相似，但是增长幅度和增长量要略小于埃及，并且近几年消费量有下降的趋势。摩洛哥 3106 类复合肥的整体消费趋势是，2002 年和 2003 年没有消费过此类化肥，2004—2008 年期间开始使用该类化肥，每年的消费量保持在 28 万吨的水平，2008 年之后 3106 类复合肥的消费量迅速下降，跌至 10 万吨以下，之后一直保持在这一消费水平，如图 4.11 所示。阿尔及利亚和肯尼亚 3106 类复合肥的消费量更小，并且更加不稳定，大部分年份的消费量不足 10 万吨，且只有部分年份会消费此类化肥，许多年份并没有此类化肥的使用。

表 4.12				2002—2014 年非洲地区主要国家 3106 类化肥消费量						万吨
国家 年份	埃及	尼日 利亚	摩洛哥	阿尔及 利亚	肯尼亚	国家 年份	埃及	尼日 利亚	摩洛哥	阿尔及 利亚	肯尼亚
2002	0	0	0	0	0	2009	17	21	0	0	0
2003	0	0	0	0	8	2010	31	44	0.4	8	0
2004	0	0	28	0	6	2011	27	18	6	5	0
2005	0	0	28	0	10	2012	25	34	7	11	0
2006	23	33	29	0	9	2013	38	27	5	12	0
2007	23	14	26	6	9	2014	38	18	3	10	0
2008	32	26	29	4	4						

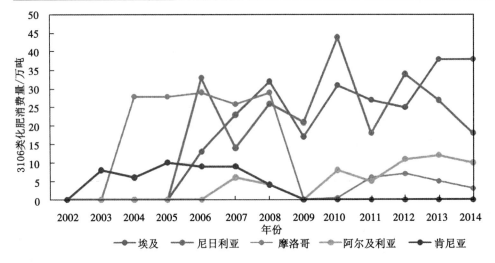

图 4.11　2002—2014 年非洲地区主要国家 3106 类化肥消费量

三、供需比较

非洲地区化肥的生产和消费相对集中在北非和非洲南部，其中摩洛哥、埃及、突尼斯、南非这四个国家又占据了生产和消费的绝大部分，故下文主要对这四个国家的供需情况进行分析。

摩洛哥是非洲国家中化肥生产量最多的国家，从整个化肥产业来看基本实现了化肥的自给，但由于各类化肥生产和消费情况不同，并没有实现所有化肥种类的自给。摩洛哥的化肥生产集中于氮肥、磷肥、3105 类复合肥，其中磷肥和3105 类复合肥的生产量都达到了百万吨，基本实现了自给，并且还有大量的盈

余用于出口；而钾肥和 3106 类复合肥几乎不怎么生产，完全依赖进口。从表
4.13 中的数据可以看到，摩洛哥的磷肥和 3105 类复合肥存在完全的生产盈余，
供给完全满足需求，并且还有大量的盈余可用于出口。摩洛哥的磷肥和 3105
类复合肥的生产消费盈余量呈不断增长的态势，预计未来这一生产消费盈余还将继
续扩大，如图 4.12 所示。而摩洛哥的氮肥虽然也是主要生产的化肥之一，但并
没有在所有年份都达到供给和需求的平衡，其中在 2005—2008 年期间生产量小
于消费量，存在生产消费缺口，其余年份则达到了供求的平衡。由于摩洛哥缺乏
钾肥和 3106 类复合肥的生产，故此两种化肥都依赖进口，属于进口型化肥。从
整个化肥产业来看，摩洛哥的化肥生产要大于消费，这主要在于摩洛哥磷肥和
3105 类复合肥的大量生产，已经形成了自己的竞争优势，从而提升了整个产业
化肥的生产能力，且从整体上看，摩洛哥化肥的生产增速要大于消费增速。

表 4.13　　　　　2002—2014 年摩洛哥各类化肥生产消费盈余量　　　　　万吨

化肥品种 / 年份	3102	3103	3104	3105	3106	31
2002	9	92	−7	192	0	286
2003	10	90	−7	175	0	268
2004	10	95	−6	139	−28	209
2005	−8	93	−7	138	−28	189
2006	−2	105	−6	163	−7	253
2007	−2	106	−6	158	−10	244
2008	−8	82	−6	115	−29	155
2009	14	107	−2	167	0	286
2010	28	164	−2	265	−0.4	455
2011	34	186	−3	314	−6	525
2012	45	215	−2	364	−7	615
2013	30	179	−4	318	−5	517
2014	34	203	−8	330	−3	556

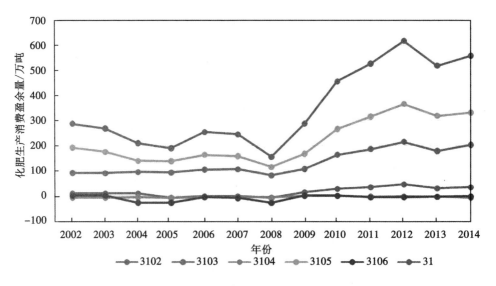

图 4.12　2002—2014 年摩洛哥各类化肥生产消费盈余量

埃及是所有非洲国家中化肥生产量排在第二位而消费量排在第一位的国家，生产和消费皆突破了百万吨。在生产上，埃及拥有丰富的矿产资源，这为其化肥的生产提供了资源上的便利条件；在消费上，埃及是非洲重要的农耕区，农业相对发达，这就促进了埃及的化肥消费。从前面的分析可以知道，在所有化肥种类中，埃及更集中于氮肥的生产和消费，其中氮肥的生产量占据了整个化肥产业生产量的 80%，氮肥的消费量则占据了整个化肥产业消费量的 70%。从表 4.14 中数据可以看到，埃及的钾肥和 3105 类复合肥存在生产消费缺口，生产不能满足消费的需求。其中，钾肥的生产消费缺口比较稳定，每年的生产消费缺口在 5 万吨左右；而 3105 类复合肥因不生产，并且只在少数几个年份有消费，所以生产消费缺口大部分年份为零。而埃及的氮肥除了在 2003 年出现缺口之外，其余年份皆存在生产消费盈余，并且生产消费盈余量呈先上升后下降的走势，预计未来生产消费盈余量有继续缩小的可能，如图 4.13 所示。磷肥是埃及所有化肥中唯一一个所有年份都存在盈余的化肥，但盈余量比较小，保持在 10 万吨之内，这意味着埃及的磷肥生产和消费基本上可以相抵，完全自给。埃及 3106 类复合肥则比较不稳定，部分年份存在盈余，部分年份存在缺口，部分年份生产消费盈余量又为 0，显得没有规律性。从整个化肥产业来看，埃及的化肥生产基本上可以满足化肥需求，供给处于平衡的状态。

表4.14		2002—2014年埃及各类化肥生产消费盈余量				万吨
化肥品种 \ 年份	3102	3103	3104	3105	3106	31
2002	49	5	-6	0	4	51
2003	-4	2	-5	-0.2	3	-4
2004	20	7	-4	-0.3	4	27
2005	8	4	-5	0	0	9
2006	71	3	-5	0	-13	57
2007	118	8	-6	0	-23	97
2008	106	8	-5	0	2	111
2009	151	4	-2	0	4	157
2010	138	6	-2	0	3	145
2011	134	7	-3	0	0	137
2012	112	10	-3	0	0	119
2013	95	10	-5	0	0	101
2014	67	11	-5	0	1	73

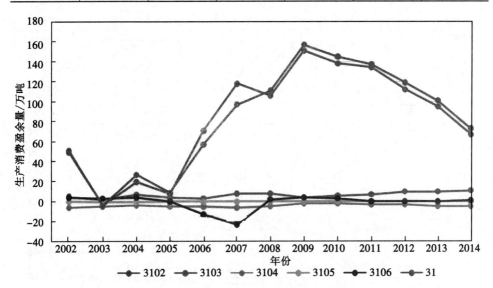

图4.13　2002—2014年埃及各类化肥生产消费盈余量

　　突尼斯是非洲第三个化肥生产量突破百万吨的国家，但突尼斯的化肥消费量却不高，生产和消费的差距比较大。主要的原因在于：突尼斯国土面积狭小，使得耕地面积也较小，导致化肥的消费量不高，所以突尼斯生产的化肥大部分用于出口。从表4.15中数据可以看到，突尼斯除了钾肥存在少量的生产消费缺口之外，其余化肥都是盈余的，因突尼斯生产磷肥和3105类复合肥较多，故这两种化肥的盈余量也是最多的，其中磷肥的盈余量在 40 万吨到 100 万吨之间，3105 类复合肥的盈余量在 50 万吨到 140 万吨之间，后期两者盈余量皆出现下降的趋势。从整体走势来看，如图 4.14 所示，氮肥、磷肥、3105 类复合肥都是在前期比较稳定，后期呈下降的趋势，这也导致整个化肥产业呈现出前期稳定、后期波动下降的走势。

表 4.15　　　　　2002—2014 年突尼斯各类化肥生产消费盈余量　　　　　万吨

化肥品种 年份	3102	3103	3104	3105	3106	31
2002	23	95	−0.8	127	0	244
2003	24	97	−1	132	0	252
2004	22	96	−0.5	122	0	240
2005	17	81	−0.6	98	0	196
2006	19	86	0	108	0	212
2007	17	80	0	95	0	192
2008	16	82	0	95	0	194
2009	17	82	0	105	0	204
2010	21	89	0	120	0	230
2011	21	71	0.3	116	5.9	214
2012	11	47	−0.1	55	5	117
2013	15	59	−0.1	78	5	156
2014	8	49	0.5	53	5	116

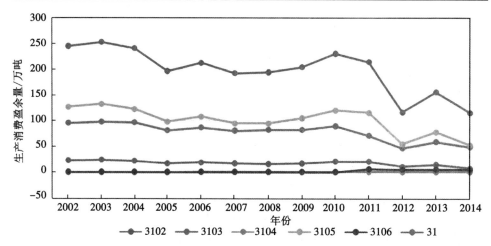

图 4.14　2002—2014 年突尼斯各类化肥生产消费盈余量

南非位于非洲的南部，是非洲南部经济最为发达的国家。从表 4.16 中数据来看，南非几乎所有的化肥都存在生产消费缺口，其中氮肥的生产消费缺口呈不断扩大的趋势，从 2002 年的 18 万吨扩大到 42 万吨，翻了一倍；磷肥的生产消费盈余非常不稳定，一会儿出现盈余，一会儿出现缺口，没有规律性；钾肥的生产消费缺口整体比较稳定，保持在 12 万吨左右；3105 类复合肥除了部分年份没有生产和消费之外，整体上生产消费缺口呈不断扩大的趋势，而 3106 类复合肥由于南非不生产和使用该类化肥，所以生产消费盈余量皆为零。从整个化肥产业来看，南非化肥的生产消费盈余量皆为负数（见图 4.15），意味着每年都存在着生产消费缺口，并且这种缺口还有继续扩大的趋势。

表 4.16　　　　　　　2002—2014 年南非各类化肥生产消费盈余量　　　　　　万吨

化肥品种 年份	3102	3103	3104	3105	3106	31
2002	−18	6	−14	−0.1	0	−26
2003	−11	16	−13	−0.02	0	−8
2004	−17	11	−15	−0.08	0	−20
2005	−7	15	−12	0	0	−3
2006	−26	−7	−15	0	0	−49
2007	−29	−3	−14	0	0	−45
2008	−30	−3	−11	0	0	−45
2009	−19	2	−12	−2	0	−31
2010	−30	2	−11	−0.9	0	−39
2011	−37	−4	−12	−8	0	−61
2012	−34	−5	−12	−11	0	−62
2013	−27	1	−12	−0.4	0	−40
2014	−42	−6	−13	−13	0	−74

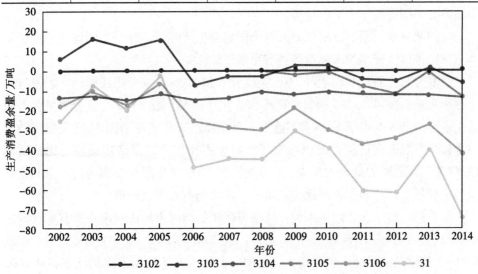

图 4.15　2002—2014 年南非各类化肥生产消费盈余量

四、非洲重点国家化肥国际竞争力

1. 国际市场占有率

从表 4.17 中的数据可以比较清楚地看到非洲地区整个化肥产业及各类化肥产品的国际市场占有率情况。在氮肥方面,埃及的国际市场占有率最高,在 2009 年曾占据国际市场的 1.59%,从总体走势上看,埃及氮肥的国际市场占有率在前期呈上升趋势,后期则转为下降趋势。南非氮肥的国际市场占有率在四个国家中最低,并且一直处于下降的状态,从 2002 年的 0.17% 下降到 2014 年的 0.06%。摩洛哥氮肥的国际市场占有率相对来说较为稳定,基本保持在 0.3% 左右,仅次于埃及。突尼斯氮肥的国际市场占有率也处于下降的状态,从 2002 年的 0.29% 下降到 2014 年的 0.07%。

在磷肥方面,摩洛哥是世界上磷矿储量最多的国家,也是世界重要的磷肥出口国,故在非洲国家中,摩洛哥磷肥的国际市场占有率最高,保持在 2% 到 3% 之间,并且随着摩洛哥磷肥出口量的增加,国际市场占有率也在不断上升,存在明显的比较优势。突尼斯磷肥的出口量仅次于摩洛哥,故突尼斯磷肥的国际市场占有率也仅次于摩洛哥,在非洲国家中排在第二位,基本保持在 2% 左右。但近几年突尼斯磷肥的出口量有所下降,导致其国际市场占有率也跟着下降。埃及和南非因不是主要的磷肥生产国和出口国,磷肥的国际市场占有率明显要大大低于摩洛哥和突尼斯,其中埃及总体较稳定,保持在 0.1% 左右,而南非磷肥的国际市场占有率则更趋于下降的趋势。

在钾肥方面,因非洲地区只有两个国家会生产钾肥,所以非洲地区的钾肥基本上依赖进口,钾肥的国际市场占有率非常低。

在复合肥方面,非洲地区 3105 类复合肥和 3106 类复合肥在国际市场占有率上存在明显的差异。3105 类复合肥不仅在生产消费上比 3106 类复合肥更多,而且在进出口上也要多于 3106 类复合肥。其中摩洛哥和突尼斯因 3105 类化肥的出口量较多,故而在该类化肥国际市场出口中占比较高,摩洛哥最高占比曾达到 12.44%,突尼斯的最高占比曾达到 9%。而 3106 类化肥在非洲的使用量和出口量都比较低,因此非洲各国此类化肥的国际市场占有率也较低。

从非洲的整个化肥产业来说,摩洛哥化肥的国际市场占有率在所有非洲国家中最高,并且这一比例还在不断上升,从 2002 年的 1.38% 上升到 2014 年的 1.8%。其次是突尼斯,突尼斯化肥的国际市场占有率处于下降的状态,从 2002 年的 1.15% 下降到 2014 年的 0.36%。埃及化肥的国际市场占有率随着化肥出口量的波动变化而变化，整体处于波动上升的状态。而南非化肥的国际市场占有率由 2002 年的 0.32% 下降到 2014 年的 0.08%，下降趋势明显。

表 4.17　　非洲重点国家化肥产业及各类产品的国际市场占有率情况

年份／化肥品种国家	3102				3103				3104			
	埃及	南非	摩洛哥	突尼斯	埃及	南非	摩洛哥	突尼斯	埃及	南非	摩洛哥	突尼斯
2002	0.0062	0.0017	0.0034	0.0029	0.0010	0.0048	0.0232	0.0237	0	0.0008	0	0.0000
2003	0.0018	0.0016	0.0029	0.0027	0.0005	0.0053	0.0218	0.0235	0.0000	0.0009	0.0000	0.0000
2004	0.0031	0.0011	0.0023	0.0025	0.0018	0.0030	0.0224	0.0222	0.0000	0.0007	0.0000	0.0000
2005	0.0041	0.0014	0.0022	0.0019	0.0012	0.0035	0.0229	0.0201	0	0.0011	0.0000	0.0000
2006	0.0090	0.0011	0.0026	0.0023	0.0009	0.0012	0.0244	0.0215	0.0000	0.0006	0.0000	0
2007	0.0116	0.0008	0.0023	0.0017	0.0018	0.0009	0.0247	0.0177	0.0001	0.0005	0	0
2008	0.0112	0.0007	0.0014	0.0015	0.0021	0.0018	0.0182	0.0182	0.0001	0.0004	0	0
2009	0.0159	0.0007	0.0029	0.0021	0.0010	0.0013	0.0271	0.0233	0.0001	0.0009	0	0
2010	0.0133	0.0005	0.0038	0.0019	0.0013	0.0009	0.0351	0.0180	0.0000	0.0003	0	00
2011	0.0125	0.0005	0.0042	0.0019	0.0010	0.0010	0.0322	0.0124	0.0000	0.0003	0	0.0001
2012	0.0095	0.0006	0.0047	0.0009	0.0019	0.0012	0.0424	0.0092	0.0000	0.0002	0	0.0001
2013	0.0078	0.0007	0.0037	0.0012	0.0019	0.0013	0.0341	0.0112	0.0000	0.0002	0	0.0001
2014	0.0048	0.0006	0.0035	0.0007	0.0018	0.0007	0.0343	0.0082	0.0000	0.0002	0	0.0001

年份／化肥品种国家	3105				3106				31			
	埃及	南非	摩洛哥	突尼斯	埃及	南非	摩洛哥	突尼斯	埃及	南非	摩洛哥	突尼斯
2002	0	0.0212	0.1244	0.0898	0	0	0	0	0.0026	0.0032	0.0138	0.0115
2003	0.0000	0.0208	0.0961	0.0753	0	0	0	0	0.0008	0.0035	0.0127	0.0112
2004	0.0001	0.0147	0.0800	0.0727	0	0	0	0	0.0015	0.0022	0.0106	0.0101
2005	0	0.0208	0.0904	0.0690	0	0	0.0000	0	0.0018	0.0029	0.0105	0.0086
2006	0	0.0108	0.0889	0.0650	0.0118	0	0.0035	0	0.0037	0.0016	0.0118	0.0094
2007	0	0	0.0886	0.0564	0.0595	0	0	0	0.0052	0.0006	0.0110	0.0074
2008	0	0	0.0405	0.0370	0.0000	0	0	0	0.0047	0.0007	0.0071	0.0068
2009	0	0.0078	0.0650	0.0426	0.0769	0	0	0	0.0079	0.0018	0.0149	0.0109
2010	0.0000	0.0059	0.0823	0.0358	0.0484	0	0	0	0.0056	0.0012	0.0167	0.0078
2011	0.0001	0.0048	0.0778	0.0291	0.0063	0	0	0.0759	0.0049	0.0011	0.0177	0.0071
2012	0.0005	0.0055	0.1023	0.0154	0.0038	0	0	0.0641	0.0042	0.0011	0.0218	0.0040
2013	0.0008	0.0057	0.0859	0.0214	0.0017	0	0	0.0278	0.0036	0.0013	0.018	0.0053
2014	0.0007	0.0032	0.0805	0.0130	0.0033	0	0	0.0278	0.0025	0.0008	0.0180	0.0036

2. 贸易竞争指数

从表4.18中数据可以看到，埃及氮肥的贸易竞争指数除了在2003年是负的之外，其余年份皆为正数，并且贸易竞争指数越来越逼近于1，2012年到2014年，埃及氮肥的贸易竞争指数更是高达0.99，表现出很强的竞争优势。埃及的钾肥除了大部分年份的贸易竞争指数在0.9以上之外，更是有5个年份的贸易竞争指数达到1，竞争优势非常强。而钾肥由于基本依赖进口，所以贸易竞争指数都是负数，且大部分都在-0.9左右徘徊，说明钾肥处于严重的竞争弱势。南非氮肥和钾肥的贸易竞争指数都是负数，且越来越往-1的方向靠近，这说明南非氮肥和钾肥的竞争优势较弱，并且越来越弱。而南非磷肥的贸易竞争指数在前期多为正数，中期到后期则多为负数，并且负数的绝对值越来越大，这说明南非磷肥在一开始存在竞争优势，但随着出口量的减少，这种竞争优势在逐渐减弱。南非3105类复合肥的贸易竞争指数在大部分年份都是正数，但是数值不断减少，直至2014年转为负数，南非3105类复合肥由净出口国转为了净进口国。摩洛哥氮肥的贸易竞争指数都是正数，且不断在增大，由2002年的0.19上升为2014年的0.51，虽然低于埃及和突尼斯，但竞争优势明显增强。而摩洛哥的磷肥和3105类复合肥因出口量多，属于化肥净出口国，贸易竞争指数都在0.95以上，有着非常强的竞争优势。反观摩洛哥的钾肥和3106类复合肥因完全依赖于进口，竞争指数连续多年达到-1，不存在竞争优势。突尼斯是一个化肥出口国家，除了钾肥竞争指数为负数外，其余化肥的贸易竞争指数皆为正数，尤其是磷肥和3105类复合肥的贸易竞争指数连年都在0.9以上，表现出很强的竞争优势。而突尼斯氮肥的竞争指数要略小于磷肥和3105类复合肥，故其虽存在竞争优势，但其竞争优势要弱于磷肥和3105类复合肥。

从化肥产业总体来看，非洲国家中突尼斯的竞争优势最强，其贸易竞争指数皆在0.95以上，直逼1，故其化肥的竞争优势要强于其他国家。其次则为摩洛哥，贸易竞争指数皆在0.8以上，越来越向1的方向靠近。之后便是埃及，埃及的贸易竞争指数在2003年时为负数，之后便转为了正数，并且数值越来越大，越来越接近于1，这说明埃及化肥的竞争力在不断增强。南非的贸易竞争指数在前期为正数，但在2004年的时候转为了负数，之后负数的绝对值便不断增大，竞争优势则不断在减弱。

表4.18　　　非洲重点国家化肥产业及各类产品的贸易竞争指数情况

年份 \ 国家 化肥品种	3102				3103				3104			
	埃及	南非	摩洛哥	突尼斯	埃及	南非	摩洛哥	突尼斯	埃及	南非	摩洛哥	突尼斯
2002	0.8909	-0.1250	0.1915	0.9512	1.0000	0.4615	0.9913	0.9991	-1.0000	-0.5556	-1.0000	-0.9512
2003	-0.1111	-0.4286	0.2381	0.9512	0.9048	0.7600	0.9868	0.9988	-0.9980	-0.4400	-0.9999	-0.9231
2004	0.5676	-0.4286	0.0500	0.9492	0.9512	0.2381	0.9596	0.9988	-0.9802	-0.5385	-0.9994	-0.4286
2005	0.1176	-0.2973	0.1053	0.9251	0.9972	0.6471	0.9785	0.9983	-1.0000	-0.2500	-0.9999	-0.4286
2006	0.7474	-0.5122	0.1707	0.9091	1.0000	-0.2857	0.9808	1.0000	-0.9231	-0.5833	-0.9868	0.0000
2007	0.9219	-0.6444	0.2973	0.8000	1.0000	-0.2727	0.9874	1.0000	-0.7949	-0.5652	-1.0000	0.0000
2008	0.9130	-0.6889	0.0370	0.7647	1.0000	-0.1765	0.9858	1.0000	-0.8182	-0.6667	-1.0000	0.0000
2009	0.9500	-0.5758	0.3333	0.8261	0.8605	0.2500	0.9907	1.0000	-0.5385	-0.4286	-1.0000	0.0000
2010	0.8519	-0.7143	0.4828	0.9091	1.0000	0.1429	0.9879	1.0000	-0.7647	-0.7273	-1.0000	0.0000
2011	0.8816	-0.7600	0.5238	0.9556	0.9900	-0.2000	0.9785	0.9972	-0.9481	-0.7391	-1.0000	0.2000
2012	0.9995	-0.7083	0.6970	0.8966	0.9940	-0.2941	0.9818	0.9958	-0.9672	-0.8182	-1.0000	-0.0667
2013	0.9994	-0.6000	0.4603	0.9231	0.9940	0.0000	0.9780	0.9966	-0.9802	-0.8182	-1.0000	-0.1250
2014	0.9991	-0.7193	0.5077	0.6667	0.9946	-0.4667	0.9932	0.9959	-0.9646	-0.8710	-1.0000	0.5556

年份 \ 国家 化肥品种	3105				3106				31			
	埃及	南非	摩洛哥	突尼斯	埃及	南非	摩洛哥	突尼斯	埃及	南非	摩洛哥	突尼斯
2002	0.0000	0.3953	0.9775	0.9969	0.0000	0.0000	0.0000	0.0000	0.7231	0.0698	0.8215	0.9839
2003	-0.8868	0.8049	0.9543	0.9955	0.0000	0.0000	0.0000	0.0000	-0.1628	0.1449	0.8228	0.9844
2004	-0.8182	0.2381	0.9930	0.9992	0.0000	0.0000	-1.0000	0.0000	0.4800	-0.1148	0.7931	0.9840
2005	-1.0000	0.7222	0.9970	1.0000	0.0000	0.0000	-0.9991	0.0000	0.1026	0.1652	0.8095	0.9804
2006	0.0000	0.1176	0.9911	1.0000	1.0000	0.0000	-0.8605	0.0000	0.6792	-0.3153	0.8205	0.9912
2007	0.0000	0.0000	1.0000	1.0000	1.0000	0.0000	0.0000	0.0000	0.8389	-0.5696	0.8766	0.9797
2008	0.0000	0.0000	0.9579	1.0000	0.0000	0.0000	-1.0000	0.0000	0.8450	-0.5765	0.7970	0.9769
2009	0.0000	0.6154	0.9773	1.0000	1.0000	0.0000	0.0000	0.0000	0.9186	-0.0976	0.8841	0.9825
2010	1.0000	0.7273	1.0000	1.0000	1.0000	0.0000	-1.0000	0.0000	0.8372	-0.2979	0.9113	0.9910
2011	1.0000	0.0857	1.0000	0.9914	0.4286	0.0000	-1.0000	1.0000	0.8519	-0.4309	0.9085	0.9817
2012	1.0000	0.0526	1.0000	0.9788	0.2000	0.0000	-1.0000	1.0000	0.9380	-0.4516	0.9342	0.9669
2013	1.0000	0.2000	1.0000	0.9824	0.2000	0.0000	-1.0000	1.0000	0.9123	-0.3276	0.8887	0.9752
2014	1.0000	-0.2353	1.0000	0.9813	0.5000	0.0000	-1.0000	1.0000	0.8621	-0.6058	0.9113	0.9504

第二节　北美洲重点国家

一、北美洲主要化肥生产国

北美洲是世界第三大洲，地域辽阔，矿产资源丰富，蕴藏了丰富的氮肥、磷肥、钾肥等化肥的矿物生产原料。其中，生产氮肥所需的石油和天然气多分布在美国、加拿大以及墨西哥海岸；磷矿资源多分布在美国，其基础储量居于世界第三位，是除摩洛哥和中国之外磷矿资源最为丰富的国家；钾矿资源则主要分布在加拿大，其钾矿储量占世界总储量的57%，位居世界第一位。丰富的矿产资源为化肥的大量生产提供了条件，所以北美洲地区是世界重要的化肥生产地区。

因国土面积和资源优势的作用，北美洲的化肥生产集中在美国、加拿大和墨西哥，这三个国家的化肥生产量占全洲化肥生产量的98%，其中美国的生产量最高，占全洲化肥生产量的绝大部分。从表4.19中数据可知，美国的化肥生产量已经突破了7000万吨，整体呈上升的趋势，从2002年生产5797万吨上升到2011年最高生产7818万吨，十年的时间里增加了2021万吨，增长量巨大，之后这一增长态势却有所下滑，到2014年又降至7466万吨。加拿大是北美洲化肥生产量排名第二的国家，年产值也在千万吨以上，整体保持在1100万吨到1500万吨之间，较为稳定。而墨西哥由于是发展中国家，资源优势和经济发展水平都远不及美国和加拿大，故其化肥生产量大大落后于美国和加拿大。墨西哥的化肥生产量总体来说呈略有上升并保持相对稳定的趋势，其在2002到2009年期间生产量大致保持在40万吨左右，在2010年增至99万吨，随后几年一直保持在百万吨以上，如图4.16所示。

表4.19　　　　2002—2014年北美洲地区主要国家31类化肥生产量　　　　　　万吨

国家\年份	美国	加拿大	墨西哥	国家\年份	美国	加拿大	墨西哥
2002	5797	1151	40	2009	7015	1042	53
2003	5787	1279	31	2010	7712	1447	99
2004	6075	1370	42	2011	7818	1434	183
2005	5956	1146	45	2012	7748	1400	100
2006	5877	1260	30	2013	7734	1376	107
2007	6205	1429	41	2014	7466	1405	99
2008	7444	1024	47				

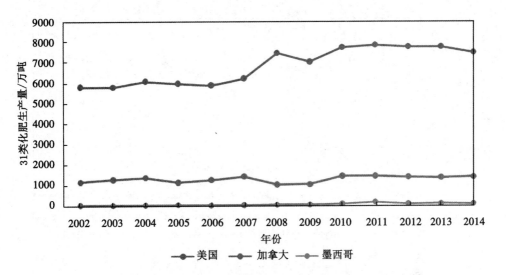

图 4. 16 2002—2014 年北美洲地区主要国家 31 类化肥生产量

从具体的化肥品种来看，美国是北美洲地区氮肥生产量最多的国家，也是唯一一个氮肥生产量在千万吨的国家，整体保持在 2100 万吨至 2500 万吨之间，除个别年份略有下降之外，总体来说较为稳定，如表 4.20 和图 4.17 所示。相对于美国来说，加拿大和墨西哥氮肥的生产量则显得非常稳定，其中加拿大氮肥的生产量保持在 300 万吨到 350 万吨之间，波动量的绝对值不到 50 万吨。而墨西哥氮肥的生产量则要小得多，最高产量仅为 54 万吨，远远小于美国和加拿大氮肥的生产量。

表 4. 20　　　　　　　**2002—2014 年北美洲地区主要国家氮肥生产量**　　　　　　万吨

国家 年份	美国	加拿大	墨西哥	国家 年份	美国	加拿大	墨西哥
2002	2467	309	27	2009	2154	313	33
2003	2291	291	20	2010	2310	336	44
2004	2398	305	28	2011	2382	344	47
2005	2307	311	37	2012	2343	336	50
2006	2185	231	25	2013	2424	336	54
2007	2358	323	31	2014	2476	351	49
2008	2256	319	36				

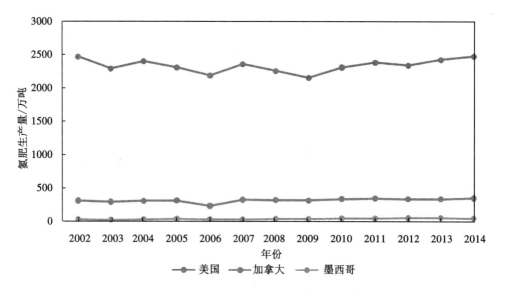

图 4.17　2002—2014 年北美洲地区主要国家氮肥生产量

　　美国的磷肥储量位居世界第三位,故北美洲磷肥的生产也集中在美国一个国家。从表 4.21 中数据可以看到,美国磷肥的生产量已经突破了 3000 万吨,并且总体上呈上升的趋势,从 2002 年生产 2274 万吨上升到 2013 年生产 3058 万吨,增长了 784 万吨,但在 2014 年又跌至了 2764 万吨。加拿大因不具备资源优势,故磷肥的生产量要远远低于美国,平均在 30 万吨左右,生产量较为稳定。墨西哥磷肥的生产量则呈现了上升的趋势,从 2002 年到 2008 年磷肥生产量保持在 10万吨左右,发展到 2010 年之后一直稳定在 50 万吨左右的一个发展趋势,如图4.18 所示。

表 4.21　　　　　　　　2002—2014 年北美洲地区主要国家磷肥生产量　　　　　　　　万吨

国家 年份	美国	加拿大	墨西哥	国家 年份	美国	加拿大	墨西哥
2002	2274	29	12	2009	2831	25	20
2003	2333	34	10	2010	2941	28	55
2004	2393	33	14	2011	2995	33	55
2005	2511	28	8	2012	3063	26	49
2006	2375	25	6	2013	3058	32	52
2007	2458	25	10	2014	2764	32	50
2008	3096	25	11				

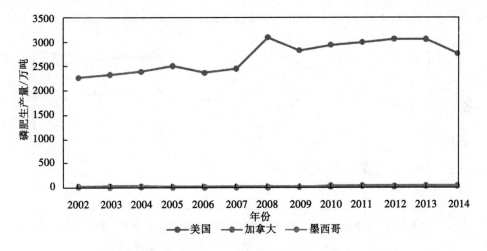

图 4.18 2002—2014 年北美洲地区主要国家磷肥生产量

从样本数据统计来看，北美洲钾肥的总产量要小于氮肥和磷肥，并且集中在美国和加拿大这两个国家，其他北美洲国家不生产这种化肥。从具体的生产数量上看，美国的生产量一直保持在 1000 万吨以上，整体数量波动性较大，先从 2002 年生产 1056 万吨增加到 2007 年生产 1390 万吨，之后迅速跌至 946 万吨，跌幅较大，又在 2010 年上升至 1297 万吨，并连续 5 年保持在 1200 万吨到 1300 万吨的生产水平，如表 4.22 所示。加拿大因具有丰富的钾矿资源，钾肥的生产量比较大，但总体上还是要小于美国，除了有三个年份钾肥生产量达到 1000 万吨之外，其余年份的生产量在 700 万吨到 1000 万吨之间，并且其整体的变化趋势和美国相一致，如图 4.19 所示。

表 4.22 2002—2014 年北美洲地区主要国家钾肥生产量 万吨

国家／年份	美国	加拿大	国家／年份	美国	加拿大
2002	1056	813	2009	927	704
2003	1164	954	2010	1297	1029
2004	1284	1032	2011	1291	992
2005	1138	807	2012	1274	988
2006	1317	1005	2013	1234	946
2007	1390	1081	2014	1246	960
2008	946	680			

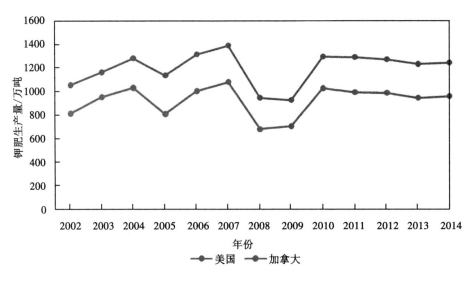

图 4.19　2002—2014 年北美洲地区主要国家钾肥生产量

北美洲大规模生产 3105 类复合肥的时间比较晚，并且全洲只有美国、加拿大和墨西哥三个国家有所生产，其他国家皆不生产 3105 类复合肥，且在这三个国家中，美国的生产量又占整个生产量的 96%，加拿大和墨西哥仅生产少量的 3105 类复合肥。从表 4.23 中可以看到，美国是从 2008 才开始生产这一类化肥的，开始时的生产量为 1145 万吨，之后一直在下降，到 2014 年下降至 981 万吨。加拿大开始生产 3105 类复合肥的时间要比美国晚两年，其生产量相对来说更为稳定，保持在五六十万吨的生产水平。墨西哥是最早开始生产 3105 类复合肥的国家，但这种生产没有延续下去，除了在 2002 年和 2003 年有过生产之外，也就只在 2011 生产过，如图 4.20 所示。

表 4.23　　　　　　2002—2014 年北美洲地区主要国家 3105 类化肥生产量　　　　　　万吨

国家\年份	美国	加拿大	墨西哥	国家\年份	美国	加拿大	墨西哥
2002	0	0	0.5	2009	1103	0	0
2003	0	0	0.07	2010	1163	54	0
2004	0	0	0	2011	1150	64	80
2005	0	0	0	2012	1069	50	0
2006	0	0	0	2013	1019	62	0
2007	0	0	0	2014	981	62	0
2008	1145	0	0				

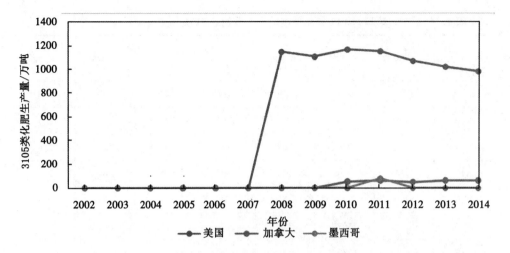

图 4.20 2002—2014 年北美洲地区主要国家 3105 类化肥生产量

在北美洲，3106 类复合肥比较特殊，整个北美洲只有墨西哥一个国家曾在2002 年生产 9341 吨，之后没有过任何的生产，完全依赖进口。

二、北美洲主要化肥消费国

北美洲农业生产水平较高，农场、种植园和牧场是主要的生产组织形式，机械化、化学化、良种化程度都比较高，北美洲的中部平原是全洲也是世界上重要的现代化农业区，粮食作物以小麦、玉米为主，经济作物有棉花、大豆、香蕉、烟草、咖啡等。此外，还形成了高度的地区专门化生产，如美国中部平原区的小麦带、玉米带和棉花带，五大湖和新英格兰地区的乳酪带等。北美洲农业生产的快速发展间接反映了对化肥的旺盛需求，并且进一步促进了北美洲化肥产业的发展。

北美洲化肥消费量在百万吨以上的国家有美国、加拿大和墨西哥，这三个国家中除美国的化肥消费量在千万吨以上，其余两个国家化肥消费量皆在百万吨。从表 4.24 中数据可以看到，美国的化肥消费量呈不断增长的趋势，从 2002 年消费 5439 万吨增长到 2014 年消费 8175 万吨，在 13 年的时间里增加了 2736 万吨，增长量巨大。加拿大和墨西哥化肥的消费量也呈上升的趋势（见图 4.21），其中加拿大的消费量在 200 万吨到 600 万吨之间，波动量较大；而墨西哥的消费量在100 万吨到 300 万吨之间，波动相对较小。

表4.24		2002—2014年北美洲地区主要国家31类化肥消费量					万吨
国家 年份	美国	加拿大	墨西哥	国家 年份	美国	加拿大	墨西哥
2002	5439	264	249	2009	6400	273	150
2003	5965	269	261	2010	7224	433	275
2004	6064	248	269	2011	7943	523	256
2005	5714	280	283	2012	8157	504	275
2006	5840	212	161	2013	8054	584	265
2007	6212	307	176	2014	8175	609	284
2008	6925	283	124				

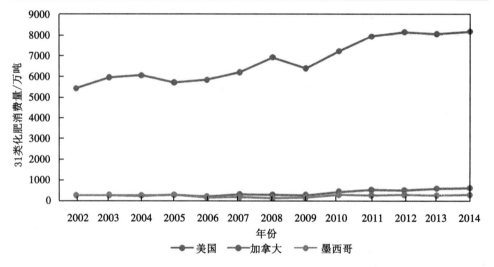

图4.21　2002—2014年北美洲地区主要国家31类化肥消费量

在这5种化肥中，氮肥仍然是消费的主力，占据了北美洲整个化肥产业消费量的绝大部分。其中美国氮肥的消费量在前期表现较为稳定，保持在3000万吨左右，后期有所增加，2011年之后保持在3600万吨左右，如表4.25所示。加拿大氮肥的消费量整体保持在150万吨到300万吨之间，也是前期稳定后期缓慢上升，如图4.22所示。而墨西哥在2005年之前氮肥消费量还不到100万吨，2005年之后便突破了100万吨，并一直保持在100万吨到140万吨之间。

表 4.25	2002—2014 年北美洲地区主要国家氮肥消费量						万吨
国家 年份	美国	加拿大	墨西哥	国家 年份	美国	加拿大	墨西哥
2002	2848	164	89	2009	3006	191	104
2003	3058	165	91	2010	3202	205	107
2004	3024	154	94	2011	3546	249	110
2005	2966	178	122	2012	3717	250	129
2006	3069	137	106	2013	3644	289	129
2007	3248	207	114	2014	3624	283	136
2008	3043	191	94				

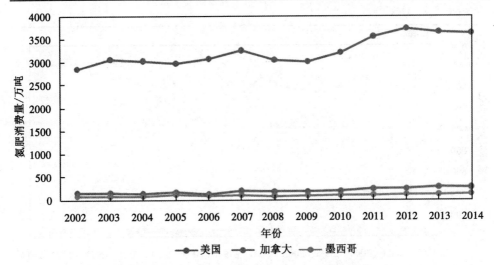

图 4.22 2002—2014 年北美洲地区主要国家氮肥消费量

　　北美洲磷肥的消费量要略小于氮肥，其中美国磷肥的消费量仅突破了 1000 万吨，但还未突破 2000 万吨，其磷肥的消费量不到氮肥消费量的一半，如表 4.26 所示。从整体走势来看，2002—2007 年美国磷肥的消费量处于小幅波动变化中，2007—2009 年消费量急剧下降，2009 年之后又迅速上升，且上升的速度在逐渐减慢，如图 4.23 所示。加拿大磷肥的消费量整体上不超过 100 万吨，保持在 60 万吨到 90 万吨之间，呈小幅上升的趋势。墨西哥磷肥的消费量在三个国家中最低，最高消费量仅为 52 万吨，并且近几年这一消费数量还略有下降。

表 4.26　　　　　　　　2002—2014 年北美洲地区主要国家磷肥消费量　　　　　　　　万吨

国家 年份	美国	加拿大	墨西哥	国家 年份	美国	加拿大	墨西哥
2002	1271	66	42	2009	1105	56	13
2003	1431	69	48	2010	1294	65	47
2004	1495	61	52	2011	1488	82	39
2005	1367	69	44	2012	1513	74	32
2006	1382	62	36	2013	1609	81	31
2007	1495	74	38	2014	1646	90	38
2008	1228	67	11				

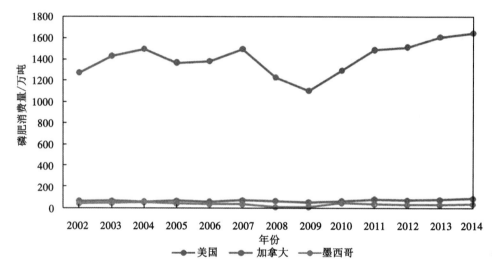

图 4.23　2002—2014 年北美洲地区主要国家磷肥消费量

从表 4.27 中数据来看，美国钾肥的消费量和磷肥相差不大，整体变化趋势也和磷肥相一致。而加拿大钾肥的消费量则要比氮肥低得多，仅为氮肥消费量的一半，基本保持在 20 万吨到 40 万吨之间。墨西哥钾肥的消费量也要略低于氮肥，保持在 20 万吨左右，整体非常稳定，如图 4.24 所示。

表 4.27　　　　　　　　**2002—2014 年北美洲地区主要国家钾肥消费量**　　　　　　万吨

年份 \ 国家	美国	加拿大	墨西哥	年份 \ 国家	美国	加拿大	墨西哥
2002	1320	34	20	2009	1018	25	8
2003	1476	35	18	2010	1298	30	22
2004	1545	33	24	2011	1473	30	18
2005	1381	33	19	2012	1470	35	20
2006	1389	13	19	2013	1539	38	21
2007	1469	25	25	2014	1627	38	18
2008	1310	25	20				

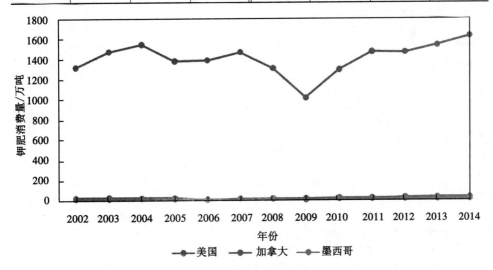

图 4.24　2002—2014 年北美洲地区主要国家钾肥消费量

　　从表 4.28 和图 4.25 中可以看到，美国、加拿大和墨西哥三个国家 3105 类复合肥消费量的变化趋势毫无规律性，并不是在所有的年份都有消费，而只在部分年份使用该类化肥。其中美国从 2008 年才开始使用 3105 类复合肥，之前从未使用过该类化肥。从具体消费数据来看，美国 3105 类复合肥的消费量在 500 万吨到 800 万吨之间，整体呈先上升后下降的变化趋势。墨西哥除了 2006—2008 年这三年没有使用过该类化肥之外，其余年份皆有使用，且在 2002—2005 年期间消费量较为稳定，保持在 100 万吨左右，2009 年之后消费量则略有波动。加拿大从 2010 年开始使用 3105 类复合肥，并且年均消费量皆超过了百万吨，整体呈上升的趋势。

表 4.28			2002—2014 年北美洲地区主要国家 3105 类化肥消费量				万吨
国家 年份	美国	墨西哥	加拿大	国家 年份	美国	墨西哥	加拿大
2002	0	97	0	2009	641	26	0
2003	0	103	0	2010	755	96	133
2004	0	99	0	2011	758	82	162
2005	0	99	0	2012	775	88	145
2006	0	0	0	2013	554	77	176
2007	0	0	0	2014	548	85	198
2008	677	0	0				

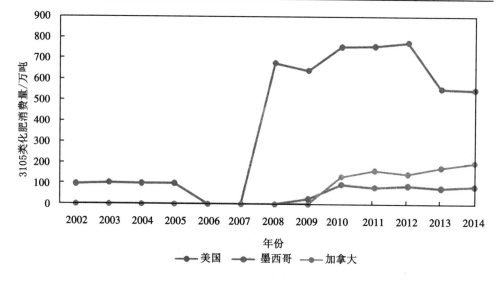

图 4.25 2002—2014 年北美洲地区主要国家 3105 类化肥消费量

北美洲 3106 类复合肥的消费情况与 3105 类复合肥类似，都只在部分年份有消费。但与 3105 类复合肥不同的是，加拿大没有使用过该类化肥，消费量排在前几位的国家也有所改变，分别是美国、萨尔瓦多、墨西哥和哥斯达黎加。其中美国从 2008 年才开始使用该类化肥，消费量在 600 万吨到 750 万吨之间，呈不断上升的趋势。除美国 3106 类复合肥的消费量在百万吨以外，其余国家的消费量皆在 10 万吨以下，差距非常大，如表 4.29 和图 4.26 所示。

中国化肥产业走出去研究

表 4.29　　　　2002—2014 年北美洲地区主要国家 3106 类化肥消费量　　　　万吨

国家\年份	美国	萨尔瓦多	墨西哥	哥斯达黎加	国家\年份	美国	萨尔瓦多	墨西哥	哥斯达黎加
2002	0	0	1	0	2009	631	2	0	1
2003	0	0	0	0	2010	675	10	2	3
2004	0	0	0	0	2011	677	9	7	2
2005	0	0	0	0	2012	682	7	5	4
2006	0	0	0	0	2013	709	7	7	4
2007	0	0	0	0	2014	731	0	6	7
2008	667	1	0	0					

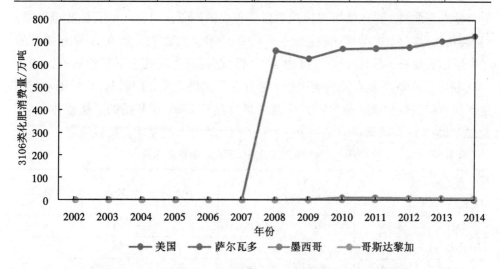

图 4.26　2002—2014 年北美洲地区主要国家 3106 类化肥消费量

三、供需比较

从对北美洲化肥生产和消费的重点国家进行分析可以看出，北美洲化肥的生产和消费集中在美国、加拿大、墨西哥这三个国家，故主要对这三个国家的供需状况进行分析。

美国作为世界第一大经济体，不仅是化肥生产大国，也是化肥贸易大国，在北美洲的化肥生产和消费中，占据了绝大部分。从整个化肥产业来看，美国的供需是不平衡的，部分年份出现盈余，部分年份又出现缺口，显得非常没有规律性。而从各化肥品种来看，美国除磷肥和 3105 类复合肥出现盈余之外，其他化肥皆出现缺口。其中氮肥的缺口最大，并且呈现不断扩大的趋势，从 2002 年的 381 万吨扩大到 2012 年的 1374 万吨，氮肥的缺口扩大了 3 倍，近几年氮肥的缺口有所缩小，2014 年缺口减小到 1148 万吨，如表 4.30 所示。美国钾肥的生产消费缺口要远远小于氮肥，但钾肥缺口的整体变化趋势非常不稳定，波动性较大，前期钾肥缺口不断减小，中期波动性变化，后期缺口又不断扩大，到 2014 年钾肥的缺口已扩大到 381 万吨，预计未来还有继续扩大的可能。因美国不生产 3106 类复合肥，故此类化肥属于纯进口型化肥，且随着消费量的不断增加生产消费缺口会不断扩大，目前此类化肥的缺口在 700 万吨以上，预计这一数值还会继续增大。磷肥和 3105 类复合肥是美国可以完全实现自给的两类化肥，其中因美国拥有丰富的磷矿资源，磷肥的产量非常大，远远超过磷肥的消费，所以美国磷肥的盈余量也非常大，这也使得美国成为世界重要的磷肥出口国。从具体数据来看，美国磷肥的盈余量在前期比较稳定，保持在 1000 万吨左右，但在 2008 年磷肥的盈余量迅猛增长，相比上一年增加了一倍，之后则一直处于下降的状态，如图 4.27 所示。3105 类复合肥是美国另一个存在盈余的化肥，因其从 2008 年才开始生产和消费该类化肥，故生产消费盈余量也是从 2008 年开始的。从整体上看，美国 3105 类复合肥每年的盈余量在 400 万吨到 500 万吨之间，比较稳定。

表 4.30　　　　　　2002—2014 年美国各类化肥生产消费盈余量　　　　　　万吨

年份 \ 化肥品种	3102	3103	3104	3105	3106	31
2002	− 381	1003	− 264	0	0	358
2003	− 767	901	− 312	0	0	− 178
2004	− 626	899	− 261	0	0	11
2005	− 659	1144	− 243	0	0	242
2006	− 884	993	− 72	0	0	37
2007	− 890	963	− 79	0	0	− 7
2008	− 787	1868	− 364	468	− 667	519
2009	− 852	1726	− 91	462	− 631	615
2010	− 892	1647	− 1	408	− 675	488
2011	− 1164	1507	− 182	392	− 677	− 125
2012	− 1374	1550	− 196	294	− 682	− 409
2013	− 1220	1449	− 305	465	− 709	− 320
2014	− 1148	1118	− 381	433	− 731	− 709

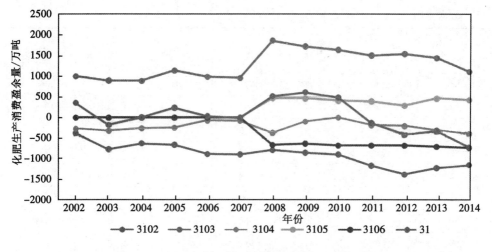

图 4. 27 2002—2014 年美国各类化肥生产消费盈余量

从表 4.31 可以看到，加拿大磷肥和 3105 类复合肥存在缺口，氮肥和钾肥则存在盈余，这说明加拿大只有氮肥和钾肥能完全自给，其余化肥皆要依赖进口才能满足消费的需求。具体来看，加拿大氮肥的盈余量处于逐渐缩小的状态，从 2002 年盈余 145 万吨减少到 2014 年盈余 68 万吨。而加拿大因钾矿资源丰富，钾肥的生产量较大，远远超过消费量，故钾肥的盈余较多。从整体走势上看，如图 4.28 所示，钾肥盈余量在 2002 年到 2007 年之间处于波动上升的状态，之后的两年有较大幅度的下跌，2010 年又上升至原来的盈余水平，之后盈余量一直保持在 900 万吨到 1000 万吨之间。再看磷肥，加拿大磷肥的生产要小于消费，故磷肥一直存在缺口，但每年的缺口比较稳定，大部分年份的缺口在 30 万吨到 50万吨之间。加拿大只在 2002 年、2003 年和 2011 年三个年份生产过 3105 类复合肥，其余年份皆无生产，故加拿大 3105 类复合肥存在缺口，并且随着消费量的增加，这一缺口也在不断扩大，从 2010 年的 79 万吨扩大到 2014 年的 136 万吨，预计还有继续扩大的可能。由于加拿大不生产和消费 3106 类复合肥，故生产消费盈余为 0。

表 4. 31　　　　　2002—2014 年加拿大各类化肥生产消费盈余量　　　　　万吨

化肥品种\年份	3102	3103	3104	3105	3106	31
2002	145	-36	779	0	0	887
2003	126	-35	919	0	0	1010
2004	151	-28	999	0	0	1122

年份 \ 化肥品种	3102	3103	3104	3105	3106	31
2005	133	−42	774	0	0	866
2006	94	−37	992	0	0	1048
2007	116	−49	1056	0	0	1122
2008	128	−42	655	0	0	741
2009	191	−31	679	0	0	769
2010	131	−37	999	−79	0	1014
2011	95	−49	962	−98	0	911
2012	86	−47	953	−95	0	896
2013	47	−49	908	−114	0	792
2014	68	−58	922	−136	0	796

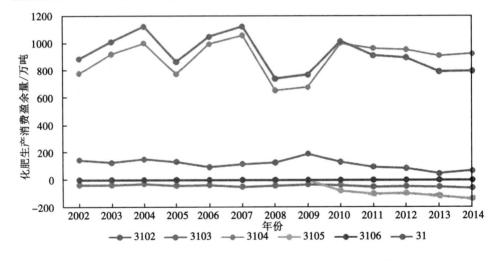

图 4.28　2002—2014 年加拿大各类化肥生产消费盈余量

从表 4.32 和图 4.29 中可以看到，墨西哥所有的化肥种类都存在缺口，生产不能完全满足消费。其中，氮肥和钾肥的缺口相对来说较为稳定，氮肥的缺口保持在 60 万吨到 90 万吨之间，钾肥的缺口平均在 20 万吨左右。而墨西哥磷肥生产消费盈余的变化较大，2008 年之前一直存在缺口，2008 年之后由缺口转为了盈余。

表 4.32		2002—2014 年墨西哥各类化肥生产消费盈余量				万吨
年份	3102	3103	3104	3105	3106	31
2002	− 62	− 31	− 20	− 96.5	0	− 209
2003	− 71	− 38	− 18	− 103	0	− 230
2004	− 66	− 37	− 24	− 99	0	− 227
2005	− 85	− 36	− 19	− 99	0	− 238
2006	− 81	− 30	− 19	0	0	− 131
2007	− 83	− 28	− 25	0	0	− 135
2008	− 58	0.2	− 20	0	0	− 77
2009	− 71	8	− 8	− 26	0	− 97
2010	− 63	8	− 22	− 96	− 2	− 176
2011	− 63	16	− 18	− 2	− 7	− 73
2012	− 79	17	− 20	− 88	− 5	− 175
2013	− 75	22	− 21	− 77	− 7	− 158
2014	− 87	12	− 18	− 85	− 6	− 185

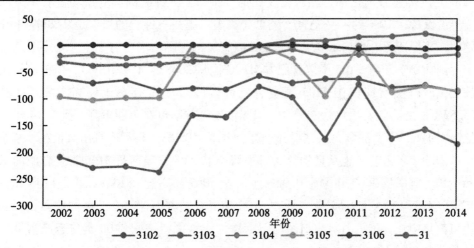

图 4.29　2002—2014 年墨西哥各类化肥生产消费盈余量

四、北美洲重点国家化肥国际竞争力

1. 国际市场占有率

从表 4.33 的数据可以看到，不管是在北美洲整个化肥产业中还是在各个化肥品种中，美国的国际市场占有率都排在第一位。具体来看，在氮肥方面，美国的国际市场占有率总体上呈下降的趋势，从 2002 年占比 9.22% 下降到 2014 年占比 4.12%，这与美国氮肥出口量的不断下降有直接关系。加拿大氮肥的国际市场占有率仅次于美国，但整体趋势相对美国来说更加稳定，虽然国际市场占有率也在不断下降，但下降的幅度较小，占有率整体上保持在 1% 到 2% 之间。而墨西哥的氮肥出口量较小，导致国际市场占有率也就较小，大部分年份国际市场占有率不到 0.1%。在磷肥方面，由于美国是世界重要的磷肥出口国，每年磷肥的出口量非常庞大，故美国磷肥的国际市场占有率相对其他北美洲国家来说比较高，但近几年随着美国磷肥出口量的逐渐减少，美国磷肥的国际市场占有率也在不断下降，从 2002 年占比 22.73% 下降到 2014 年占比 9.29%，降幅非常大。加拿大磷肥的出口量非常少，国际市场占有率也较小，占比不到 0.1%。而墨西哥磷肥的出口量相对来说要大于加拿大，故其市场占比也要略高于加拿大，并且整体呈上升的趋势，从 2003 年占比 0.01% 上升到 2014 年占比 0.67%。

由于美国和加拿大都是钾肥的生产大国，钾肥出口量较大，因此美国和加拿大钾肥的国际市场占有率也比较高。其中美国大部分年份钾肥的国际市场占有率保持在 11% 到 12% 之间，相对比较稳定；而加拿大钾肥的国际市场占有率大部分年份保持在 10% 到 11% 之间，略低于美国。墨西哥钾肥的出口是从 2009 年开始的，并且钾肥的出口量非常小，墨西哥钾肥的国际市场占有率也非常小，总体上不到 0.01%。在 3105 类复合肥方面，美国从 2008 年才开始出口，但出口量比较大，所以在前期美国 3105 类复合肥的国际市场占有率比较高，最高达到 25.03%，之后随着出口量的减少，国际市场占有率也在不断下降，到 2014 年占比降至 10.45%。加拿大只在部分年份会出口 3105 类复合肥，且出口量在不断减少，国际市场占有率也从最初的 0.29% 降至 0.02%。墨西哥 3105 类复合肥的国际市场占有率从 2002 年占比 0.02% 上升至 2009 年占比 2.13%，再之后到 2014 年下降至 1.42%，波动较大。而在 3106 类复合肥方面，整个北美洲该类化肥的出口都集中在美国，并且出口量在不断增加，这使得美国 3106 类复合肥占世界该类化肥出口的比重越来越大，从 2008 年占比 23.19% 上升至 2014 年占比 84.44%，占据了世界该类化肥出口总量的绝大部分。

从北美洲整个化肥产业来看，美国化肥的国际市场占有率最高，但总体走势略有下降，从 2002 年占比 12.02% 下降至 2014 年占比 8.93%，这直接说明了美国化肥产业的国际竞争力有所减弱。加拿大化肥产业的国际市场占有率仅次于美国，但总体走势要比美国更稳定，保持在 4% 左右。而墨西哥因化肥产业出口量较小，国际市场占有率也比较小，总体上不到 0.5%。

表 4.33　　北美洲重点国家化肥产业及各类产品的国际市场占有率情况

年份 \ 化肥品种 国家	3102			3103			3104		
	美国	加拿大	墨西哥	美国	加拿大	墨西哥	美国	加拿大	墨西哥
2002	0.0922	0.0223	0.00005	0.2273	0.0008	0.0018	0.1175	0.1057	0
2003	0.0856	0.019	0.00005	0.22	0.0007	0.0001	0.1233	0.114	0
2004	0.0859	0.0213	0.00001	0.2065	0.0021	0.0001	0.1158	0.1096	0
2005	0.0811	0.0182	0.00004	0.2241	0.0015	0.0002	0.0974	0.0916	0
2006	0.0741	0.0135	0.00004	0.1975	0.0005	0.0026	0.1211	0.1128	0
2007	0.059	0.0158	0.0001	0.1606	0.0004	0.0025	0.1191	0.1122	0
2008	0.0587	0.018	0.001	0.1525	0.0003	0.0062	0.1182	0.1113	0
2009	0.0607	0.0155	0.0012	0.1763	0.0005	0.0071	0.097	0.0745	0.0004 63929
2010	0.0521	0.016	0.0012	0.1355	0.0009	0.0068	0.1158	0.1008	0.0001
2011	0.0462	0.0136	0.0009	0.1095	0.0007	0.0065	0.12	0.109	0.00003
2012	0.0467	0.0137	0.0011	0.103	0.0008	0.0084	0.1105	0.0955	0.00002
2013	0.0469	0.0105	0.0009	0.1096	0.0002	0.0083	0.1275	0.1092	0.0001
2014	0.0412	0.0109	0.0007	0.0929	0.0001	0.0067	0.1436	0.1253	0.00005

年份 \ 化肥品种 国家	3105			3106			31		
	美国	加拿大	墨西哥	美国	加拿大	墨西哥	美国	加拿大	墨西哥
2002	0	0	0.0002	0	0	0	0.1202	0.0468	0.0004
2003	0	0	0	0	0	0	0.1164	0.0473	0.0000
2004	0	0	0.0003	0	0	0	0.1118	0.049	0.0000
2005	0	0	0.0004	0	0	0	0.1062	0.0407	0.0001
2006	0	0.0029	0.0011	0	0	0	0.1072	0.0467	0.0006
2007	0	0	0	0	0	0	0.0937	0.0466	0.0005
2008	0.2363	0	0	0.2319	0	0	0.1112	0.047	0.0014
2009	0.2503	0	0.0213	0.2692	0	0	0.1151	0.0229	0.0048
2010	0.1797	0.0025	0.0163	0.3548	0	0	0.1016	0.0394	0.0035
2011	0.139	0.002	0.015	0.4304	0	0	0.0936	0.0388	0.0035
2012	0.1262	0.0022	0.0176	0.5513	0	0	0.0866	0.0344	0.0041
2013	0.127	0.0005	0.0187	0.6778	0	0	0.0948	0.036	0.0041
2014	0.1045	0.0002	0.0142	0.8444	0	0	0.0893	0.0368	0.0034

2. 贸易竞争指数

从表4.34中的数据可以比较清楚地看到北美洲中美国、加拿大、墨西哥三个国家不同化肥种类之间的贸易竞争指数情况。

具体来看，在氮肥方面，只有加拿大的贸易竞争指数都是正的，美国和墨西哥的贸易竞争指数都是负的。其中美国的贸易竞争指数越来越往 -1 的方向靠近，具体数值在 -5 到 -7 之间，处于较为严重的竞争弱势。而墨西哥的贸易竞争指数则总体往1的方向运动，由当初逼近于 -1 发展到慢慢远离 -1，这说明墨西哥氮肥的竞争优势在慢慢加强。虽然加拿大贸易竞争指数都是正数，但数值在不断减小，这说明加拿大氮肥的竞争优势在不断减弱。在磷肥方面，随着美国出口的不断减少、进口的不断增加，磷肥净出口值由正转负，使得美国磷肥的贸易竞争指数也由正数转为了负数，越来越向 -1 的方向靠近，说明随着美国磷肥出口量的不断减少，贸易竞争优势在不断减弱，已从竞争优势转变成了竞争弱势。加拿大磷肥的贸易竞争指数都是负数，且大部分年份数值都在 -0.8 左右，越来越逼近于 -1，表现出非常强的竞争弱势。墨西哥磷肥的贸易竞争指数在前期是负数，随后逐渐转为正数，反映出墨西哥磷肥出口量在不断增加，对国外磷肥的依赖程度在逐渐减弱。

在钾肥方面，加拿大是世界主要的钾肥出口国，钾肥出口量大、进口量小，贸易竞争指数全部为正数，而且基本上都在0.99以上，极度逼近于1，充分说明加拿大在钾肥上具有完全的竞争优势，并且这一优势表现非常强烈。而美国虽然也是钾肥的出口大国，但同时也是钾肥的进口大国，出口要小于进口，贸易竞争指数都是负数，不具备竞争优势。墨西哥钾肥的贸易竞争指数都是负数，且连续7年竞争指数为 -1，表现出完全的竞争弱势。

在3105类复合肥方面，只有美国的贸易竞争指数都是正的，其余两个国家都是负的。其中美国3105类复合肥的贸易竞争指数在不断减小，说明对于此类化肥美国的竞争优势有缩小的态势。而加拿大的贸易竞争指数皆在 -0.8 以上，越来越逼近于 -1，处于完全的竞争弱势。墨西哥此类化肥的贸易竞争指数则在不断减小，由原来数值逼近于 -1 发展到数值在0左右，慢慢摆脱了原来严重的竞争弱势，开始展露出竞争优势。在3106类复合肥方面，美国是北美洲地区生产量最多的国家，也是出口量最多的国家，且出口量还在继续上升，净出口量还在不断扩大，贸易竞争指数也越来越向1靠近，美国由当初只具有较小的竞争优势转变为具有较强的竞争优势。

就化肥产业的整体来看，只有加拿大的贸易竞争指数都是正的，美国和墨西哥的贸易竞争指数都是负的。但从贸易竞争指数的变化趋势来看，美国化肥产业的贸易竞争指数在 -2 到 -4 之间，数值有继续变大的趋势，这说明美国虽然是化肥的生产大国和出口大国，但同时也是进口大国和消费大国，对国外化肥市场的依赖性较强。加拿大的贸易竞争皆是正数，且数值较靠近于1，说明加拿大的化肥产业具有比较强的竞争优势，但这一竞争优势随着贸易竞争指数的减小有逐渐减弱的趋势。而墨西哥虽然竞争指数都是负数，但数值在不断减小，这说明墨西哥的化肥产业在逐渐崛起。

表 4. 34　　　　北美洲重点国家化肥产业及各类产品的贸易竞争指数情况

化肥品种 年份　　国家	3102			3103			3104		
	美国	加拿大	墨西哥	美国	加拿大	墨西哥	美国	加拿大	墨西哥
2002	− 0. 4534	0. 6174	− 0. 9898	0. 4343	− 0. 8723	− 0. 6889	− 0. 2234	0. 9969	− 1
2003	− 0. 5025	0. 5775	− 0. 9904	0. 2856	− 0. 8776	− 0. 9797	− 0. 2205	0. 9977	− 1
2004	− 0. 4933	0. 7056	− 0. 9976	0. 2391	− 0. 6786	− 0. 9843	− 0. 2209	0. 9977	− 1
2005	− 0. 5374	0. 6442	− 0. 9907	0. 3106	− 0. 7778	− 0. 9525	− 0. 3271	0. 9949	− 1
2006	− 0. 5443	0. 5924	− 0. 9902	0. 2547	− 0. 9024	− 0. 5769	− 0. 1688	0. 996	− 1
2007	− 0. 6335	0. 5392	− 0. 9767	0. 0849	− 0. 9245	− 0. 56	− 0. 2398	0. 9962	− 1
2008	− 0. 6191	0. 5664	− 0. 7436	0. 1034	− 0. 9545	0	− 0. 2592	0. 997	− 1
2009	− 0. 5302	0. 6612	− 0. 75	0. 3251	− 0. 8857	0. 1667	− 0. 3333	0. 9876	− 0. 6667
2010	− 0. 6174	0. 5671	− 0. 7079	0. 0942	− 0. 8222	0. 1429	− 0. 2345	0. 9935	− 0. 9574
2011	− 0. 6649	0. 4378	− 0. 759	− 0. 0712	− 0. 8596	0. 2759	− 0. 2456	0. 9961	− 0. 9689
2012	− 0. 653	0. 3554	− 0. 7524	− 0. 1384	− 0. 8545	0. 2647	− 0. 2376	0. 9953	− 0. 9802
2013	− 0. 6361	0. 2228	− 0. 7732	− 0. 0967	− 0. 9608	0. 3333	− 0. 2185	0. 9958	− 0. 9383
2014	− 0. 6427	0. 2851	− 0. 8131	− 0. 1915	− 0. 9829	0. 1765	− 0. 2439	0. 9942	− 0. 9565

化肥品种 年份　　国家	3105			3106			31		
	美国	加拿大	墨西哥	美国	加拿大	墨西哥	美国	加拿大	墨西哥
2002	0	0	− 0. 9855	0	0	0	− 0. 1956	0. 8365	− 0. 9166
2003	0	0	0	0	0	0	− 0. 2415	0. 8419	− 0. 9886
2004	0	0	− 0. 9902	0	0	0	− 0. 247	0. 8719	− 0. 9928
2005	0	0	− 0. 9881	0	0	0	− 0. 3011	0. 833	− 0. 9844
2006	0	1	− 0. 9633	0	0	0	− 0. 2505	0. 8785	− 0. 8975
2007	0	0	0	0	0	0	− 0. 3588	0. 8453	− 0. 8509
2008	0. 9187	0	0	− 0. 1795	0	0	− 0. 2643	0. 8533	− 0. 5342
2009	0. 9764	0	− 0. 0087	0. 12	0	0	− 0. 1363	0. 7581	− 0. 2694
2010	0. 8449	− 0. 8333	− 0. 1382	0. 2941	0	0	− 0. 2471	0. 7214	− 0. 3242
2011	0. 7313	− 0. 8584	− 0. 0083	0. 3333	0	0	− 0. 2993	0. 6861	− 0. 2371
2012	0. 7726	− 0. 8559	− 0. 0986	0. 3651	0	0	− 0. 3236	0. 6261	− 0. 2828
2013	0. 7055	− 0. 9658	0. 0147	0. 7681	0	0	− 0. 2838	0. 6268	− 0. 2247
2014	0. 475	− 0. 9854	− 0. 1212	0. 7778	0	0	− 0. 3162	0. 6179	− 0. 3337

第三节　南美洲重点国家

一、南美洲主要化肥生产国

虽然南美洲各类矿产资源比较丰富，但整体分布比较分散，且磷矿和钾矿的储量相对较少，不具备资源上的完全优势，所以南美洲各国对各类化肥都有生产，但生产量较小，皆在几十万吨的水平。

从表 4.35 中数据可以看到，南美洲化肥产量在百万吨以上的只有四个国家，分别为巴西、哥伦比亚、智利和委内瑞拉。其中巴西化肥的生产量最多，也是唯一一个化肥年生产量皆在百万吨以上的国家，目前已经突破了 500 万吨。从整体走势上看，巴西化肥的生产量比较稳定，保持在 400 万吨到 500 万吨之间，没有非常大的波动，如图 4.30 所示。哥伦比亚是南美洲化肥生产量仅次于巴西的国家，但并不是所有年份的化肥生产量都达到百万吨，在观察 2002—2014 年的 13 年中，只有 8 年化肥的生产量在百万吨以上，其余年份都低于百万吨。从变化趋势来看，哥伦比亚在 2002—2004 年期间化肥的生产量比较低，保持在 10 万吨左右，之后迅猛增加，较之前的生产量翻了将近十倍，并在 2006 年生产量突破百万吨，之后则一直保持在 130 万吨左右的生产水平，略有波动变化。智利的化肥生产量则整体保持上升的态势，并在 2011 年突破百万吨，之后一直保持在 115 万吨左右。委内瑞拉化肥的生产量在前期较为稳定，中期快速上升突破 100 万吨，后期又快速跌至 50 万吨左右，并保持在这一生产水平。阿根廷化肥的生产整体来看非常稳定，保持在五六十万吨的水平，是这五个国家中化肥生产量最少的国家。

表 4.35　　　　　2002—2014 年南美洲地区主要国家 31 类化肥生产量　　　　　　万吨

国家 年份	巴西	哥伦比亚	智利	委内瑞拉	阿根廷	国家 年份	巴西	哥伦比亚	智利	委内瑞拉	阿根廷
2002	370	9	52	58	52	2009	440	106	96	105	51
2003	413	10	56	57	61	2010	467	114	99	101	43
2004	445	8	68	75	63	2011	458	135	113	42	53
2005	428	72	66	74	57	2012	506	134	118	53	54
2006	468	129	62	80	66	2013	488	130	115	47	51
2007	478	133	67	114	47	2014	450	117	120	50	53
2008	458	97	88	130	41						

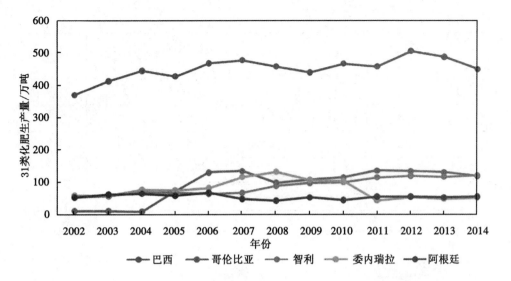

图 4.30 2002—2014 年南美洲地区主要国家 31 类化肥生产量

在整个南美洲地区，只有一半的国家生产氮肥，大部分国家氮肥的消费还是依赖进口，也只有巴西一个国家氮肥的生产量突破了百万吨，并且只有 4 个年份在百万吨以上，大部分年份氮肥的生产量在 90 万吨到 100 万吨之间，总体来说巴西氮肥的生产量还是较为稳定的，如表 4.36 和图 4.31 所示。委内瑞拉和阿根廷氮肥的生产量大致相同，多数年份氮肥的生产量在五六十万吨的水平。特立尼达和多巴哥氮肥的生产量又更低一些，总体保持在二三十万吨左右。哥伦比亚氮肥的生产量在前期比较小，不到 10 万吨，2005 年迅速增加至 21 万吨，之后氮肥的生产量一直保持在 20 万吨到 30 万吨之间。智利氮肥的生产量则总体在一二十万吨，非常稳定。

表 4.36 2002—2014 年南美洲地区主要国家氮肥生产量   万吨

国家 年份	巴西	委内瑞拉	阿根廷	特立尼达和 多巴哥	哥伦比亚	智利
2002	96	54	52	31	8	12
2003	91	54	61	30	9	17
2004	92	72	63	25	7	12
2005	99	70	57	34	21	13
2006	105	51	66	32	27	12
2007	98	73	47	33	30	17
2008	92	84	41	29	20	21
2009	88	62	51	32	27	20

年份\国家	巴西	委内瑞拉	阿根廷	特立尼达和多巴哥	哥伦比亚	智利
2010	96	66	43	33	25	19
2011	104	41	53	29	27	15
2012	103	52	54	26	28	13
2013	100	46	51	20	26	10
2014	90	49	53	20	24	10

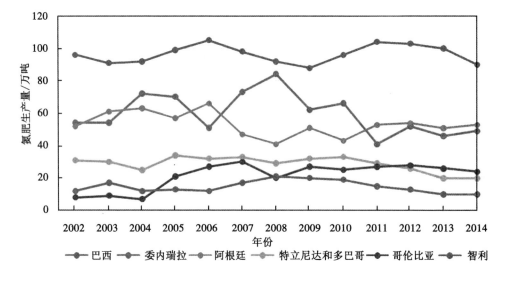

图 4.31 2002—2014 年南美洲地区主要因家氮肥生产量

南美洲磷肥产量排在前四位的国家分别是巴西、哥伦比亚、委内瑞拉和乌拉圭。其中巴西是南美洲磷肥产量最大的国家，也是唯一一个磷肥生产量皆在百万吨以上的国家，其磷肥产量占全洲磷肥总产量的 90% 以上。从整体走势来看，巴西磷肥的生产量一直呈波动上升的趋势，从 2002 年的 149 万吨上升到 2013 年的 213 万吨，增加了 64 万吨，如表 4.37 和图 4.32 所示。哥伦比亚磷肥的生产量在 2006 年之后一直保持在 16 万吨左右，而委内瑞拉和乌拉圭磷肥的生产量都比较小，总体不超过 5 万吨。

表 4. 37			2002—2014 年南美洲地区主要国家磷肥生产量						万吨
国家 年份	巴西	哥伦比亚	委内瑞拉	乌拉圭	国家 年份	巴西	哥伦比亚	委内瑞拉	乌拉圭
2002	149	0.5	4	1	2009	180	12	5	1
2003	183	1	3	2	2010	204	14	5	2
2004	191	1	3	2	2011	202	16	0.8	2
2005	172	8	4	3	2012	218	16	1	2
2006	182	16	4	2	2013	213	16	1	2
2007	209	16	5	1	2014	198	14	1	2
2008	195	11	6	1					

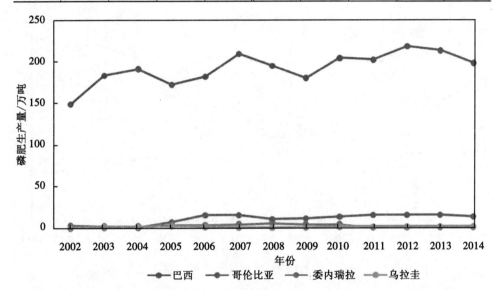

图 4.32　2002—2014 年南美洲地区主要国家磷肥生产量

　　整个南美洲只有三个国家生产钾肥，这三个国家分别是智利、巴西和古巴，而在这三个国家中钾肥的生产又集中在智利和巴西，古巴的生产量非常小，还不到 1 万吨。如表 4.38 和图 4.33 所示，智利钾肥的生产量最大，并且整体呈上升的趋势，从 2002 年生产 41 万吨增长到 2014 年生产 110 万吨，预计未来智利钾肥的生产将继续延续增长的态势。巴西钾肥的生产则在前期比较稳定，保持在 40万吨左右，后期则呈现下降的趋势。

表 4.38　　　　　　　　 2002—2014 年南美洲地区主要国家钾肥生产量　　　　　　　　万吨

国家 年份	智利	巴西	古巴	国家 年份	智利	巴西	古巴
2002	41	36	0.6	2009	76	42	0.5
2003	39	38	0.5	2010	80	39	0.1
2004	56	37	0.5	2011	98	36	0.6
2005	53	37	0.6	2012	105	32	0.5
2006	50	42	0.6	2013	105	29	0.4
2007	50	39	0.3	2014	110	29	0.5
2008	68	35	0.5				

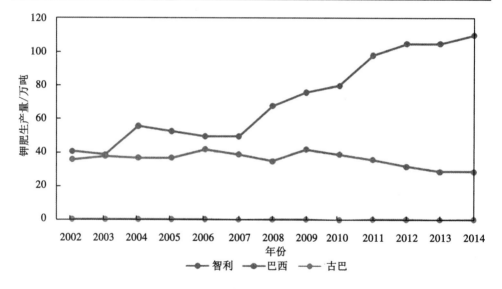

图 4.33　2002—2014 年南美洲地区主要国家钾肥生产量

　　南美洲生产 3105 类复合肥的国家只有巴西、哥伦比亚、委内瑞拉和古巴这四个国家,其他国家皆不生产。其中又主要集中在巴西,巴西 3105 类复合肥的产量占全洲该类化肥总产量的 90% 以上。从表 4.39 中数据可以看到,巴西 3105类复合肥的生产量除 2002 年之外皆在百万吨以上,平均值保持在 130 万吨左右,略有波动,但整体上相对稳定(见图 4.34)。哥伦比亚 3105 类复合肥的生产是从 2005 年开始的,大部分年份的生产量保持在 10 万吨左右。而委内瑞拉和古巴只在少数年份有少量的生产,大部分年份都不生产该类化肥。

表 4.39			2002—2014 年南美洲地区主要国家 3105 类化肥生产量						万吨
国家 年份	巴西	哥伦比亚	委内瑞拉	古巴	国家 年份	巴西	哥伦比亚	委内瑞拉	古巴
2002	89	0	0	0	2009	130	8	6	0
2003	101	0	0	0	2010	129	9	6	0
2004	125	0	0	0	2011	116	10	0	4
2005	120	4	0	0	2012	153	11	0	5
2006	139	10	0	0	2013	147	11	0	3
2007	133	10	3	0	2014	132	8	0	0
2008	135	3	4	0					

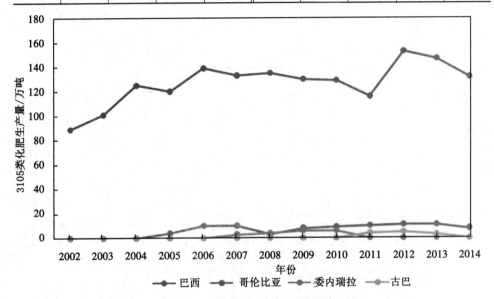

图 4.34 2002—2014 年南美洲地区主要国家 3105 类化肥生产量

南美洲地区生产 3106 类复合肥的国家只有哥伦比亚、委内瑞拉和古巴这三个国家。其中，哥伦比亚的生产量最大，整体上呈先上升后下降、再上升再下降的变化趋势，生产量最高可达 81 万吨，如表 4.40 和图 4.35 所示。委内瑞拉只在 2006—2010 年期间生产过 3106 类复合肥，其他年份皆不生产。而古巴 3106 类复合肥的生产量还不到 5 万吨，且近几年未生产过该类化肥。

表 4. 40

国家\年份	哥伦比亚	委内瑞拉	古巴	国家\年份	哥伦比亚	委内瑞拉	古巴
2002	0	0	4	2009	59	32	3
2003	0	0	3	2010	67	24	1
2004	0	0	3	2011	81	0	0
2005	39	0	4	2012	80	0	0
2006	76	25	4	2013	77	0	0
2007	77	32	2	2014	71	0	0
2008	62	36	3				

表 4. 40　　2002—2014 年南美洲地区主要国家 3106 类化肥生产量　　万吨

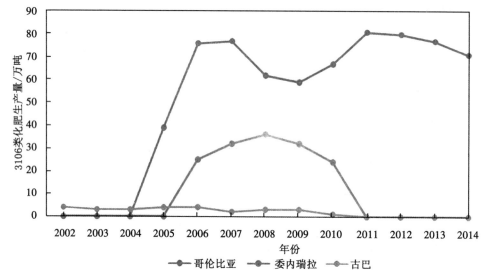

图 4. 35　2002—2014 年南美洲地区主要国家 3106 类化肥生产量

二、南美洲主要化肥消费国

南美洲国家 31 类化肥消费量在千万吨以上的国家只有巴西，2002 年巴西的化肥消费量是 982 万吨，到 2014 年化肥消费量达到 2065 万吨，这些年里，巴西化肥消费量呈波动性上升，增长速度很快，如表 4.41 和图 4.36 所示。阿根廷的化肥消费量排名第二，化肥消费量总体是上升的，但是中间变化较大，2007 年以前，总体是上升的，在 2008 年和 2009 年有所下降，之后几年里又有所增加，2013 年和 2014 年又下降，起伏较大。哥伦比亚的化肥消费量比较接近阿根廷，消费量在 250 万吨以下，但总体呈上升的趋势。智利和巴拉圭的消费数量则要小一些，多数为几十万吨，不足 100 万吨，只在 2008 年消费数量增加，分别是 110 万吨和 83 万吨，其余年份的消费数量较小。

表 4.41　　　　　　2002—2014 年南美洲地区主要国家 31 类化肥消费量　　　　　　万吨

国家 年份	巴西	阿根廷	哥伦 比亚	巴拉圭	智利	国家 年份	巴西	阿根廷	哥伦 比亚	巴拉圭	智利
2002	982	84	93	15	51	2009	1073	133	174	68	90
2003	1302	120	98	64	50	2010	1399	254	207	96	62
2004	1458	237	97	79	91	2011	1772	287	238	111	80
2005	1097	207	158	66	74	2012	1814	252	237	92	69
2006	1170	243	223	74	64	2013	1900	181	224	112	72
2007	1544	311	222	102	87	2014	2065	176	230	125	63
2008	1333	203	178	83	110						

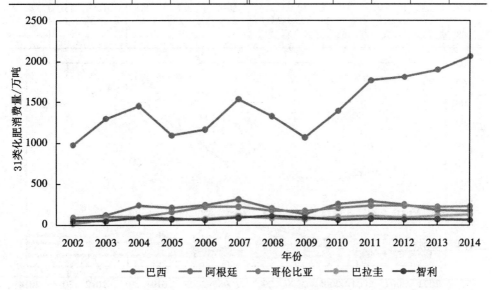

图 4.36　2002—2014 年南美洲地区主要国家 31 类化肥消费量

南美洲氮肥消费量最多的国家是巴西，如表 4.42 和图 4.37 所示，巴西不仅化肥消费总量较多，氮肥消费量也较多，总体上是增加的，在 2002—2011 年期间，氮肥消费量增长较快，2011 年以后，氮肥的消费量有所下降，2011 年消费量最大，为 442 万吨，到了 2014 年只有 387 万吨。阿根廷的氮肥消费量平均为

75 万吨左右，年消费量变化不大。哥伦比亚的氮肥消费总量上多于智利，但是这两个国家每年的氮肥消费量差别小，哥伦比亚的氮肥消费量在 50 万吨左右，智利大致为 30 万吨。委内瑞拉的氮肥消费量是最少的，平均每年大致为 30 万吨，但是在 2010 年氮肥消费量只有 2 万吨，是消费最低点，在后来四年里委内瑞拉的氮肥消费量没有发生变化，都是 29 万吨。

表 4.42　　　　　　　2002—2014 年南美洲地区主要国家氮肥消费量　　　　　　　万吨

国家\年份	巴西	阿根廷	哥伦比亚	智利	委内瑞拉	国家\年份	巴西	阿根廷	哥伦比亚	智利	委内瑞拉
2002	183	53	36	25	26	2009	315	48	54	35	26
2003	241	74	37	22	33	2010	367	77	54	35	2
2004	228	80	35	29	26	2011	442	86	61	28	29
2005	207	64	48	24	27	2012	425	72	62	27	29
2006	219	79	54	27	20	2013	395	77	57	29	29
2007	295	98	57	32	21	2014	387	78	61	25	29
2008	250	76	46	39	29						

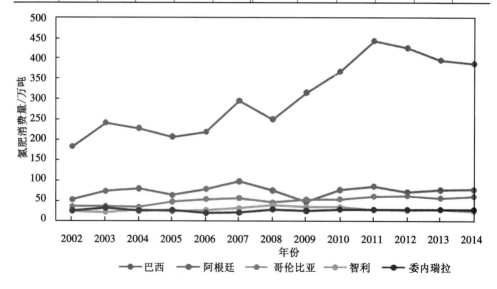

图 4.37　2002—2014 年南美洲地区主要国家氮肥消费量

　　南美洲磷肥消费量突破百万吨的只有巴西一个国家，它整体上呈上升的趋势，2011 年以前是波浪式上升，2011 年以后，是直线上升，总的增长率是 81%。阿根廷磷肥消费量排名第二，消费量不超过 78 万吨，最高年份是 2007 年，为 77 万吨（见表 4.43），没有较大的变化趋势。且从图 4.38 可以看出，哥伦比亚、智利、巴拉圭这三个国家的消费量非常接近，都在 30 万吨以下，智利和巴拉圭的消费曲线几乎重合，消费数量不超过 20 万吨，且起伏较小。

表 4.43　　　　　　2002—2014 年南美洲地区主要国家磷肥消费量　　　　　　万吨

国家 年份	巴西	阿根廷	哥伦比亚	智利	巴拉圭	国家 年份	巴西	阿根廷	哥伦比亚	智利	巴拉圭
2002	263	29	12	16	7	2009	281	30	20	10	12
2003	358	42	12	19	9	2010	338	68	26	13	14
2004	387	57	13	17	11	2011	413	72	30	12	18
2005	287	51	20	12	10	2012	434	64	29	12	15
2006	300	62	30	14	12	2013	468	29	29	13	18
2007	405	77	29	17	14	2014	475	60	28	15	20
2008	331	44	20	13	12						

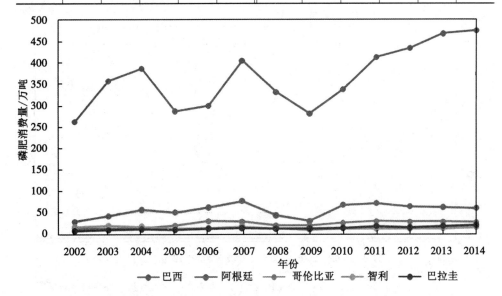

图 4.38　2002—2014 年南美洲地区主要国家磷肥消费量

　　南美洲地区钾肥的消费量比磷肥少，只有巴西钾肥消费量超过了百万吨，2009 年以前，巴西的钾肥消费量年变化较大，平均在 350 万吨左右，2009 年消费量是最低点，低至 238 万吨，2009 年以后，钾肥的消费量又开始上涨，2014 年达到了 539 万吨，且这个上涨趋势还会持续下去，如表 4.44 所示。哥伦比亚的钾肥消费量低于 30 万吨，平均消费量在 24 万吨左右，年变化较小。智利的钾肥消费量平均低于 20 万吨，在 2008 年和 2009 年这两年消费量较大，分别是 37 万吨和 35 万吨，其余的年份里钾肥的消费量较小。巴拉圭和委内瑞拉的钾肥消费数量则更小，消费数量平均为 10 万吨，消费量的年变化小，消费曲线几乎是条平直线，如图 4.39 所示。

表 4.44　　　　　**2002—2014 年南美洲地区主要国家钾肥消费量**　　　　　万吨

国家 / 年份	巴西	哥伦比亚	智利	巴拉圭	委内瑞拉	国家 / 年份	巴西	哥伦比亚	智利	巴拉圭	委内瑞拉
2002	296	21	11	5	6	2009	238	14	35	8	11
2003	386	24	9	8	7	2010	395	23	0	12	10
2004	416	24	28	10	8	2011	468	27	25	14	10
2005	336	22	27	8	9	2012	460	27	14	12	10
2006	343	24	23	9	9	2013	472	24	14	14	11
2007	430	23	18	13	7	2014	539	29	4	18	11
2008	415	23	37	11	10						

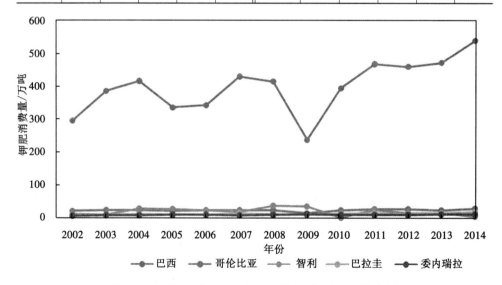

图 4.39　2002—2014 年南美洲地区主要国家钾肥消费量

南美洲 3105 类化肥的消费量要多于 3106 类化肥，消费量在百万吨以上的只有巴西、阿根廷。巴西该类化肥的消费量总体是上涨的，如表 4.45 和图 4.40 所示，从 2002 年的 239 万吨上涨到 2014 年的 663 万吨，从 2009 年开始，消费幅度加快，这期间消费增速达到了 176%。阿根廷该类化肥的消费量有三年突破了 100 万吨，分别是 2007 年、2011 和 2012 年，其余年份在 100 万吨以下，2011 年以后，消费量呈现下降的趋势，2014 年只消费了 28 万吨。巴拉圭的消费量是波动性上升的，从 2002 年的 0 吨上升到 2014 年的最大值 75 万吨，未来的年份里有可能还会上升。哥伦比亚和秘鲁的消费量较小，哥伦比亚的消费量大致是上升的，2014 年消费量最大为 40 万吨，期间年变化小；秘鲁的消费量在 2009 年以前低于 20 万吨，2009 年以后，消费数量慢慢增加，2014 年达到最大值。

表 4.45　　　　　　　2002—2014 年南美洲地区主要国家 3105 类化肥消费量　　　　　　万吨

国家\年份	巴西	阿根廷	巴拉圭	哥伦比亚	秘鲁	国家\年份	巴西	阿根廷	巴拉圭	哥伦比亚	秘鲁
2002	239	0	0	24	11	2009	240	54	43	27	25
2003	318	0	42	25	13	2010	300	99	62	37	24
2004	395	98	52	25	16	2011	449	116	69	39	26
2005	257	87	43	29	14	2012	494	105	56	39	27
2006	303	99	48	38	18	2013	565	30	68	38	26
2007	356	131	68	37	14	2014	663	28	75	40	32
2008	325	79	55	26	10						

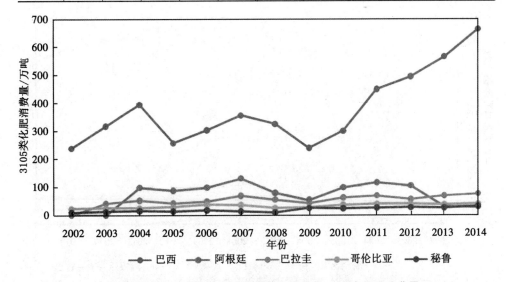

图 4.40　2002—2014 年南美洲地区主要国家 3105 类化肥消费量

3106 类复合化肥是小品种化肥，没有消费数量达百万吨以上的国家。消费量最高的是哥伦比亚，从 2005 年开始消费该类化肥，消费量为 39 万吨，此后消费量逐渐增加，并在 2011 年达到了最大值 81 万吨，后来又减少，2014 年为 71 万吨，如表 4.46 和图 4.41 所示。委内瑞拉只在 2006—2010 年间有消费记录，平均消费量为 33 万吨，其余年份里消费数量是 0。巴西的 3106 类化肥消费量也很小，2004 年到 2008 年有消费记录，其余年份里没有消费该类化肥。阿根廷只有后五年的消费记录，消费大致为 7 万吨，数值小。古巴的消费量在 4 万吨以下，消费量逐渐减少，从 2011 年开始，消费量为零。

表 4.46　2002—2014 年南美洲地区主要国家 3106 类化肥消费量　　　　万吨

国家\年份	哥伦比亚	委内瑞拉	巴西	阿根廷	古巴	国家\年份	哥伦比亚	委内瑞拉	巴西	阿根廷	古巴
2002	0	0	0	0	0	2009	59	36	0	0	3
2003	0	0	0	0	0	2010	67	30	0	6	1
2004	0	0	32	0	3	2011	81	0	0	9	0
2005	39	0	10	0	4	2012	80	0	0	7	0
2006	76	25	4	0	4	2013	77	0	0	7	0
2007	76	34	58	0	2	2014	71	0	0	6	0
2008	62	39	11	0	3						

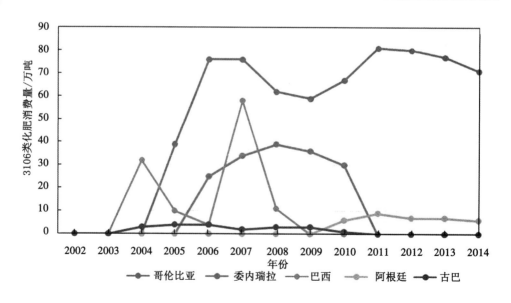

图 4.41　2002—2014 年南美洲地区主要国家 3106 类化肥消费量

三、供需比较

从南美洲各类化肥的生产和消费情况分析中可以看到，生产和消费均排在前几位的国家有巴西、哥伦比亚、智利、委内瑞拉和阿根廷，故下面主要对这几个国家各类化肥的供需状况进行比较分析。

巴西是南美洲地区面积最大、人口最多的国家，故巴西在整个南美洲地区属于化肥生产大国和消费大国，氮、磷、钾肥的生产量和消费量都位居前列，但从总体上看，巴西各类化肥的生产还不能完全满足消费，没有哪类化肥实现了完全的自给，每年各类化肥都出现缺口，所以巴西的化肥很大一部分依赖进口。具体来看，巴西的氮肥一直存在缺口，并且缺口还在不断扩大，从 2002 年缺口 87 万吨增长到 2014 年缺口 297 万吨，增加了 210 万吨。巴西的磷肥和氮肥一样，缺口一直在增加，从 2002 年的 114 万吨增加到 2014 年的 277 万吨，缺口增加了一倍多，如表 4.47 所示。再看巴西的钾肥，钾肥是所有化肥中缺口最多的一种化肥，2002 年巴西钾肥的缺口量在 260 万吨，到了 2014 年便增加到 510 万吨，也增加了一倍。巴西 3105 类复合肥的缺口也呈不断上升的趋势（见图 4.42），并且增长的幅度在加大，从 2002 年缺口 150 万吨到 2014 年缺口 531 万吨，增加了两倍。由于巴西不生产 3106 类复合肥，故该类化肥属于纯进口化肥，并且巴西也只在 2004 年到 2008 年期间消费过此类化肥。从巴西化肥产业的整体来看，巴西的化肥一直处于供不应求的状态，并且生产消费的缺口越来越大，从 2002 年缺口 612 万吨增加到 2014 年缺口 1615 万吨，整整增加了 1000 万吨，预计还有继续扩大的可能。巴西化肥产业生产消费缺口的不断扩大，也从侧面反映出巴西农业的快速发展对化肥的需求在不断扩大。

表 4.47　　　　　2002—2014 年巴西各类化肥生产消费盈余量　　　　　　万吨

化肥品种 / 年份	3102	3103	3104	3105	3106	31
2002	-87	-114	-260	-150	0	-612
2003	-150	-175	-348	-217	0	-889
2004	-136	-196	-379	-270	-32	-1013
2005	-108	-115	-299	-137	-10	-669
2006	-114	-118	-301	-164	-4	-702
2007	-197	-196	-391	-223	-58	-1066

化肥品种 年份	3102	3103	3104	3105	3106	31
2008	−158	−136	−380	−190	−11	−875
2009	−227	−101	−196	−110	0	−633
2010	−271	−134	−356	−171	0	−932
2011	−338	−211	−432	−333	0	−1314
2012	−322	−216	−428	−341	0	−1308
2013	−295	−255	−443	−418	0	−1412
2014	−297	−277	−510	−531	0	−1615

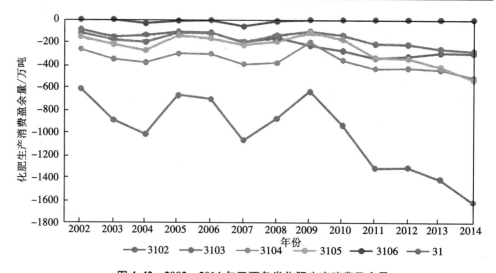

图4.42　2002—2014年巴西各类化肥生产消费盈余量

哥伦比亚的人口和面积都要小于巴西，故哥伦比亚化肥的生产量和消费量也远远小于巴西。从表4.48中数据可以看到，哥伦比亚除3106类复合肥之外，其余化肥都存在缺口。其中氮肥、钾肥和3105类复合肥的缺口在同一水平，都保持在二三十万吨左右，磷肥的缺口量相对较小，总体保持在十几万吨的水平，而3106类复合肥的生产量和消费量总体上持平，生产可以完全满足消费，如图4.43所示。从整个化肥产业来看，哥伦比亚的化肥产业一直都存在缺口，并且缺口还在不断扩大，前期缺口大致在80万吨到90万吨之间，现如今这一缺口已经突破了百万吨。

表 4.48	2002—2014 年哥伦比亚各类化肥生产消费盈余量				万吨	
化肥品种 年份	3102	3103	3104	3105	3106	31
2002	−28	−11.5	−21	−24	0	−84
2003	−28	−11	−24	−25	0	−88
2004	−28	−12	−24	−25	0	−89
2005	−27	−12	−22	−25	0	−86
2006	−27	−14	−24	−28	0	−94
2007	−27	−13	−23	−27	1	−89
2008	−26	−9	−23	−23	0	−81
2009	−27	−8	−14	−19	0	−68
2010	−29	−12	−23	−28	0	−93
2011	−34	−14	−27	−29	0	−103
2012	−34	−13	−27	−28	0	−103
2013	−31	−13	−24	−27	0	−94
2014	−37	−14	−29	−32	0	−113

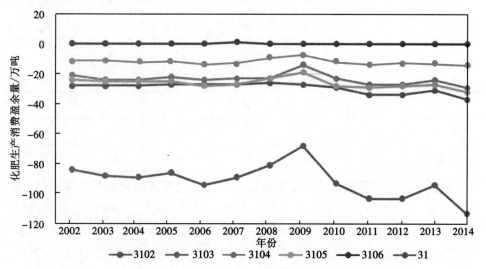

图 4.43　2002—2014 年哥伦比亚各类化肥生产消费盈余量

智利化肥的生产量和消费量都不是特别高，其中智利的氮肥、磷肥和3105类复合肥都存在缺口，缺口大致在10万吨到20万吨之间，比较稳定。而智利钾肥的生产量最多，远远高于其氮肥和磷肥的生产量，并且智利钾肥的消费量较少，在钾肥生产量上升消费量减少的趋势下，钾肥的生产消费盈余量也不断增加，从前期盈余量保持在30万吨左右发展到盈余量超过百万吨。由于智利不生产也不消费3106类复合肥，故该类化肥的生产盈余量一直为零，如表4.49所示。从整个化肥产业来看，智利的化肥在前期时常出现缺口，且缺口不稳定，时大时小，2009年之后便一直出现盈余，且盈余量不断扩大，如图4.44所示。

表4.49　　　　　　　　2002—2014年智利各类化肥生产消费盈余量　　　　　　　　万吨

化肥品种 年份	3102	3103	3104	3105	3106	31
2002	-13	-16	30	0	0	1
2003	-5	-19	30	0	0	6
2004	-17	-17	28	-18	0	-23
2005	-11	-12	26	-11	0	-8
2006	-15	-14	27	0	0	-2
2007	-15	-17	32	-20	0	-20
2008	-18	-13	31	-20	0	-22
2009	-15	-10	41	-10	0	6
2010	-16	-13	80	-15	0	37
2011	-13	-12	73	-15	0	33
2012	-14	-12	91	-16	0	49
2013	-19	-13	91	-16	0	43
2014	-15	-15	106	-19	0	57

从表4.50可以看到，委内瑞拉除氮肥有盈余之外其他化肥都出现缺口。其中氮肥的盈余量整体来说波动性较大，前期呈上升趋势，在2008年达到最高值，为55万吨，后期则整体呈现下降趋势，2014年下降到20万吨，如图4.45所示。而磷肥和钾肥则出现缺口，其中磷肥的缺口略有上升，但总体不超过10万吨；钾肥的缺口大致保持在10万吨左右。因委内瑞拉只在2007—2010年期间使用过3105类复合肥和3106类复合肥，故这两类化肥只在这一时间段出现缺口，且整

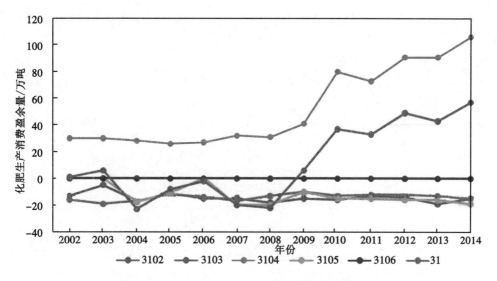

图 4.44 2002—2014 年智利各类化肥生产消费盈余量

体上缺口较小。从整个化肥产业来看，委内瑞拉在前期化肥一直有盈余，但盈余量自 2007 年之后急剧下降，并在 2011 年出现缺口，之后则一直在盈余和缺口之间徘徊。

表 4.50   2002—2014 年委内瑞拉各类化肥生产消费盈余量   万吨

化肥品种 / 年份	3102	3103	3104	3105	3106	31
2002	28	0	−6	0	0	22
2003	21	−1	−7	0	0	13
2004	46	−5	−8	0	0	33
2005	43	−4	−9	0	0	30
2006	31	0	−9	0	0	23
2007	52	−3	−7	−2	−2	39
2008	55	−2	−10	−11	−3	28
2009	36	−1	−11	5	−4	24
2010	37	−2	−10	−9	−6	10
2011	12	−6	−10	0	0	−4
2012	23	−6	−10	0	0	7
2013	17	−8	−11	0	0	−2
2014	20	−8	−11	0	0	1

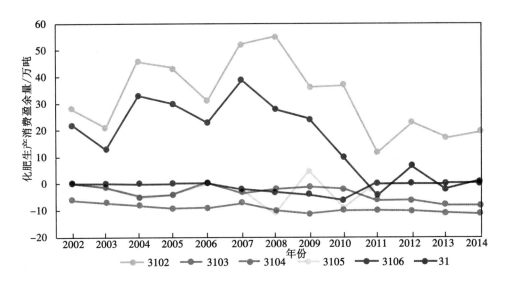

图 4.45　2002—2014 年委内瑞拉各类化肥生产消费盈余量

　　阿根廷除了氮肥之外其余的化肥皆不生产，基本依赖进口，故阿根廷属于化肥进口国，化肥的生产消费一直存在缺口。从表 4.51 中可以看到，阿根廷的 3105 类复合肥缺口最大，部分年份的缺口已达到百万吨，但近几年这一缺口有较大幅度的下降。阿根廷磷肥的缺口排在第二位，大部分年份的磷肥缺口保持在五六十万吨的水平。而阿根廷氮肥的缺口在前期不稳定变化，后期则大致保持在二三十万吨的水平。钾肥和 3106 类复合肥因消费量较小，故缺口也比较小，总体上不超过 10 万吨。从整个化肥产业来说，阿根廷属于化肥进口型国家，化肥的总体缺口量较大，从具体走势上看，前期缺口量一直在上升，后期则呈现波动性的下降，总体来说波动性较大，如图 4.46 所示。

表 4.51　　　　　　　2002—2014 年阿根廷各类化肥生产消费盈余量　　　　　　　万吨

化肥品种 年份	3102	3103	3104	3105	3106	31
2002	− 1	− 29	− 2	0	0	− 32
2003	− 13	− 42	− 4	0	0	− 59
2004	− 17	− 57	− 3	− 98	0	− 174
2005	− 7	− 51	− 4	− 87	0	− 150

续表 4.51

年份	3102	3103	3104	3105	3106	31
2006	− 13	− 62	− 4	− 99	0	− 177
2007	− 51	− 77	− 5	− 131	0	− 264
2008	− 35	− 44	− 4	− 79	0	− 162
2009	3	− 30	− 1	− 54	0	− 82
2010	− 34	− 68	− 3	− 99	− 6	− 211
2011	− 33	− 72	− 4	− 116	− 9	− 234
2012	− 18	− 64	− 5	− 105	− 7	− 198
2013	− 26	− 62	− 4	− 30	− 7	− 130
2014	− 25	− 60	− 3	− 28	− 6	− 123

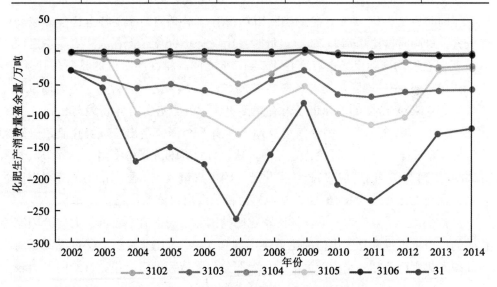

图 4.46　2002—2014 年阿根廷各类化肥生产消费盈余量

四、南美洲重点国家化肥国际竞争力

1. 国际市场占有率

南美洲化肥的生产要远远低于消费，所以南美洲的化肥大部分依赖进口，出口的比例比较低。表 4.52 中的数据为根据样本采集到的南美洲 2002—2014 年国际市场占有率的情况。从表中数据可以看到，南美洲各国氮肥的国际市场占有率比较低，最高不到 1%。在氮肥方面，巴西和智利的国际市场占有率在 0.1% 左右，哥伦比亚的国际市场占有率在 0.01%，委内瑞拉的国际市场占有率在前期有所上升，占比最高达到 0.77%，后期则又下降至 0.2% 左右。阿根廷氮肥的国际市场占有率整体呈下降趋势，从前期平均占比 0.2% 左右下降至 2014 年占比仅0.02%。在磷肥方面，巴西的国际市场占有率最高，整体保持在 0.3% 到 0.4%的水平，其余四个国家磷肥的国际市场占有率非常低，除哥伦比亚磷肥的国际市场占有率保持在 0.02% 左右，智利、委内瑞拉和阿根廷磷肥的国际市场占有率大部分年份还不到 0.01%。在钾肥方面，智利是南美洲地区钾肥出口量最多的国家，钾肥的国际市场占有率也是本洲最高的，前期占比基本保持在 0.3% 左右，2009 年之后，占比则基本保持在 1% 左右。巴西和哥伦比亚钾肥的国际市场占有率保持在 0.01% 到 0.02% 之间，委内瑞拉和阿根廷钾肥的国际市场占有率则不到 0.01%。

在复合肥方面，巴西是南美洲国家中 3105 类复合肥生产量和出口量最多的国家，同时也是 3105 类复合肥的国际市场占有率最高的国家，其占比整体波动性较大，最高时占比达到 2.7%，最低时占比仅有 0.06%，但在大多数年份巴西3105 类复合肥的国际市场占有率在 1% 到 2% 之间。排在第二位的是哥伦比亚，其 3105 类复合肥的国际市场占有率多在 0.2% 到 0.4% 之间。智利、委内瑞拉和阿根廷 3105 类复合肥的国际市场占有率则更小，并且有部分年份没有出口该类化肥。对于 3106 复合肥，整个南美洲地区只有 5 个国家会出口该类化肥，分别是巴西、乌拉圭、智利、哥伦比亚和阿根廷，且只在部分年份有出口。其中巴西在 2004 年到 2007 年期间出口过该类化肥，因出口量较大，国际市场占有率也比较高，最高占比曾达到 81.67%，其他年份皆没有出口该类化肥。

从整个化肥产业来看，南美洲国家化肥的国际市场占有率较低，大部分国家化肥的出口量占国际化肥出口的比重还不到 0.5%，占比非常低。这也说明了南美洲国家化肥产业相对来说较为落后，大部分化肥依赖进口，化肥自给的能力较差。

表 4.52 南美洲重点国家化肥产业及各类产品的国际市场占有率情况

年份 \ 化肥品种·国家	3102					3103				
	巴西	哥伦比亚	智利	委内瑞拉	阿根廷	巴西	哥伦比亚	智利	委内瑞拉	阿根廷
2002	0.0014	0.0001	0.0011	0.0040	0.0019	0.0023	0.0002	0	0.0002	0.0000
2003	0.0014	0.0001	0.0014	0.0033	0.0019	0.0034	0.0002	0	0.0000	0.0000
2004	0.0015	0.0001	0.0010	0.0055	0.0022	0.0039	0.0002	0.0000	0.0001	0.0000
2005	0.0015	0.0001	0.0013	0.0052	0.0025	0.0040	0.0002	0.0002	0.0000	0.0000
2006	0.0012	0.0001	0.0011	0.0077	0.0028	0.0038	0.0002	0.0000	0	0.0000
2007	0.0014	0.0001	0.0010	0.0047	0.0010	0.0043	0.0002	0.0000	0	0.0000
2008	0.0014	0.0001	0.0011	0.0052	0.0007	0.0042	0.0002	0.0000	0	0.0002
2009	0.0010	0.0001	0.0006	0.0033	0.0021	0.0036	0.0002	0.0000	0	0.0002
2010	0.0012	0.0002	0.0010	0.0032	0.0006	0.0039	0.0002	0.0000	0	0.0001
2011	0.0010	0.0002	0.0012	0.0013	0.0010	0.0028	0.0003	0.0000	0.0000	0.0001
2012	0.0009	0.0001	0.0012	0.0023	0.0015	0.0025	0.0001	0.0000	0.0000	0.0001
2013	0.0012	0.0002	0.0009	0.0018	0.0002	0.0034	0.0002	0.0000	0.0000	0.0001
2014	0.0010	0.0001	0.0010	0.0020	0.0002	0.0030	0.0003	0.0000	0.0000	0.0003

年份 \ 化肥品种·国家	3104					3105				
	巴西	哥伦比亚	智利	委内瑞拉	阿根廷	巴西	哥伦比亚	智利	委内瑞拉	阿根廷
2002	0.0001	0.0001	0.0042	0.0001	0.0000	0.0007	0.0035	0	0.0028	0.0000
2003	0.0001	0.0001	0.0043	0.0000	0.0000	0.0264	0.0039	0	0.0002	0.0001
2004	0.0001	0.0001	0.0032	0.0000	0.0000	0.0011	0.0034	0	0.0006	0.0002
2005	0.0001	0.0001	0.0034	0.0000	0.0000	0.0007	0.0040	0.0001	0.0003	0.0005
2006	0.0001	0.0001	0.0033	0	0.0000	0.0006	0.0029	0.0011	0	0.0001
2007	0.0002	0.0001	0.0035	0	0.0000	0.0006	0.0012	0.0003	0	0.0002
2008	0.0001	0.0001	0.0037	0	0.0000	0.0270	0.0017	0.0003	0	0.0004
2009	0.0002	0.0002	0.0097	0	0.0000	0.0172	0.0019	0.0002	0	0.0002
2010	0.0001	0.0001	0.0097	0	0.0000	0.0191	0.0025	0.0002	0	0.0001
2011	0.0001	0.0002	0.0080	0.0000	0.0000	0.0145	0.0025	0.0002	0.0000	0
2012	0.0001	0.0001	0.0108	0	0.0000	0.0137	0.0011	0.0001	0.0000	0.0000
2013	0.0002	0.0001	0.0109	0	0.0000	0.0190	0.0027	0.0002	0.0001	0
2014	0.0002	0.0002	0.0132	0	0.0000	0.0166	0.0039	0.0001	0.0000	0.0000

年份 \ 化肥品种 国家	3106					31				
	巴西	哥伦比亚	智利	委内瑞拉	阿根廷	巴西	哥伦比亚	智利	委内瑞拉	阿根廷
2002	0	0	0	0	0	0.0011	0.0004	0.0019	0.0018	0.0007
2003	0	0	0	0	0	0.0033	0.0004	0.002	0.0013	0.0007
2004	0.6951	0	0	0	0	0.0037	0.0004	0.0016	0.0022	0.0008
2005	0.8167	0	0.0833	0	0	0.0035	0.0003	0.0020	0.0021	0.0010
2006	0.6118	0	0.0471	0	0	0.0034	0.0003	0.0019	0.0029	0.0011
2007	0.7976	0.0714	0	0	0	0.0040	0.0003	0.0017	0.0019	0.0005
2008	0	0	0	0	0	0.0037	0.0003	0.0018	0.0020	0.0004
2009	0	0	0	0	0	0.0034	0.0004	0.0024	0.0015	0.0011
2010	0	0	0	0	0.0081	0.0033	0.0005	0.0035	0.0013	0.0003
2011	0	0	0	0	0.0008	0.0029	0.0005	0.0029	0.0005	0.0004
2012	0	0	0	0	0.0128	0.0025	0.0002	0.0037	0.0009	0.0007
2013	0	0	0	0	0.0056	0.0035	0.0005	0.0035	0.0007	0.0002
2014	0	0	0	0	0	0.0032	0.0007	0.0038	0.0009	0.0002

2. 贸易竞争指数

从表 4.53 中的数据可以看到，在氮肥方面，除了委内瑞拉的贸易竞争指数都是正数之外，巴西、哥伦比亚、智利、阿根廷的贸易竞争指数皆是负数。具体来看，巴西氮肥的贸易竞争指数都在 -0.8 以上，并且越来越逼近于 -1，说明巴西的氮肥处于严重的竞争弱势。哥伦比亚氮肥的贸易竞争指数在 -0.9 以上，也处于严重的竞争弱势。智利的贸易竞争指数大部分在 -0.3 到 -0.5 之间，数值要小于巴西和哥伦比亚，说明智利的氮肥也处于竞争弱势，但相对来说要好于巴西和哥伦比亚。阿根廷氮肥的贸易竞争指数都是负数，且数值越来越大，越来越往 -1 的方向靠近，这说明阿根廷在前期只是竞争力稍显弱势，但发展到后期之后则变成了完全的竞争弱势。委内瑞拉是唯一一个氮肥的贸易竞争指数都是正数的国家，从整体走势来看，贸易竞争指数处于先上升后下降的态势，这说明委内瑞拉在前期竞争优势在一步步增强，但发展到竞争优势已经十分强劲的时候又开始慢慢减弱。在磷肥方面，巴西、哥伦比亚、智利、委内瑞拉、阿根廷这五个国家磷肥的贸易竞争指数都是负数，且皆在 -0.8 以上，其中智利、委内瑞拉和阿根廷更是常年保持在 -0.9 以上，几乎逼近 -1，说明这五个国家的磷肥皆处于严重的竞争弱势。在钾肥方面，除了智利的贸易竞争指数都是正数之外，其余四个国家的贸易竞争指数皆是负数，且大部分都在 -0.9 以上，委内瑞拉更是连续 9 年钾肥的贸易竞争指数达到 -1，说明这四个国家属于钾肥的进口国，钾肥严重依赖进口，几乎不存在竞争优势，处于严重的竞争弱势。而智利钾肥的贸易竞争指数皆为正数，并且都在 0.8 以上，越来越靠近 1，这说明智利钾肥在满足自身消费的情况下还有大量的剩余用于出口，且出口量越来越大，钾肥在国际市场中存在较强的竞争优势。

在复合肥方面，3105 类复合肥与 3106 类复合肥的差异性较大。从表中数据可以看到，巴西、哥伦比亚、智利、委内瑞拉、阿根廷这五个国家 3105 类复合肥的贸易竞争指数都是负数。其中智利、委内瑞拉、阿根廷这三个国家 3105 类复合肥的贸易竞争指数大部分在 -0.9 以上，部分年份更是达到 -1，说明这三个国家该类化肥处于较严重的竞争弱势。而巴西和哥伦比亚 3105 类复合肥的贸易竞争指数虽然也是负数，但其越来越远离 -1，并向 1 的方向运动，说明巴西和哥伦比亚的 3105 类复合肥虽然也处于竞争弱势，但是这种弱势在慢慢减弱，侧面反映了竞争力的慢慢加强。3106 类复合肥因只有部分国家在某些年份会使用，大部分年份都不出口使用该种化肥，故贸易竞争指数多数为 0。

从整个化肥产业来看，巴西、哥伦比亚和阿根廷的贸易竞争指数都是负数，且非常逼近于 -1，说明这三个国家的化肥对国外市场的依赖性较大，进口量较多。而智利化肥的贸易竞争指数由前期一直是负数发展到后期转为了正数，这说明智利化肥的竞争力在不断加强，对国外化肥市场的依赖性在减弱，化肥产业已经初步具备了自己的竞争优势。委内瑞拉则与智利相反，其前期化肥产业的贸易竞争指数是正数，发展到后期则转为了负数，这说明委内瑞拉化肥产业的竞争力在不断减弱，原来拥有的竞争优势在逐渐消失。

表 4.53　　南美洲重点国家化肥产业及各类产品的贸易竞争指数情况

年份 \ 国家 （化肥品种）	3102					3103				
	巴西	哥伦比亚	智利	委内瑞拉	阿根廷	巴西	哥伦比亚	智利	委内瑞拉	阿根廷
2002	− 0.8182	− 0.9310	− 0.4194	0.7368	− 0.0303	− 0.8647	− 0.8750	− 1.0000	− 0.2500	− 0.9999
2003	− 0.8756	− 0.9333	− 0.1724	0.6111	− 0.2766	− 0.8621	− 0.8462	− 1.0000	− 0.9231	− 0.9990
2004	− 0.8478	− 0.9355	− 0.4857	0.8214	− 0.2857	− 0.8515	− 0.8571	− 0.9883	− 0.8868	− 0.9972
2005	− 0.8217	− 0.9333	− 0.3143	0.8148	− 0.1321	− 0.7823	− 0.8705	− 0.8841	− 0.9512	− 0.9922
2006	− 0.8616	− 0.9310	− 0.4286	0.9722	− 0.2000	− 0.7881	− 0.8868	− 0.9900	− 1.0000	− 0.9981
2007	− 0.8800	− 0.9333	− 0.4211	0.9763	− 0.7027	− 0.8376	− 0.8667	− 0.9895	− 1.0000	− 0.9974
2008	− 0.8667	− 0.9259	− 0.4634	0.9806	− 0.7143	− 0.8107	− 0.8692	− 0.9847	− 1.0000	− 0.9731
2009	− 0.8995	− 0.9333	− 0.5714	0.9876	0.1053	− 0.7742	− 0.8367	− 0.9802	− 1.0000	− 0.9544
2010	− 0.8889	− 0.8750	− 0.4211	0.9459	− 0.7308	− 0.7882	− 0.8667	− 0.9847	− 1.0000	− 0.9847
2011	− 0.9208	− 0.8919	− 0.3000	0.5000	− 0.5932	− 0.8638	− 0.7647	− 0.9851	− 0.9980	− 0.9912
2012	− 0.9249	− 0.9444	− 0.3333	0.6000	− 0.4375	− 0.8884	− 0.9178	− 0.9884	− 0.9940	− 0.9877
2013	− 0.9120	− 0.8824	− 0.4762	0.5172	− 0.7600	− 0.8732	− 0.8667	− 0.9847	− 0.9900	− 0.9847
2014	− 0.9243	− 0.9024	− 0.3488	0.5135	− 0.8723	− 0.8875	− 0.7895	− 0.9894	− 0.9982	− 0.9111
年份 \ 国家 （化肥品种）	3104					3105				
	巴西	哥伦比亚	智利	委内瑞拉	阿根廷	巴西	哥伦比亚	智利	委内瑞拉	阿根廷
2002	− 0.9924	− 0.9130	0.8824	− 0.8421	− 0.9992	− 0.9868	− 0.6774	− 1.0000	− 0.2000	− 0.9998
2003	− 0.9943	− 0.9231	0.7895	− 0.9886	− 0.9900	− 0.6453	− 0.5758	− 1.0000	− 0.9277	− 0.9975
2004	− 0.9948	− 0.9231	0.9333	− 0.9512	− 0.9355	− 0.9837	− 0.6364	− 1.0000	− 0.9259	− 0.9924
2005	− 0.9934	− 0.9167	0.8710	− 0.9956	− 0.9231	− 0.9856	− 0.6471	− 0.9820	− 0.9623	− 0.9818
2006	− 0.9934	− 0.9231	0.8710	− 1.0000	− 0.9950	− 0.9855	− 0.7368	− 0.7895	0.0000	− 0.9960
2007	− 0.9899	− 0.9200	0.8857	− 1.0000	− 0.9802	− 0.9912	− 0.8667	− 0.9535	− 1.0000	− 0.9955
2008	− 0.9948	− 0.9200	0.8857	− 1.0000	− 0.9231	− 0.6038	− 0.7419	− 0.9324	− 1.0000	− 0.9753
2009	− 0.9900	− 0.8750	0.9535	− 1.0000	− 0.9231	− 0.5446	− 0.6296	− 0.9048	− 1.0000	− 0.9820
2010	− 0.9944	− 0.9200	0.9560	− 1.0000	− 0.9048	− 0.5797	− 0.6000	− 0.9162	− 1.0000	− 0.9905
2011	− 0.9954	− 0.8710	0.9481	− 1.0000	− 0.9974	− 0.7422	− 0.5918	− 0.9277	− 0.9986	− 1.0000
2012	− 0.9954	− 0.9286	0.9388	− 1.0000	− 0.9048	− 0.7738	− 0.7838	− 0.9540	− 0.9956	− 0.9987
2013	− 0.9911	− 0.9231	0.9192	− 1.0000	− 0.9231	− 0.7487	− 0.5556	− 0.9101	− 0.9912	− 1.0000
2014	− 0.9925	− 0.8824	0.9464	− 1.0000	− 0.9985	− 0.7958	− 0.4182	− 0.9512	− 0.9981	− 0.9985

续表 4.53

年份	化肥品种 国家	3106					31				
		巴西	哥伦比亚	智利	委内瑞拉	阿根廷	巴西	哥伦比亚	智利	委内瑞拉	阿根廷
2002		0.0000	0.0000	0.0000	0.0000	0.0000	−0.9324	−0.8316	−0.1458	0.3333	−0.7311
2003		0.0000	0.0000	0.0000	0.0000	0.0000	−0.854	−0.8058	−0.0891	0.1154	−0.8035
2004		−0.2083	0.0000	0.0000	0.0000	0.0000	−0.8485	−0.8252	−0.2323	0.0816	−0.8198
2005		−0.0926	0.0000	−0.9986	0.0000	0.0000	−0.8103	−0.8400	−0.0309	0.0526	−0.7563
2006		−0.0370	0.0000	−0.9991	−1.0000	0.0000	−0.8095	−0.8532	−0.1346	0.6512	−0.7729
2007		−0.3021	0.2000	0.0000	0.0000	0.0000	−0.8400	−0.7982	−0.1892	0.3889	−0.9167
2008		0.0000	0.0000	0.0000	0.0000	0.0000	−0.8287	−0.8511	−0.2000	0.3784	−0.9000
2009		0.00000	0.00000	0.00000	0.00000	0.00000	−0.8044	−0.8049	0.0652	0.2800	−0.6508
2010		0.0000	0.0000	0.0000	0.0000	−0.9394	−0.8223	−0.7699	0.2785	0.1613	−0.9151
2011		0.0000	0.0000	0.0000	0.0000	−0.993	−0.8764	−0.7761	0.2245	−0.5652	−0.9087
2012		0.0000	0.0000	0.0000	0.0000	−0.8667	−0.8928	−0.8947	0.2865	−0.4667	−0.8671
2013		0.0000	0.0000	0.0000	0.0000	−0.8947	−0.8712	−0.7667	0.2515	−0.5319	−0.931
2014		0.0000	0.0000	0.0000	0.0000	0.0000	−0.8919	−0.6933	0.2947	−0.5447	−0.9505

第四节　亚洲重点国家

一、亚洲主要化肥生产国

　　化肥产业属于资源密集型产业，化肥的生产不仅与生产化肥的原材料有关，还与生产地的农业发展有关。亚洲是一个地域辽阔的大洲，能够生产化肥的原材料非常丰富，并且亚洲还是一个农业生产大洲，这是从大洲的角度考虑，整体生产量大。但是，由于亚洲各个国家的矿产资源不同，生产技术不同，历史和其他一些原因不同，亚洲各国化肥产量并不均衡，各个国家化肥产业的发展存在较大差异。亚洲国家化肥的生产集中分布在东亚和亚洲南部，但由于各国资源的丰富程度及发展情况不同，所以各国产量的变动情况也不一样。从整个化肥产业来看，化肥生产量较大且排名前五的国家分别是中国、印度、泰国、印度尼西亚和巴基斯坦，其中，中国、印度和泰国这三个国家化肥生产量大部分都在百万吨以上，其他国家则相对少些。这是从整个化肥行业出发分析的，下面对各类化肥进行具体分析。

　　氮肥生产的主要原料是天然气、煤炭、石油等能源，这类能源较为丰富的国家有中国、印度、巴基斯坦等国，因为这些国家能源资源较为丰富，其他的国家能源储备相对较少，但是可以依靠进口生产化肥。从表 4.54 中数据可以看出，氮肥生产量最大的是中国，氮肥生产量达到了2300万吨以上，氮肥生产量逐年增加，增长趋势非常平稳，到2014年达到了3944万吨。其次是印度，印度氮肥的生产量在1000万吨以上，从2002年的1039万吨增长到2014年的1233万吨，生产量也是平稳上升。其他的几个国家例如印度尼西亚、巴基斯坦、泰国、越南、孟加拉这些国家，氮肥生产量均不超过300万吨，量比较少，巴基斯坦和印度尼西亚的氮肥生产量在200万~300万吨之间，生产量非常接近，孟加拉氮肥生产量是最少的，最高的也只有2014年的123万吨，并且根据表4.54、图4.47可以看出，可能在未来几年孟加拉的氮肥的生产量会有所下降。

表4.54　　　　　　　2002—2014年亚洲地区主要国家氮肥生产量　　　　　　万吨

国家\年份	中国	印度	印度尼西亚	巴基斯坦	沙特阿拉伯	卡塔尔	伊朗
2002	2369	1039	197	219	129	80	77
2003	2576	1047	212	226	130	82	75
2004	2766	1121	231	227	227	227	227
2005	2675	1122	288	242	137	137	70
2006	2739	1093	281	246	147	134	65
2007	3088	1040	295	244	183	136	78
2008	3088	1043	318	254	171	138	104
2009	3064	1138	1138	1138	1138	1138	1138
2010	3344	1209	354	271	170	138	79
2011	3383	1219	361	261	172	148	52
2012	3516	1216	378	224	191	210	63
2013	3606	1233	363	258	209	209	55
2014	3944	1233	368	262	224	250	56

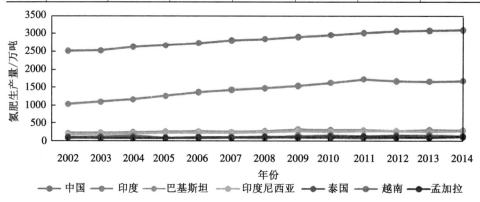

图4.47　亚洲重点国家氮肥生产情况

磷矿石是磷肥的主要生产原料，磷肥的生产离不开磷矿石资源的支持。中国

中国化肥产业走出去研究

和印度是磷矿石资源较为丰富的国家，这两个国家的磷肥生产量也较大。从表4.55中数据可以看出，中国磷肥的生产量远超其他几个国家，也是唯一一个磷肥生产量超过1000万吨的亚洲国家，中国磷肥的生产量从2002年的847万吨增加到2014年的1963万吨，增长速度非常快，13年间增长了131.7%，且从增长的趋势看，中国的磷肥生产在未来几年里可能还将保持增长的趋势。稍低于中国的是印度，印度总体磷肥生产量在500万吨以下，每年的生产量在300万吨左右，磷肥生产量比较平稳。而印度尼西亚、以色列、沙特阿拉伯、巴基斯坦和约旦这几个国家的磷肥生产量虽然在亚洲排名前几位，但是，它们整体的生产量非常少，都在几十万吨左右，甚至不到50万吨，只有印度尼西亚在某些年份里达到了50万吨，每年的磷肥生产量几乎保持不变，甚至变化不大，如图4.48所示。

表4.55　　　　　2002—2014年亚洲地区主要国家磷肥生产量　　　　　万吨

国家 年份	中国	印度	印度尼西亚	以色列	沙特阿拉伯	巴基斯坦	约旦
2002	847	380	25	27	12	11	26
2003	1001	354	53	36	15	14	23
2004	1085	395	32	33	12	30	30
2005	1098	409	35	36	14	34	30
2006	1203	325	31	42	11	32	33
2007	1415	270	35	41	14	29	34
2008	1458	239	36	46	8	33	32
2009	1482	322	54	28	0	38	29
2010	1569	430	51	46	12	41	34
2011	1863	438	49	40	21	44	36
2012	1790	385	62	33	80	40	28
2013	1778	399	62	46	136	45	28
2014	1963	410	59	42	147	45	29

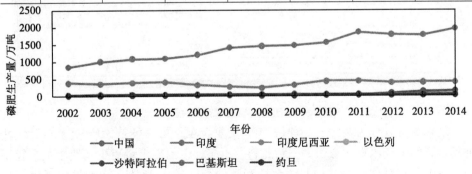

图4.48　亚洲重点国家磷肥生产情况

钾肥的主要生产原料是钾盐矿，而亚洲的钾矿资源比较匮乏，只有某些国家钾盐矿资源较为丰富。钾肥生产排名第一的是中国，如表 4.56 所示，中国钾肥生产量在 2007 年以前大概是 400 万吨，2007 年以后钾肥生产量急剧上升，从 444 万吨上涨到 2010 年的 849 万吨，2009 年甚至达到了 1005 万吨，2010 年以后，钾肥的生产量变化不大。从钾肥的生产量图（图 4.49）可以看出，在未来的几年里中国钾肥的生产量可能会下降。排名第二和第三的分别是以色列和约旦，这两个国家的生产量都在 100 万~250 万吨之间，且这两个国家的钾肥生产量几乎持平。乌兹别克斯坦和哈萨克斯坦的生产量非常少，且从 2009 年才开始生产钾肥，乌兹别克斯坦最高的只有 13 万吨，而哈萨克斯坦最高的只有 0.07 万吨，没有超过 1 万吨。

表 4.56　　　　　2002—2014 年亚洲地区主要国家钾肥生产量　　　　　　万吨

国家\年份	中国	以色列	约旦	乌兹别克斯坦	哈萨克斯坦	国家\年份	中国	以色列	约旦	乌兹别克斯坦	哈萨克斯坦
2002	333	192	117	0	0	2009	1005	210	69	0	0
2003	409	196	118	0	0	2010	849	196	122	0	0.07
2004	363	214	116	0	0	2011	837	196	141	11	0.07
2005	338	226	110	0	0	2012	889	190	115	13	0.02
2006	478	220	104	0	0	2013	941	210	111	8	0.07
2007	444	220	114	0	0	2014	865	250	134	10	0.07
2008	766	230	122	0	0						

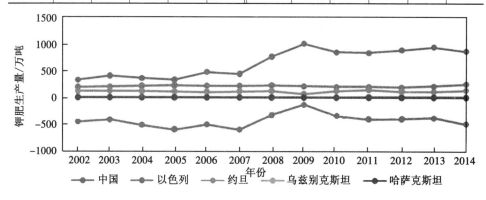

图 4.49　亚洲主要国家钾肥生产情况

复合肥可以分为两种：一种是 3105 类复合肥，另一种是 3106 类复合肥。两种复合肥的生产原料和氮磷钾三种肥料差不多，但因需求量更少，使用范围较局限，各个国家对这两种复合肥的生产和消费存在较大差异。3105 类化肥生产量最大的是印度，如表4.57和图4.50所示，从2002年的547万吨一直平稳增长到2011年的1589万吨，但是在2011年后，3105类化肥的生产就开始下降，到2014年下降到1143万吨。且可能在未来的几年里印度3105类化肥的生产量还会下降。排名第二的是巴基斯坦，3105类化肥从2003年开始生产，到2014年生产量达到221万吨。排名第三的是泰国，其生产量和巴基斯坦大致相同，都在百万吨以上，不超过300万吨，且每年的变化较小。紧随其后的是越南、沙特阿拉伯、菲律宾和马来西亚，3105类化肥生产量小，都在200万吨以下，甚至有些国家有些年份生产量为0。

表4.57　　　　2002—2014年亚洲地区主要国家3105类化肥生产量　　　　万吨

国家 年份	印度	巴基斯坦	泰国	越南	沙特阿拉伯	菲律宾	马来西亚
2002	547	0	0	0	28	12	0
2003	562	151	220	0	35	19	0
2004	626	164	140	0	26	39	0
2005	676	190	77	80	28	77	22
2006	959	200	108	0	0	38	14
2007	937	183	112	0	0	37	23
2008	1095	107	133	0	12	27	18
2009	1409	178	106	127	12	26	21
2010	1454	171	205	77	26	35	48
2011	1589	149	186	64	43	34	42
2012	1301	165	199	58	149	23	46
2013	1069	206	235	98	116	14	46
2014	1143	221	207	83	109	39	43

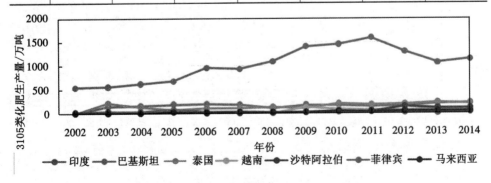

图4.50　亚洲主要国家3105类化肥生产情况

亚洲 3106 类复合肥的生产量比 3105 类复合肥要少很多，并且是亚洲所有化肥中生产量最少的一类化肥，只有印度尼西亚这一个国家是每年都有生产，2007年以前只生产几十万吨，在 2008 年到 2014 年间，生产量达到了 100 万吨以上，并且生产量逐年增加。排名第二的日本除了 2002 年、2003 年的生产量为 0 之外，其余年份生产量皆在 100 万吨以上，如表 4.58 和图 4.51 所示。排名第三的韩国从 2008 年才开始生产 3106 类化肥，在 2008—2013 年间，生产量在 110 万～170万吨之间，但是 2014 年生产量为 0，没有生产 3106 类化肥。其余四个国家只有部分年份有生产，且生产量比较少，非常不稳定。

表 4.58　　　　　2002—2014 年亚洲地区主要国家 3106 类化肥生产量　　　　　万吨

国家\年份	印度尼西亚	日本	韩国	越南	印度	伊朗	菲律宾
2002	7	0	0	0	0	0	0
2003	11	0	0	0	0	37	0
2004	21	153	0	210	0	40	28
2005	33	149	0	208	0	48	19
2006	50	142	0	0	48	44	0.8
2007	75	142	0	0	47	15	27
2008	119	112	164	0	47	0.5	16
2009	184	113	117	0	49	18	11
2010	185	122	129	0	49	3	3
2011	221	121	125	0	51	13	27
2012	289	121	164	0	48	0.2	27
2013	253	121	141	0	34	0	22
2014	272	114	0	0	42	0	22

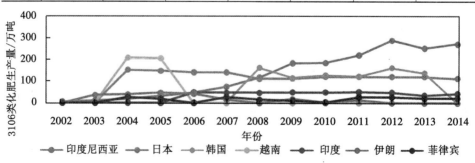

图 4.51　亚洲主要国家 3106 类化肥生产情况

二、亚洲主要化肥消费国

　　一个地区化肥的消费与这个地区农业的发展以及经济的发展是息息相关的。由于亚洲大部分国家是发展中国家，虽然农业生产条件较差，但化肥施用面积比例和单位面积用量都比较高，故而亚洲地区化肥的整体消费量也是比较高的。

　　亚洲地区氮肥消费量排名前五位的国家分别是中国、印度、巴基斯坦、印度尼西亚和泰国。中国和印度这两个国家是氮肥消费大国，消费数量在1000万吨以上。中国的氮肥消费量逐年增加，2002年消费量是2522万吨，到2014年消费量达到3107万吨，13年间增长了23.2%，2002年到2009年氮肥消费量增长较快，而2009—2014年，氮肥增长的速度慢慢下降，氮肥的消费数量几乎没有变化，如表4.59所示。印度也是一个氮肥消费大国，印度2002年的消费量是1047万吨，到2014年消费量达到了1693万吨，13年间印度的氮肥消费量增长了61.7%，增长态势较为平稳。其余五个国家巴基斯坦、印度尼西亚、泰国、越南、孟加拉的氮肥消费量都在几百万吨左右，印度尼西亚和巴基斯坦这两个国家的消费量在200万~300万吨，个别年份超过了300万吨，但是大部分都在300万吨以下；泰国、越南和孟加拉这三个国家的氮肥消费量在200万吨以下，且每年增长的数量非常小，从图4.52上可以看出，几乎持平。

表4.59　　　　　　2002—2014年亚洲地区主要国家氮肥消费量　　　　　　万吨

年份\国家	中国	印度	巴基斯坦	印度尼西亚	泰国	越南	孟加拉
2002	2522	1047	238	197	102	115	108
2003	2535	1108	246	212	125	123	95
2004	2639	1171	257	231	115	153	95
2005	2678	1272	282	241	104	105	99
2006	2739	1376	287	244	106	98	110
2007	2812	1442	271	250	119	112	105
2008	2851	1486	293	270	119	101	129
2009	2907	1556	345	294	149	156	116
2010	2964	1645	327	278	160	118	117
2011	3023	1737	319	293	150	97	127
2012	3074	1686	285	295	157	116	113
2013	3090	1673	324	279	162	161	111
2014	3107	1693	313	291	152	139	123

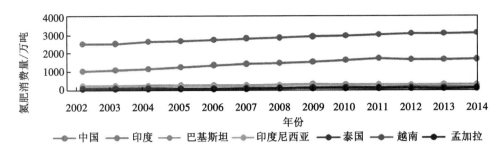

图 4.52　亚洲主要国家氮肥消费情况

通过表4.60中数据的对比可以看到，亚洲磷肥消费量达到千万吨以上的只有中国一个国家，中国的磷肥消费从2002年到2014年逐年上涨，增长率在2011年前较快，2011年以后增长较慢，到2014年中国磷肥消费量达到了1556万吨。其次是印度，印度磷肥消费量平均在700万吨以下，只有2009年、2010年、2011年这三年磷肥消费量超过700万吨，除了这三年，印度磷肥消费增长缓慢，每年磷肥消费量增长几万吨，最多的只有20多万吨，增长率小。排名靠后的几个国家，越南、日本、印度尼西亚和泰国的磷肥消费量都在100万吨以下，且巴基斯坦、越南和日本这三个国家每年的磷肥消费量大概相同，增长率也较小，如图4.53所示。

表 4.60　　　　　2002—2014 年亚洲地区主要国家磷肥消费量　　　　　　　万吨

国家\年份	中国	印度	巴基斯坦	越南	日本	印度尼西亚	泰国
2002	1071	403	65	51	64	25	41
2003	1096	413	67	59	61	53	56
2004	1148	463	76	62	63	32	47
2005	1188	521	87	55	61	33	32
2006	1243	555	91	59	57	35	41
2007	1284	552	82	64	59	36	35
2008	1324	605	57	47	45	36	37
2009	1371	725	78	69	38	51	26
2010	1412	820	76	49	42	50	49
2011	1458	841	65	43	42	58	46
2012	1498	695	67	46	39	68	50
2013	1523	594	87	60	36	75	60
2014	1556	637	93	59	34	77	45

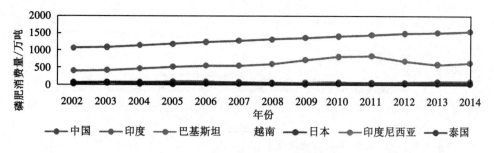

图4.53　亚洲主要国家磷肥消费情况

　　亚洲地区生产钾肥的国家少，钾肥的生产量也小，但是，亚洲消费钾肥的国家却很多，有些国家消费量多，有些国家钾肥的消费量较少。中国是钾肥消费量最多的国家，消费量呈上升的趋势，从2002年的777万吨到2014年1352万吨，上涨速度较快，如表4.61所示。其次是印度，印度的钾肥消费量在370万吨以下，最高为364万吨，2002—2009年，钾肥的消费量逐年增加，2009年以后，钾肥的消费量在慢慢减少。排名第三的印度尼西亚在2007年以前消费量小，最高仅为61万吨，2007年以后，消费量有所增加，但增加的数量不大。下面一些国家的钾肥消费量更少，马来西亚的钾肥消费量整体增加，到2014年消费量达到了100万吨，越南、泰国和日本的钾肥消费量平均在50万吨以下，每年消费的变化小，如图4.54所示。

表4.61　　　　　　　2002—2014年亚洲地区主要国家钾肥消费量　　　　　　　万吨

国家 \ 年份	中国	印度	印度尼西亚	马来西亚	越南	泰国	日本
2002	777	160	26	60	35	27	31
2003	816	160	29	74	43	45	32
2004	877	206	61	88	46	39	35
2005	931	241	56	68	26	35	35
2006	979	233	61	88	34	31	35
2007	1041	264	113	94	47	36	41
2008	1087	331	113	89	44	43	28
2009	1136	364	84	35	32	17	22
2010	1191	346	100	89	41	46	24
2011	1242	260	115	98	59	55	26
2012	1286	199	120	73	50	44	26
2013	1319	206	120	80	62	58	28
2014	1352	252	130	100	56	59	28

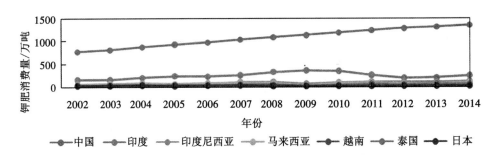

图 4.54 亚洲主要国家钾肥消费情况

与氮、磷、钾肥不同，亚洲3105类复合肥的消费不再完全集中于中国和印度这两个大国，它的消费更加分散，消费量排在前五位的国家分别是印度、巴基斯坦、泰国、越南和沙特阿拉伯。消费量最多的是印度，印度是消费量唯一突破百万吨的国家，2002年印度3105类化肥的消费量达到了524万吨，但是到了2004年消费数量仅有344万吨，消费数量整体在下降，但下降趋势在2009年以后有所减缓，如表4.62和图4.55所示。巴基斯坦2009年以前消费量在100万吨以下，2010年开始3105类化肥消费量逐渐上升，到2014年达到了117万吨。泰国前十年的消费量很小，最高只有46万吨，但是从2012年开始消费量迅速增加，2012年就有173万吨，到2014年达到了319万吨，泰国消费量在后期变化较大。越南的消费量变化不大，平均在60万吨左右。沙特阿拉的消费量和越南相差不大，只在2014年消费量为0。菲律宾和马来西亚则消费较少，消费量在30万吨以下，特别是马来西亚，2008年以后，消费量急剧下降，有些年份甚至没有消费。

表 4.62　　　　　2002—2014年亚洲地区主要国家3105类化肥消费量　　　　　万吨

国家 年份	印度	巴基斯坦	泰国	越南	沙特阿拉伯	菲律宾	马来西亚
2002	524	0	26	57	0	5	25
2003	471	47	32	50	12	7	27
2004	517	84	23	66	84	47	26
2005	455	97	28	66	67	40	26
2006	471	89	22	65	85	61	23
2007	421	84	29	70	90	28	7
2008	299	80	16	64	50	6	0
2009	425	88	16	62	46	5	1
2010	354	100	25	72	52	1	1

续表 4.62

国家\年份	印度	巴基斯坦	泰国	越南	沙特阿拉伯	菲律宾	马来西亚
2011	395	106	46	79	57	18	2
2012	365	101	173	60	10	22	0
2013	363	117	296	56	45	68	0
2014	344	117	319	59	0	6	0

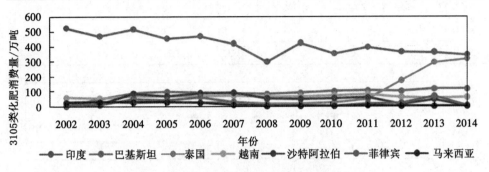

图 4.55　亚洲主要国家 3105 类化肥消费情况

　　亚洲 3106 类复合肥的消费量和它的生产量一样都具有不稳定性,波动性非常大,其中排在前五位的国家和地区分别是日本、印度尼西亚、韩国、印度和中国台湾地区。日本从 2004 年开始消费 3106 类复合肥,消费量逐年下降,到 2014年只有 126 万吨,如表 4.63 所示。印度尼西亚每年都有消费量,但是 2008 年以前的消费量较小,只有几十万吨,2008 年以后,消费量破了百万吨,2014 年达到了 267 万吨。韩国和印度排名较靠后,消费量整体也是逐年减少,如图 4.56所示。其余国家的消费量较少,甚至很多年份没有消费 3106 类化肥。

表 4.63　　2002—2014 年亚洲地区主要国家和地区 3106 类化肥消费量　　　　万吨

国家\年份	日本	印度尼西亚	韩国	印度	中国台湾地区	菲律宾	越南
2002	0	9	0	0	0	0	0
2003	0	12	144	0	0	0	0
2004	179	23	154	0	0	14	0
2005	173	32	208	0	0	27	208
2006	166	40	148	46	0	0.8	0
2007	167	64	151	49	0	32	0

国家 年份	日本	印度尼西亚	韩国	印度	中国台湾 地区	菲律宾	越南
2008	134	118	132	50	0	20	0
2009	130	167	93	48	62	16	0
2010	136	180	96	53	66	7	0
2011	136	212	91	50	65	31	0
2012	136	248	141	47	68	30	0
2013	135	244	99	38	71	24	0
2014	126	267	0	32	71	32	0

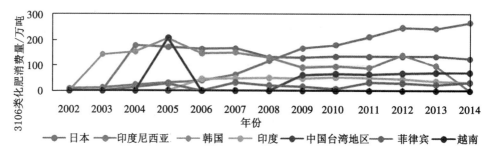

图 4.56　亚洲主要国家和地区 3106 类化肥消费情况

三、供需比较

亚洲地区化肥的生产和消费相对集中在亚洲东部和亚洲南部，即东亚和南亚地区，其中中国、印度和印度尼西亚这三个国家又占据了生产和消费的绝大部分，因此，下面主要对这三个国家的供需情况进行分析比较。

中国是亚洲国家中化肥生产量最多的国家，从整个化肥产业来看基本实现了化肥的自给，但由于各类化肥生产和消费情况不同，中国并没有实现所有化肥种类的自给。有些化肥中国还是需要依靠进口，中国的化肥生产主要集中在氮肥和磷肥这两种化肥上。从表 4.64 和图 4.57 可以看出，中国这两种化肥基本上实现了自给，且除去消费量，盈余量达到了百万吨以上，由此可以知道这些剩余的化肥可以用于出口。中国也生产一定量的钾肥，只是它的生产量小于消费量，造成了中国的钾肥生产消费盈余存在缺口，需要进口一部分的钾肥来满足国内消费。而 3105 和 3106 这两类化肥中国基本上不生产也不消费。从整个化肥业来看，2008 年以前，中国属于化肥消费大国，需要进口化肥，2008 年以后，中国就属于化肥生产大国和化肥出口大国。

表 4.64	2002—2014 年中国各类化肥生产消费盈余量					万吨
化肥品种 年份	3102	3103	3104	3105	3106	31
2002	−153	−224	−444	0	0	−821
2003	41	−95	−407	0	0	−461
2004	127	−63	−514	0	0	−450
2005	−3	−90	−593	0	0	−686
2006	0	−40	−501	0	0	−541
2007	276	131	−597	0	0	−190
2008	237	134	−321	0	0	50
2009	157	111	−131	0	0	137
2010	380	157	−342	0	0	195
2011	360	405	−405	0	0	360
2012	442	292	−397	0	0	337
2013	516	255	−378	0	0	393
2014	837	407	−487	0	0	757

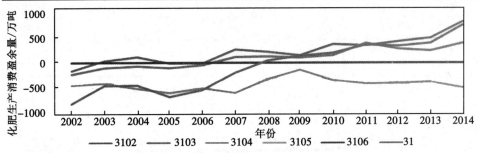

图 4.57　中国各类化肥生产消费盈余量

　　印度是所有亚洲国家中生产和消费仅次于中国的国家，印度的化肥生产和消费都在百万吨以上。在生产上，印度磷矿较为丰富，生产氮肥的石油、天然气等能源较为充足，所以印度的氮肥和磷肥的生产量非常大。同时这两种化肥的消费量也非常大，因为印度发展农业和种植业，所需的化肥量较多，所以印度这两种化肥的消费量也很大。印度这两种化肥的生产量小于消费量，存在消费缺口，因此，印度是氮肥、磷肥进口大国，如表 4.65 和图 4.58 所示。印度不生产钾肥，因为缺乏生产钾肥的原材料，但是印度对于钾肥有一定的消费需求，所以印度是一个钾肥进口大国。印度生产 3105 类化肥，印度是亚洲 3105 类化肥第一生产大国，同时也是亚洲 3105 类化肥第一消费大国，印度生产的 3105 类化肥能够突破千万吨，数量非常大，但是消费却大部分在 500 万吨以下，所以印度 3105 类化肥有盈余量，可以用于出口，是 3105 类化肥的出口大国。印度没有生产 3106 类化肥，但是有少量的消费需求，所以需要进口 3106 类化肥。

表 4.65　　　　　　　　　2002—2014 年印度各类化肥生产消费盈余量　　　　　　　　万吨

化肥品种 年份	3102	3103	3104	3105	3106	31
2002	−8	−23	−160	23	0	−168
2003	−61	−59	−160	91	0	−189
2004	−50	−68	−206	109	0	−215
2005	−150	−112	−241	221	0	−282
2006	−283	−230	−233	488	2	−256
2007	−402	−282	−264	516	−2	−434
2008	−443	−366	−233	796	−3	−249
2009	−418	−403	−364	984	1	−200
2010	−436	−390	−364	1100	−4	−94
2011	−518	−403	−260	1194	1	14
2012	−470	−310	−199	936	1	−42
2013	−440	−195	−206	706	−4	−139
2014	−460	−227	−252	799	10	−130

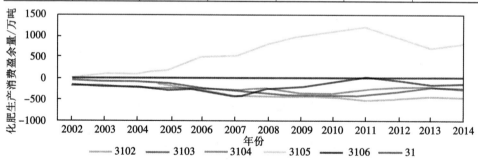

图 4.58　印度各类化肥生产消费盈余量

印度尼西亚的化肥生产量和消费量在亚洲的排名比较靠前，印度尼西亚有些化肥种类的生产量和消费量达到了百万吨。从表 4.66 和图 4.59 可以看出，印度尼西亚氮肥的生产量要大于消费量，所以氮肥有盈余量，盈余量在 100 万吨以下，除去 2009 年氮肥盈余量超过 800 万吨以外，其余年份的氮肥盈余量都较小，只有几十万吨。但是这部分的氮肥盈余还是可以用于出口。印度尼西亚的磷肥大部分有生产消费缺口，只是这个缺口数量非常小，因此印度尼西亚需要进口的磷肥数量也比较少，大部分还是可以自给的。而对于钾肥来说，印度尼西亚没有生产钾肥，但是会有 100 多万吨的消费需求，因此印度尼西亚的钾肥基本上需要依靠进口才能满足消费需求，是钾肥进口国。而 3105 和 3106 这两类复合化肥，印度尼西亚的生产量和消费量非常小，特别是 3105 类化肥，印度尼西亚除了在 2003 年和 2004 年有生产和消费外，其余年份全为 0；3106 类化肥的盈余量非常小，只有几万吨，但可以满足印度尼西亚国内的消费需求，剩余的 3106 类化肥还可以出口。

表 4. 66　　　　　2002—2014 年印度尼西亚各类化肥生产消费盈余量　　　　万吨

化肥品种 年份	3102	3103	3104	3105	3106	31
2002	0	0	− 26	0	− 2	− 54
2003	0	0	− 29	− 0. 1	− 1	− 30. 1
2004	0	0	− 61	1	− 2	− 62
2005	47	2	− 56	0	1	− 62
2006	37	− 4	− 61	0	10	− 79
2007	45	− 1	− 113	0	11	− 171
2008	48	0	− 113	0	1	− 177
2009	844	3	− 84	0	17	696
2010	76	1	− 100	0	5	− 118
2011	68	− 9	− 115	0	9	− 162
2012	83	− 6	− 120	0	41	− 122
2013	84	− 13	− 120	0	9	− 160
2014	77	− 18	− 130	0	5	− 196

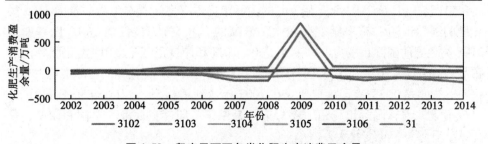

图 4. 59　印度尼西亚各类化肥生产消费盈余量

四、亚洲重点国家化肥国际竞争力

1. 国际市场占有率

从表4.67中的数据可以比较清楚地看到亚洲地区整个化肥产业及各类化肥产品的国际市场占有率情况。氮肥国际市场占有率较高的国家是中国，整体趋势是上升的，从2002年的0.6%上升到2014年的6.2%，上升趋势较好。最低的是巴基斯坦，只在2005年以前在国际市场上占有一定的地位，最高的是2002年的0.026%，之后巴基斯坦的国际市场占有率逐渐下降，2006—2014年都是0。印度、泰国和印度尼西亚这三个国家的国际市场占有率差别不大，印度在0.01%左右，泰国则在0.04%左右，国际市场占有率变化不大，而印度尼西亚的国际市场占有率总体呈下降的趋势，从2002年的0.6%下降到2014年的0.4%，且中间这些年里变化较大。

磷肥国际市场占有率最高的也是中国，且在2002—2014年的13年间里，中国的国际市场占有率一直处于上升的态势，从1.5%上升到7.4%，上升速度较快。最低的是巴基斯坦，2002年到2005年国际市场占有率从0.006%上升到0.019%，但是2005年以后，巴基斯坦的国际市场占有率为0。印度的国际市场占有率在2005年以前大部分保持增长的趋势，2005年以后国际市场占有率有所下降，变化趋势较大，总体在0.02%左右。泰国的国际市场占有率较大，是除中国之外较大的一个国家，平均为0.04%。印度尼西亚的国际市场占有率则较小，且变化较大。

钾肥的国际市场占有率排名靠前的是中国和印度，2009年以前，中国的国际市场占有率是上升的，2009年达到最大，为0.57%；2009年以后虽也有所升，但是数值较小。印度的国际市场占有率从2007年开始才有一定的地位，之前都为0。而印度尼西亚和巴基斯坦的国际市场占有率基本上是0。3105类化肥的国际市场占有率较高的是泰国和中国，中国从2008年开始才有3105类化肥的进出口贸易，且从2008年开始，它的国际市场占有率一直在上涨。泰国3105类化肥的国际市场占有率年变化较大，最高的有0.5%，最低的是0。巴基斯坦3105类化肥的国际市场占有率基本是0。印度和印度尼西亚3105类化肥的国际市场占有率非常小，几乎不足0.1%。这几个国家3106类化肥的国际市场占有率都小，很多是0，只有印度尼西亚在2008年达到了0.5%，其余年份都是0。从31类化肥来看，国际市场占有率靠前的是中国、印度尼西亚、泰国和印度，整体呈上升趋势，年变化大。

表 4.67　　　　　亚洲重点国家各类化肥国际市场占有率

化肥品种 国家 年份	3102					3103				
	中国	印度	泰国	印度尼西亚	巴基斯坦	中国	印度	泰国	印度尼西亚	巴基斯坦
2002	-0.6042	-0.8673	-0.9702	0.4834	-0.8139	-0.6355	-0.9920	-0.8913	-0.8961	-0.9915
2003	0.2166	-0.7252	-0.936	0.611	-0.9736	-0.3745	-0.9578	-0.9367	-0.9316	-0.9842
2004	0.468	-0.9583	-0.9284	0.3462	-0.972	-0.2402	-0.9129	-0.9302	-0.9865	-0.9813
2005	0.0241	-0.9855	-0.8915	0.3677	-0.9766	-0.4777	-0.9812	-0.8113	-0.9731	-0.9774
2006	0.0474	-0.9891	-0.88	-0.7938	-1	-0.1213	-0.9825	-0.8967	-0.9404	-1.0000
2007	0.8116	-0.9976	-0.8905	0.3398	-1	0.5951	-0.9965	-0.9214	-0.9564	-1.0000
2008	0.91	-0.9951	-0.9162	-0.4508	-1	0.8200	-0.9939	-0.9380	-0.9427	-1.0000
2009	0.6459	-0.9757	-0.9254	-0.0139	-1	0.5829	-0.9555	-0.9029	-0.8820	-1.0000
2010	0.8624	-0.9924	-0.9251	0.2474	-1	0.6626	-0.9970	-0.9438	-0.5710	-1.0000
2011	0.8947	-0.9923	-0.9253	0.0131	-1	0.8930	-0.9940	-0.8939	-0.7920	-1.0000
2012	0.8768	-0.9851	-0.9224	0.0614	-1	0.8210	-0.9936	-0.9137	-0.9277	-1.0000
2013	0.9073	-0.9509	-0.9447	-0.7294	-1	0.7984	-0.9273	-0.9342	-0.7294	-1.0000
2014	0.95	-0.9921	-0.9355	0.1812	-1	0.8753	-0.9784	-0.8560	-0.8761	-1.0000

化肥品种 国家 年份	3104					3105				
	中国	印度	泰国	印度尼西亚	巴基斯坦	中国	印度	泰国	印度尼西亚	巴基斯坦
2002	-0.8902	-1.0000	-1.0000	-1.0000	0.0798	0.0000	-1.0000	0.0000	-0.8199	0.0000
2003	-0.8957	-0.9916	1.0000	-1.0000	-0.9999	0.0000	-0.9621	-0.9313	-0.9025	-0.9763
2004	-0.9822	-0.9965	1.0000	-1.0000	-0.9241	0.0000	-0.9171	-0.8989	-0.9854	-0.9655
2005	-0.9849	-0.9999	1.0000	-1.0000	-0.9657	0.0000	-0.9887	-0.7445	-0.9776	-0.9588
2006	-0.9773	-0.9999	1.0000	-1.0000	-1.0000	0.0000	-0.9901	-0.8765	-0.9081	-1.0000
2007	-0.9595	-0.9954	1.0000	-1.0000	-1.0000	0.0000	-0.9990	-0.9069	-0.9732	-1.0000
2008	-0.9115	-0.9951	1.0000	-1.0000	-1.0000	0.5428	-0.9995	-0.9258	-0.9771	-1.0000
2009	-0.7078	-0.9872	1.0000	-1.0000	-1.0000	0.0522	-0.9654	-0.8923	-0.6681	-1.0000
2010	-0.9571	-0.9946	1.0000	-1.0000	-1.0000	0.3793	-0.9954	-0.938	-0.2608	-1.0000
2011	-0.9322	-0.9780	1.0000	-1.0000	-1.0000	0.7860	-0.9817	-0.9167	-0.572	-1.0000
2012	-0.8842	-0.9801	1.0000	-1.0000	-1.0000	0.5873	-0.9816	-0.9140	-0.7772	-1.0000
2013	-0.8836	-0.9717	1.0000	-1.0000	1.0000	0.5438	-0.8976	-0.9271	-0.1749	-1.0000
2014	-0.8972	-0.9837	1.0000	-1.0000	-1.0000	0.7144	-0.9533	-0.8849	-0.5357	-1.0000

续表 4.67

年份 \ 国家 (化肥品种)	3106					31				
	中国	印度	泰国	印度尼西亚	巴基斯坦	中国	印度	泰国	印度尼西亚	巴基斯坦
2002	0	0	0	0	0	− 0.7457	− 0.9913	− 0.9570	− 0.2982	− 0.9165
2003	0	0	0	0	0	− 0.4675	− 0.9581	− 0.9371	− 0.1793	− 0.9784
2004	0	0	0	0	0	− 0.4100	− 0.9685	− 0.9203	− 0.6667	− 0.9700
2005	0	0	0	0	0	− 0.6887	− 0.9910	− 0.8248	− 0.5015	− 0.9673
2006	0	0	0	0	0	− 0.5505	− 0.9909	− 0.8894	− 0.9432	− 1.0000
2007	0	0	0	0	0	− 0.1373	− 0.9973	− 0.8813	− 0.5892	− 1.0000
2008	0	0	0	1	0	0.2256	− 0.9939	− 0.9312	− 0.8950	− 1.0000
2009	0	0	0	0	0	0.1814	− 0.9703	− 0.9121	− 0.5437	− 1.0000
2010	0	− 1	0	0	0	0.2641	− 0.9995	− 0.9383	− 0.4554	− 1.0000
2011	0	− 1	0	0	0	0.5201	− 0.9886	− 0.9230	− 0.6975	− 1.0000
2012	0	− 1	0	0	0	0.3870	− 0.9852	− 0.9189	− 0.6634	− 1.0000
2013	0	− 1	0	0	0	0.3970	− 0.9366	− 0.9356	− 0.4210	− 1.0000
2014	0	− 1	0	0	0	0.5150	− 0.9772	− 0.9033	− 0.6187	− 1.0000

2. 贸易竞争指数

从表 4.68 中数据可以看到，中国氮肥的贸易竞争指数除了在 2002 年是负的之外，其余年份皆为正数，在 2008 年以前中国氮肥的贸易竞争指数都是上升的，到 2008 年达到了 91%，2008 年以后有所下降，之后又上涨，2014 年达到了 95%。印度氮肥的贸易竞争指数都是负的，这表明印度属于氮肥进口大国，且贸易竞争性指数较大，多为 90%。泰国和巴基斯坦的贸易竞争性指数都为负的，数值在 95% ~ 100% 之间，说明这两个国家都是氮肥进口国。印度尼西亚有些年份是出口占主导，有些年份是进口占主导，变化较大。

亚洲磷肥贸易竞争指数最大的是中国，2002 年到 2006 年贸易竞争指数都是负的，从 2007 年开始，中国磷肥的贸易竞争指数为正数，且到 2008 年达到了 87.5%。印度的贸易竞争指数则一直是负的，平均在 − 90% 以上，说明印度是磷肥进口大国。泰国、印度尼西亚和巴基斯坦磷肥的贸易竞争指数也都是负的，且数值较大，说明磷肥主要依靠进口。

对于钾肥来说，这几个国家的贸易竞争指数都是负的，印度、泰国、印度尼西亚、巴基斯坦这四个国家几乎达到了 − 1，数值非常大，说明这几个国家的钾肥完全依赖进口，属于进口大国，且在进口上有竞争优势。中国虽然贸易竞争指数也是负的，但是总体上说，这个数值逐渐变大，往 0 靠近，说明中国在后来的年份里慢慢减少了钾肥的进口。

对于 3105 类复合化肥来说，只有中国的贸易竞争指数是正的，且逐年增长，中国可以出口 3105 类化肥，具有出口优势。其余几个国家的贸易竞争性指数都

接近于 –1，属于进口大国，具有进口优势。

对于 3106 类化肥来说，只有印度在 2010 年以后才开始慢慢进口，没有盈余量进行出口，所以它的贸易竞争性指数都为 –1，其他如中国、泰国、印度尼西亚和巴基斯坦的 3106 类化肥的贸易竞争指数几乎全部为 0。

表 4.68　　　　　　　　　　亚洲重点国家各类化肥贸易竞争指数

化肥品种 年份 国家	3102					3103				
	中国	印度	泰国	印度尼西亚	巴基斯坦	中国	印度	泰国	印度尼西亚	巴基斯坦
2002	0.00556	0.00012	0.00017	0.00616	0.00026	0.01548	0.00002	0.00051	0.00016	0.00006
2003	0.01688	0.00037	0.00044	0.00651	0.00003	0.01693	0.00019	0.00042	0.00006	0.00009
2004	0.02306	0.00010	0.00042	0.00215	0.00004	0.01932	0.00032	0.00036	0.00002	0.00010
2005	0.01070	0.00011	0.00060	0.00331	0.00006	0.01081	0.00027	0.00077	0.00004	0.00019
2006	0.01094	0.00016	0.00068	0.00023	0.00000	0.02378	0.00029	0.00056	0.00012	0.00000
2007	0.02997	0.00004	0.00061	0.00301	0.00000	0.04123	0.00005	0.00033	0.00008	0.00000
2008	0.02605	0.00009	0.00049	0.00091	0.00000	0.03902	0.00024	0.00032	0.00021	0.00000
2009	0.02133	0.00044	0.00056	0.00245	0.00000	0.04021	0.00164	0.00035	0.00026	0.00000
2010	0.03692	0.00015	0.00053	0.00400	0.00000	0.04322	0.00012	0.00031	0.00109	0.00000
2011	0.03378	0.00018	0.00049	0.00331	0.00000	0.07612	0.00021	0.00047	0.00039	0.00000
2012	0.04025	0.00030	0.00051	0.00435	0.00000	0.06413	0.00017	0.00046	0.00032	0.00000
2013	0.04477	0.00080	0.00037	0.00550	0.00000	0.05584	0.00112	0.0004	0.00102	0.00000
2014	0.06245	0.00014	0.00036	0.00417	0.00000	0.07450	0.00035	0.00064	0.00068	0.00000

化肥品种 年份 国家	3104					3105				
	中国	印度	泰国	印度尼西亚	巴基斯坦	中国	印度	泰国	印度尼西亚	巴基斯坦
2002	0.00347	0.00000	0.00000	0.00000	0.00011	0.00000	0.00000	0.00000	0.00303	0.00000
2003	0.00291	0.00008	0.00009	0.00000	0.00000	0.00000	0.00000	0.00087	0.00453	0.00089	0.00068
2004	0.00050	0.00004	0.00007	0.00000	0.00001	0.00000	0.00162	0.00434	0.00007	0.00096
2005	0.00053	0.00000	0.00022	0.00000	0.00000	0.00000	0.00095	0.01015	0.00009	0.00184
2006	0.00064	0.00000	0.00005	0.00000	0.00000	0.00000	0.00084	0.00538	0.00036	0.00000
2007	0.00131	0.00007	0.00067	0.00000	0.00000	0.00000	0.00009	0.00442	0.00007	0.00000
2008	0.00168	0.00010	0.00004	0.00000	0.00000	0.11099	0.00007	0.00231	0.00008	0.00000
2009	0.00574	0.00048	0.00011	0.00000	0.00000	0.07284	0.00400	0.00235	0.00183	0.00000
2010	0.00081	0.00012	0.00006	0.00000	0.00000	0.10652	0.00054	0.00208	0.0067	0.00000
2011	0.00153	0.00035	0.00011	0.00000	0.00000	0.24263	0.00171	0.00213	0.00286	0.00000
2012	0.00286	0.00018	0.00017	0.00000	0.00000	0.1587	0.00149	0.00257	0.00205	0.00000
2013	0.00275	0.00033	0.00018	0.00000	0.00000	0.14673	0.00482	0.0025	0.00698	0.00000
2014	0.00329	0.00026	0.00025	0.00000	0.00000	0.20137	0.00234	0.00329	0.00503	0.00000

化肥品种	3106					31				
年份　　国家	中国	印度	泰国	印度尼西亚	巴基斯坦	中国	印度	泰国	印度尼西亚	巴基斯坦
2002	0	0	0	0	0	0.00628	0.00005	0.00016	0.00263	0.00015
2003	0	0	0	0	0	0.01069	0.00028	0.00064	0.00263	0.00008
2004	0	0	0	0	0	0.0123	0.00022	0.00056	0.00082	0.00011
2005	0	0	0	0	0	0.00633	0.00015	0.00110	0.00134	0.00018
2006	0	0	0	0	0	0.00860	0.00017	0.00077	0.00013	0.00000
2007	0	0	0	0	0	0.01954	0.00006	0.00083	0.00123	0.00000
2008	0	0	0	0.0049	0	0.02702	0.00021	0.00047	0.00041	0.00000
2009	0	0	0	0	0	0.02826	0.00113	0.00065	0.00144	0.00000
2010	0	0	0	0	0	0.03415	0.00002	0.00052	0.00253	0.00000
2011	0	0	0	0	0	0.05895	0.00044	0.00058	0.00168	0.00000
2012	0	0	0	0	0	0.04774	0.00039	0.00066	0.00206	0.00000
2013	0	0	0	0	0	0.04675	0.00121	0.00058	0.00327	0.00000
2014	0	0	0	0	0	0.06673	0.00048	0.00075	0.00255	0.00000

第五节　大洋洲重点国家

一、大洋洲主要化肥生产国

　　大洋洲整个大洲的地域面积相较于其他大洲来说比较小，且大洋洲适合种植的国家很少，大洋洲多是小型岛屿国家，农业和种植业较少，所以大洋洲的国家对于化肥的消费需求较少。因为需求少且能够从事生产的资源较少，所以大洋洲整个化肥的生产量也较少，且重点国家之间的生产消费量也有差异。

　　大洋洲氮肥生产量较大的国家是澳大利亚和新西兰，其他的国家生产量极小甚至很多国家都没有生产氮肥。澳大利亚氮肥的年生产量在 30 万吨徘徊，只在 2009 年生产了 54 万吨，其余年份都低于 50 万吨，澳大利亚的氮肥生产量在 2002—2014 年的 13 年间里变化较大，总体呈下降的趋势，如表 4.69 所示。新西兰的氮肥生产量在 2002—2008 年间里是减少的；而在 2009—2014 年里，氮肥生产量都是 10 万吨，数量上没有变化，如图 4.60 所示。

表 4.69　　　　　　**2002—2014 年大洋洲地区主要国家氮肥生产量**　　　　　　万吨

年份 \ 国家	澳大利亚	新西兰	年份 \ 国家	澳大利亚	新西兰
2002	35	12	2009	54	10
2003	31	12	2010	29	10
2004	33	18	2011	32	10
2005	34	17	2012	24	10
2006	34	13	2013	21	10
2007	39	10	2014	29	10
2008	33	9			

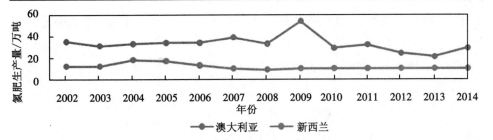

图 4.60　大洋洲主要国家氮肥生产情况

大洋洲生产磷肥的国家少，只有澳大利亚和新西兰的生产量较为突出。澳大利亚磷肥的生产量逐年下降，如表 4.70 所示，从 2002 年的 64 万吨下降到 2014 年的 38 万吨，下降速度快，在未来几年里，澳大利亚的磷肥生产量有可能还会下降。新西兰磷肥的生产量要比澳大利亚少，在 20 万吨徘徊，2002—2006 年，生产量呈下降趋势，2006—2014 年，磷肥生产量呈上升趋势，但上升速度缓慢，逐年上升的数量不到 5 万吨，如图 4.61 所示。

表 4.70　　　　　　**2002—2014 年大洋洲地区主要国家磷肥生产量**　　　　　　万吨

年份 \ 国家	澳大利亚	新西兰	年份 \ 国家	澳大利亚	新西兰
2002	64	29	2009	54	22
2003	63	30	2010	41	26
2004	64	16	2011	57	23
2005	60	13	2012	58	22
2006	59	11	2013	40	25
2007	75	32	2014	38	30
2008	54	19			

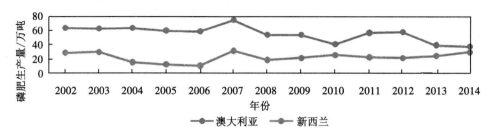

图 4.61 大洋洲主要国家磷肥生产情况

大洋洲整个大洲都不生产钾肥，连澳大利亚和新西兰这两个国家的钾肥生产量也为0，此外，那些岛屿国家的钾肥生产量也是0，如表4.71所示。这可能是因为大洋洲没有生产钾肥的原材料，且需求小，就不生产钾肥，而依靠进口钾肥。

表4.71　　　　　　　2002—2014 年大洋洲地区主要国家钾肥生产量　　　　　　　万吨

国家\年份	澳大利亚	新西兰	美拉尼西亚	巴布亚新几内亚	国家\年份	澳大利亚	新西兰	美拉尼西亚	巴布亚新几内亚
2002	0	0	0	0	2009	0	0	0	0
2003	0	0	0	0	2010	0	0	0	0
2004	0	0	0	0	2011	0	0	0	0
2005	0	0	0	0	2012	0	0	0	0
2006	0	0	0	0	2013	0	0	0	0
2007	0	0	0	0	2014	0	0	0	0
2008	0	0	0	0					

对于3105 类和3106 类复合肥来说，大洋洲3105 类化肥存在生产数量，但是生产的国家少，且有些年份会生产，有些年份没有生产量。具体来说，澳大利亚在2003 年生产了86 万吨，其他年份没有生产；新西兰在2004 生产了32 万吨，2005 年生产了26 万吨，2006 年生产了23 万吨，其余为0，如表4.72 所示。而对于3106 类复合化肥，大洋洲整个大洋洲3106 类化肥的生产量都为0，如表4.73 所示。

表 4.72　　　2002—2014 年大洋洲地区主要国家 3105 类化肥生产量　　　　万吨

年份＼国家	澳大利亚	新西兰	年份＼国家	澳大利亚	新西兰
2002	0	0	2009	0	0
2003	86	0	2010	0	0
2004	0	32	2011	0	0
2005	0	26	2012	0	0
2006	0	23	2013	0	0
2007	0	0	2014	0	0
2008	0	0			

表 4.73　　　2002—2014 年大洋洲地区主要国家 3106 类化肥生产量　　　　万吨

年份＼国家	澳大利亚	新西兰	年份＼国家	澳大利亚	新西兰
2002	0	0	2009	0	0
2003	0	0	2010	0	0
2004	0	0	2011	0	0
2005	0	0	2012	0	0
2006	0	0	2013	0	0
2007	0	0	2014	0	0
2008	0	0			

二、大洋洲主要化肥消费国

大洋洲虽然氮肥生产国少，氮肥生产量少，但是氮肥消费国比氮肥生产国多，消费量最大的是澳大利亚和新西兰。澳大利亚氮肥消费量总体是增加的，从 2002 年的 98 万吨增加到 2014 年的 140 万吨，增长了 43%，但是增长趋势变化较大，如表 4.74 和图 4.62 所示。消费量稍低于澳大利亚的是新西兰，新西兰的消费量在 30 万吨左右，非常平稳，没有较大的变化趋势。其余的几个国家，如美拉尼西亚和巴布亚新几亚的消费量都是 2 万吨左右，特别是美拉尼西亚常年都是 2 万吨，几乎没有变化。斐济共和国、波利尼西亚和汤加的氮肥消费量不足 1 万吨，数量极小。

表4.74 **2002—2014年大洋洲地区主要国家氮肥消费量**

国家 年份	澳大利亚	新西兰	美拉尼西亚	巴布亚新 几内亚	斐济共和国	波利尼西亚	汤加
2002	98	31	2	5	0.9	0.04	0.0029
2003	93	35	1	0.7	0.3	0.4	0.3
2004	106	30	2	1	0.8	0.1	0.08
2005	95	31	2	1	0.7	0.09	0.05
2006	86	27	2	1	0.4	0.07	0.03
2007	85	28	2	1	0.7	0.04	0.0006
2008	84	27	2	1	0.7	0.06	0.01
2009	85	25	2	2	0.3	0.5	0.4
2010	98	25	2	2	0.2	0.4	0.3
2011	110	29	2	1	0.4	0.1	0.06
2012	112	30	2	2	0.4	0.3	0.3
2013	122	31	2	2	0.4	0.3	0.3
2014	140	33	2	2	0.3	0.06	0.03

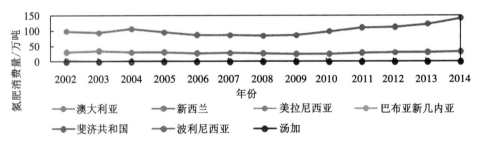

图4.62　大洋洲主要国家氮肥消费情况

　　大洋洲磷肥主要的消费国有四个，分别是澳大利亚、新西兰、美拉尼西亚和巴布亚新几内亚。如表4.75所示，澳大利亚的磷肥消费量2005年以前都在100万吨以上，2006开始氮肥消费量在100万吨以下，到2014年氮肥消费量只有91万吨，2002—2014年的13年间下降了15.7%。新西兰的磷肥消费量在50万吨左右，个别年份如2005年、2006年、2007年超过了70万吨，其余年份则较少，且新西兰在2009年后磷肥的消费量变化小。其余两个国家的氮肥消费量大部分相同，且都是逐渐减少，从2003年开始，消费量不足1万吨，如图4.63所示。

表 4.75　　　　　　2002—2014 年大洋洲地区主要国家磷肥消费量　　　　　　万吨

国家 年份	澳大利亚	新西兰	美拉尼西亚	巴布亚新几内亚	国家 年份	澳大利亚	新西兰	美拉尼西亚	巴布亚新几内亚
2002	108	40	3	3	2009	65	34	0.2	0.1
2003	102	44	8	8	2010	82	38	0.3	0.3
2004	112	37	0.1	0.1	2011	88	51	0.3	0.2
2005	104	82	0.2	0.2	2012	88	52	0.1	0.1
2006	99	71	0.3	0.2	2013	84	47	0.09	0.04
2007	99	70	0.4	0.4	2014	91	51	0.3	0.04
2008	83	51	0.3	0.3					

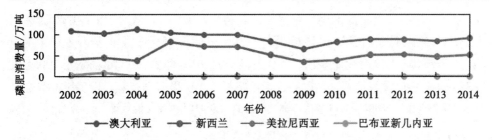

图 4.63　大洋洲主要国家磷肥消费情况

　　大洋洲重点国家的钾肥消费量比磷肥更小。最高的是澳大利亚，消费量平均为 20 万吨，2002—2009 年消费量呈下降趋势，2009—2014 年消费量呈现上升的状态，这些年里最高的消费量只有 26 万吨（见表 4.76）。其次是新西兰，2002年和 2003 年达到 16 万吨，从 2004 年开始，消费量在 7 万吨以下，消费量急剧下降。其余国家消费量在 2008 年以前不足 1 万吨，消费量慢慢上升，2009 年以后，消费量保持在 1 万~2 万吨，变化较小，如图 4.64 所示。

表 4.76　　　　　　2002—2014 年大洋洲地区主要国家钾肥消费量　　　　　　万吨

国家 年份	澳大利亚	新西兰	美拉尼西亚	巴布亚新几内亚	国家 年份	澳大利亚	新西兰	美拉尼西亚	巴布亚新几内亚
2002	22	16	0.1	0.08	2009	16	1	1	1
2003	22	16	0.1	0.06	2010	17	1	1	1
2004	26	7	0.2	0.2	2011	18	4	1	1
2005	22	2	0.2	0.2	2012	19	4	2	1
2006	22	2	0.2	0.1	2013	21	4	1	1
2007	23	1	0.4	0.3	2014	23	4	2	2
2008	21	1	0.5	0.5					

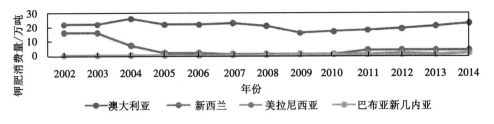

图 4.64 大洋洲主要国家钾肥消费情况

大洋洲 3105 类、3106 类复合化肥的消费量较氮磷钾这三种主要化肥要小得多。如表 4.77 和图 4.65 所示，澳大利亚 3105 类化肥消费从 2009 年开始，消费量呈现上升的趋势，短短六年里，上涨了 121%，未来的消费数量有可能还会增加。新西兰 3105 类化肥的消费量呈下降趋势，2007 年以前，消费量在 20 万吨以上，2007 年以后，消费量低于 20 万吨。其余三国 3105 类化肥的消费量低于 1 万吨。对于 3106 类复合化肥来说，澳大利亚只在 2010 年和 2012 年消费了 100 万吨左右，其余年份没有消费；新西兰也是仅在某些年份里有消费量，很多年份都是 0。

表 4.77　　　　　　2002—2014 年大洋洲地区主要国家 3105 类化肥消费量　　　　　　万吨

国家 年份	澳大利亚	新西兰	巴布亚新 几内亚	斐济共 和国	国家 年份	澳大利亚	新西兰	巴布亚新 几内亚	斐济共 和国
2002	0	21	0.2	0.5	2009	42	8	0.01	0.0003
2003	0	30	0.1	0.01	2010	104	15	0.4	0.06
2004	0	26	0.2	0.0074	2011	76	12	0.2	0.0078
2005	0	24	0.2	0.0045	2012	112	11	0	0.0017
2006	0	20	0.3	0.0004	2013	66	14	0	0.0054
2007	0	16	0.5	0.0047	2014	93	17	0	0.4
2008	0	9	0.3	0.07					

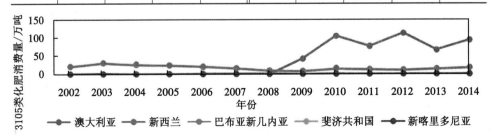

图 4.65　大洋洲主要国家 3105 类化肥消费情况

三、供需比较

澳大利亚生产和消费的化肥数量较少，分布在各国的数量也较少，主要是澳大利亚和新西兰，所以下面只重点分析这两个国家。

澳大利亚是大洋洲化肥生产量和消费量都较多的国家。从表4.78可以看出，澳大利亚氮磷钾这三种化肥都存在着消费缺口，氮肥的缺口较大，平均在50万吨左右，这个缺口需要依靠进口来弥补。磷肥也存在缺口，但是缺口比氮肥的小，大部分在40万吨左右。钾肥的缺口更小，在20万吨左右。澳大利亚3105类和3106类化肥的生产盈余量较小，很多年份都是0。从整个化肥行业来看，澳大利亚的化肥处于供给不足的状态，存在生产消费缺口，需要依靠进口，如图4.66所示。

表4.78　　　　　2002—2014年澳大利亚各类化肥生产消费盈余量　　　　　万吨

化肥品种 年份	3102	3103	3104	3105	3106	31
2002	-63	-44	-22	0	0	-129
2003	-62	-39	-22	86	0	-37
2004	-73	-48	-26	0	0	-147
2005	-61	-44	-22	0	0	-127
2006	-52	-40	-22	0	0	-114
2007	-46	-24	-23	0	0	-93
2008	-51	-29	-21	0	0	-101
2009	-31	-11	-16	-42	0	-100
2010	-69	-41	-17	-104	-116	-347
2011	-78	-31	-18	-76	0	-203
2012	-88	-30	-19	-112	-105	-354
2013	-101	-44	-21	-66	0	-232
2014	-111	-53	-23	-93	0	-280

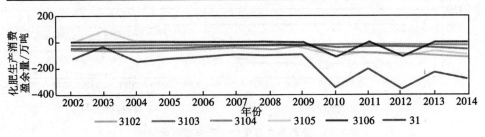

图4.66　澳大利亚各类化肥生产消费盈余情况

新西兰是大洋洲化肥生产消费数量仅次于澳大利亚的国家。从表4.79可知，在氮磷钾这三种化肥中，新西兰生产消费缺口最大的是磷肥，其次是氮肥，钾肥的缺口最小，这说明新西兰的这三种化肥不足以自给，需要进口部分化肥。而对于3105和3106这两类化肥来说，新西兰3105类化肥的消费要多于3106类化肥，所以产生的缺口也更大。2004—2010年，新西兰3106类化肥生产消费缺口为0，原因可能是国内的生产刚好可以满足消费，也有可能是既没有生产，也没有消费这种化肥。从整个31类化肥来看，新西兰的生产消费缺口常年为负（见图4.67），缺口较大，化肥生产不能满足自给自足，需要进口。

表4.79　　　　　　　2002—2014年新西兰各类化肥生产消费盈余量　　　　　　　　万吨

化肥品种 / 年份	3102	3103	3104	3105	3106	31
2002	−19	−11	−16	−21	−6	−73
2003	−23	−14	−16	−30	−2	−85
2004	−12	−21	−7	6	0	−46
2005	−14	−69	−2	2	0	−83
2006	−14	−60	−2	3	0	−75
2007	−18	−38	−1	−16	0	−73
2008	−18	−32	−1	−9	0	−60
2009	−15	−12	−1	−8	0	−36
2010	−15	−12	−1	−15	0	−43
2011	−19	−28	−4	−12	−24	−87
2012	−20	−30	−4	−11	−28	−93
2013	−21	−22	−4	−14	−26	−87
2014	−23	−21	−4	−17	−26	−91

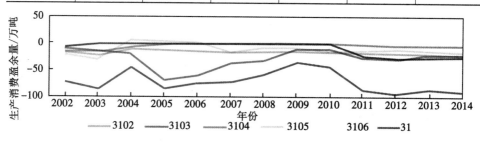

图4.67　新西兰各类化肥生产消费盈余情况

四、大洋洲重点国家化肥国际竞争力

1. 国际市场占有率

从表4.80中的数据可以比较清楚地看到大洋洲地区整个化肥产业及各类化肥产品的国际市场占有率情况。在氮肥方面，澳大利亚氮肥的国际市场占有率要强于新西兰，澳大利亚的国际市场占有率多为0.1%，个别年份上升到0.2%，且澳大利亚的国际市场占有率变化不大。新西兰氮肥的国际市场占有率在2011年以前多为0.001%，非常小，而2011年以后，新西兰的国际市场占有率下降为0，这个情况在2014年也是如此。

在磷肥方面，澳大利亚在2009年之前磷肥的国际市场占有率约为4%，且国际市场占有率逐渐变大，但是2009年以后，国际市场占有率呈减少的趋势，在2014年下降到3%。新西兰磷肥的国际市场占有率则在0.001%处徘徊，数值很小，且在2014年变为0。

在钾肥方面，澳大利亚和新西兰的国际市场占有率都非常小，很多年份为0，不具有国际市场优势。

对于3105和3106这两类化肥而言，澳大利亚和新西兰在3105类化肥上都具有一定的国际市场优势，澳大利亚能占有1%的优势；新西兰则变化较大，在最后3年里一直保持在0.003%。这两个国家3106类化肥的国际市场占有率都为0，不具有国际优势。从整个31类化肥来看，新西兰和澳大利亚这两个国家所具有的优势都很小，澳大利亚的优势要强于新西兰。

表4.80　　大洋洲重点国家各类化肥国际市场占有率

年份 \ 化肥品种 国家	3102		3103		3104		3105		3106		31	
	澳大利亚	新西兰	澳大利亚	新西兰	澳大利亚	新西兰	澳大利亚	新西兰	澳大利亚	新西兰	澳大利亚	新西兰
2002	0.00100	0.00002	0.00286	0.00003	0.00001	0.00001	0.01753	0.00034	0.00000	0.00000	0.00208	0.00004
2003	0.00113	0.00001	0.00333	0.00010	0.00001	0.00001	0.01691	0.00022	0.00000	0.00000	0.00238	0.00004
2004	0.00088	0.00001	0.00256	0.00001	0.00000	0.00001	0.00000	0.00016	0.00000	0.00000	0.00079	0.00002
2005	0.00132	0.00001	0.00384	0.00001	0.00000	0.00000	0.00000	0.00015	0.00000	0.00000	0.00119	0.00002
2006	0.00119	0.00001	0.00220	0.00001	0.00001	0.00000	0.00000	0.00011	0.00000	0.00000	0.00084	0.00001
2007	0.00127	0.00000	0.00417	0.00001	0.00002	0.00000	0.01467	0.00010	0.00000	0.00000	0.00219	0.00001
2008	0.00175	0.00001	0.00482	0.00014	0.00001	0.00001	0.00000	0.00008	0.00000	0.00000	0.00143	0.00003

续表4.80

年份 \ 化肥品种 国家	3102 澳大利亚	3102 新西兰	3103 澳大利亚	3103 新西兰	3104 澳大利亚	3104 新西兰	3105 澳大利亚	3105 新西兰	3106 澳大利亚	3106 新西兰	31 澳大利亚	31 新西兰
2009	0.00226	0.00015	0.00609	0.00027	0.00011	0.00012	0.01953	0.00005	0.00000	0.00000	0.00476	0.00002
2010	0.00139	0.00001	0.00363	0.00073	0.00001	0.00000	0.01134	0.00020	0.00000	0.00000	0.00244	0.00002
2011	0.00129	0.00000	0.00396	0.00000	0.00001	0.00000	0.01145	0.00002	0.00000	0.00000	0.00272	0.00001
2012	0.00099	0.00000	0.00392	0.00012	0.00001	0.00000	0.01195	0.00003	0.00000	0.00000	0.00255	0.00003
2013	0.00060	0.00000	0.00291	0.00001	0.00001	0.00000	0.00909	0.00003	0.00000	0.00000	0.00187	0.00001
2014	0.00059	0.00000	0.00296	0.00000	0.00002	0.00000	0.00920	0.00003	0.00000	0.00000	0.00196	0.00001

2. 贸易竞争指数

从表4.81中数据可以看到，澳大利亚和新西兰氮肥的贸易竞争指数都为负，新西兰的贸易竞争指数要更接近于-1，很多年份里都是-99%，这说明新西兰在氮肥上多依靠进口，没有出口优势。

在磷肥方面，新西兰的磷肥贸易竞争指数都是-99%，只在2008年为-78%，新西兰的磷肥也不具有出口优势。澳大利亚磷肥的贸易竞争指数在慢慢靠近0，逐渐地变大，说明澳大利亚的磷肥进口量慢慢减少。

在钾肥方面，澳大利亚和新西兰这两个国家的贸易竞争指数都接近于-1，属于纯进口的化肥品种。

澳大利亚3105类化肥的贸易竞争指数要大于新西兰，且澳大利亚3105类化肥的贸易竞争指数逐渐变大，向0靠近，出口优势上升。新西兰3105类化肥的贸易竞争指数接近于-1，不具有出口优势。澳大利亚和新西兰的3106类化肥的贸易竞争指数都是0。

表4.81　　　　　大洋洲重点国家化肥贸易竞争指数

年份 \ 化肥品种 国家	3102 澳大利亚	3102 新西兰	3103 澳大利亚	3103 新西兰	3104 澳大利亚	3104 新西兰	3105 澳大利亚	3105 新西兰	3106 澳大利亚	3106 新西兰	31 澳大利亚	31 新西兰
2002	-0.7892	-0.9856	-0.6679	-0.9791	-0.9965	-0.9916	-0.6152	-0.9657	0	0	-0.7037	-0.9787
2003	-0.7507	-0.9906	-0.6225	-0.9472	-0.9912	-0.9920	-0.5612	-0.9765	0	0	-0.6541	-0.9781
2004	-0.8285	-0.9935	-0.7015	-0.9929	-0.9976	-0.9937	0	-0.9844	0	0	-0.8084	-0.9900
2005	-0.7136	-0.9932	-0.6374	-0.9934	-0.9959	-0.9948	0	-0.9847	0	0	-0.7199	-0.9905
2006	-0.6972	-0.9959	-0.5783	-0.9936	-0.9952	-0.9946	0	-0.9853	0	0	-0.7071	-0.9917

续表 4.81

年份 \ 国家 (化肥品种)	3102 澳大利亚	3102 新西兰	3103 澳大利亚	3103 新西兰	3104 澳大利亚	3104 新西兰	3105 澳大利亚	3105 新西兰	3106 澳大利亚	3106 新西兰	31 澳大利亚	31 新西兰
2007	-0.6286	-0.9972	-0.3864	-0.9921	-0.9857	-0.9949	-0.4942	-0.9827	0	0	-0.5476	-0.9918
2008	-0.5939	-0.9951	-0.4356	-0.7849	-0.9973	-0.9919	0	-0.9680	0	0	-0.6119	-0.9700
2009	-0.4088	-0.8729	-0.1822	-0.7678	-0.8489	-0.8560	-0.1092	-0.9851	0	0	-0.2338	-0.9885
2010	-0.6899	-0.9902	-0.5480	-0.4416	-0.9916	-0.9939	-0.4322	-0.9362	0	0	-0.5749	-0.9868
2011	-0.7245	-0.9982	-0.4045	-0.9952	-0.9901	-0.9958	-0.3903	-0.9904	0	0	-0.5270	-0.9955
2012	-0.7895	-0.9973	-0.4280	-0.8576	-0.9906	-0.9962	-0.3947	-0.9888	0	0	-0.5606	-0.9763
2013	-0.8739	-0.9968	-0.5870	-0.9947	-0.9945	-0.9949	-0.5018	-0.9923	0	0	-0.6726	-0.9949
2014	-0.8721	-0.9967	-0.5987	-0.9967	-0.9879	-0.9973	-0.5727	-0.9929	0	0	-0.6933	-0.9955

第六节　欧洲重点国家

一、欧洲主要化肥生产国

欧洲化肥产业发达，这与欧洲的产业发展息息相关，欧洲的种植业发展较为一般，欧洲生产化肥的原材料并不充足，但是欧洲的经济发达，大都是发达国家，这些国家可以依靠进口原材料来生产，且欧洲国家的技术发达，单位化肥生产量较高。

俄罗斯是欧洲氮肥生产量最高的国家，这是因为俄罗斯天然气、石油等能源丰富，生产原材料多，可以大力生产氮肥。俄罗斯的氮肥生产在 2002—2007 年间呈上升的趋势，如表 4.82 所示，从 597 万吨增长到 720 万吨，增长了 21%，2008 年、2009 年氮肥生产量下降，但是 2009 年以后，氮肥生产量又开始增加，到 2014 年生产量达到了 788 万吨，整个过程中增长了 32%。其次是乌克兰，乌克兰的氮肥生产量多在 250 万吨左右，其整体趋势是下降的，如图 4.68 所示。波兰、荷兰、法国和德国这四个国家的生产量很接近，都在 100 万~200 万吨之间，年变化较小，并且这个趋势可能还将持续下去。而比利时的氮肥生产量约为110 万吨，生产量总体是上升的，在 2003—2006 年里变化较大，此后变化较小。

表 4.82   2002—2014 年欧洲地区主要国家氮肥生产量   万吨

国家 年份	俄罗斯	乌克兰	波兰	荷兰	法国	德国	比利时
2002	597	224	104	148	100	126	99
2003	600	242	113	143	123	112	104
2004	659	231	165	158	285	116	103
2005	673	256	174	153	304	125	108
2006	683	327	171	154	218	119	106
2007	720	272	183	149	103	150	105
2008	689	253	172	149	125	96	105
2009	546	207	154	140	107	122	101
2010	758	208	148	148	102	128	107
2011	778	275	166	147	126	115	111
2012	771	275	179	165	137	131	109
2013	798	218	176	173	112	151	102
2014	788	154	186	173	112	140	115

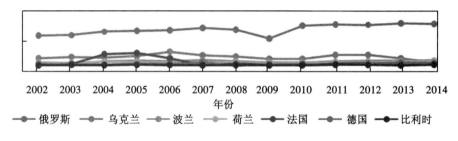

图 4.68 欧洲主要国家氮肥生产情况

在磷肥方面，生产量排第一位的是俄罗斯，如表 4.83 和图 4.69 所示，2007年以前，俄罗斯的生产数量是上涨的，2007 年最大为 281 万吨，增长了 12%，之后开始下降，2009 年最小，只生产了 111 万吨，2009 年以后生产数量有所增加，但是增加的数量较小，整体数量低于前期生产量。俄罗斯是唯一一个生产量超过百万吨的国家。波兰生产量在 2007 年以前是上涨的，到了 2007 年生产量达到 65 万吨，但是从 2008 年开始，波兰磷肥生产总体下降，每年生产量波动性较大。其余国家，如土耳其、立陶宛、比利时、法国和挪威这些国家的生产量在50 万吨以下，它们的生产量较为一致，年变化趋势小。

表 4.83		2002—2014 年欧洲地区主要国家磷肥生产量					万吨
年份＼国家	俄罗斯	波兰	土耳其	立陶宛	比利时	法国	挪威
2002	251	44	31	34	38	16	27
2003	259	46	46	38	36	15	28
2004	280	59	40	39	40	14	30
2005	277	60	41	40	37	58	27
2006	277	60	37	41	36	70	30
2007	281	65	40	44	36	40	30
2008	257	54	35	41	35	46	29
2009	111	24	46	43	28	20	18
2010	258	27	53	42	33	37	28
2011	234	45	40	40	35	29	30
2012	216	36	38	37	36	24	33
2013	199	28	37	38	29	22	36
2014	197	33	41	38	44	23	37

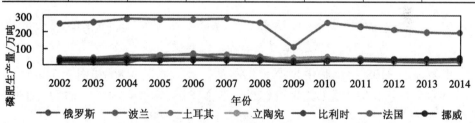

图 4.69 欧洲主要国家磷肥生产情况

在钾肥方面，生产量超过百万吨的国家共有三个：俄罗斯、白俄罗斯和德国。生产最多的是俄罗斯，生产数量波动性上升，如表 4.84 所示，2009 年最低，只有 415 万吨，但是总体增长了 54%。它的增长趋势分为两个阶段，2002—2009 年，上涨趋势较慢，2009—2014 年，这段时间的上升速度很快，如图 4.70 所示。白俄罗斯钾肥生产也可以分为两段时间，在 2007 年以前，钾肥生产逐年增加，增速为 34%，在 2008 和 2009 年下降至 243 万吨以后，又开始逐渐的增加生产，到 2014 年，生产量有 630 万吨，增速为 21%，前期增速较快。德国钾肥生产数量总体下降，从 2002 年的 300 万吨下降至 2014 年的 154 万吨，降速为 52%。西班牙钾肥的生产数量低于 71 万吨，最高为 71 万吨，年变化小。英国钾肥生产整体下降，但是下降数量小，速度慢，年变化小。

表 4.84　　　　　　　　　2002—2014 年欧洲地区主要国家钾肥生产量　　　　　　　　万吨

国家\年份	俄罗斯	白俄罗斯	德国	西班牙	英国	国家\年份	俄罗斯	白俄罗斯	德国	西班牙	英国
2002	508	381	320	41	78	2009	415	243	187	42	43
2003	547	428	347	67	84	2010	666	521	247	45	43
2004	641	471	322	71	79	2011	709	529	262	61	43
2005	713	489	340	64	66	2012	601	483	273	68	47
2006	661	457	336	58	43	2013	655	424	250	71	47
2007	728	510	289	62	43	2014	783	630	154	70	47
2008	674	507	241	57	43						

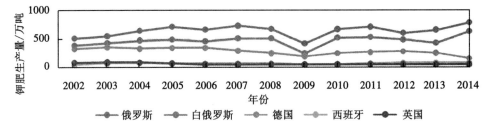

图 4.70　欧洲主要国家钾肥生产情况

俄罗斯是 3105 类化肥中生产量最高的国家，如表 4.85 和图 4.71 所示，2008 年以前，它的生产量都是 0，从 2009 年的 150 万吨增至 2014 年的 531 万吨，这六年间增长了 253%，速度较快。其次是土耳其，2002 年为 16 万吨，2014 年就有了 123 万吨，这期间的生产量变化不大。西班牙和立陶宛这两个国家的生产量接近，变化小，但是西班牙从 2012 年开始停止生产 3105 类化肥，生产量是 0。法国的生产量是最小的，在 100 万吨以下，最高的是 2005 年的 97 万吨，2005 年以后，生产量在慢慢减少，到 2014 年只生产 53 万吨。

表 4.85　　　　　　2002—2014 年欧洲地区主要国家 3105 类化肥生产量　　　　　万吨

国家 \ 年份	俄罗斯	土耳其	西班牙	立陶宛	法国	国家 \ 年份	俄罗斯	土耳其	西班牙	立陶宛	法国
2002	0	16	157	93	0	2009	150	113	95	91	32
2003	0	119	160	103	0	2010	665	141	132	85	63
2004	0	102	150	107	0	2011	619	120	132	84	69
2005	0	91	135	76	97	2012	565	113	0	76	63
2006	0	76	149	79	75	2013	524	111	0	79	55
2007	0	80	59	84	62	2014	531	123	0	79	53
2008	0	70	94	107	79						

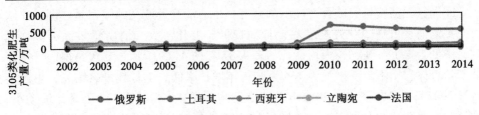

图 4.71　欧洲主要国家 3105 类化肥生产情况

　　对于 3106 类复合肥来说，每个国家的生产量都比较少，如表 4.86 所示，俄罗斯从 2009 年开始生产这类化肥，到 2014 年生产量才达到 312 万吨，数值小。法国生产年份比俄罗斯早，但是每年的生产量比之更少，生产量呈现下降的趋势（见图 4.72），从 2005 年的 158 万吨下降至 80 万吨。意大利从 2009 年开始生产 3106 类化肥，数量小，最高只有 95 万吨。土耳其和白俄罗斯这两个国家生产的 3106 类化肥的数量都少，但是从 2009 年开始生产数量都有所增加。

表 4.86　　　　　　2002—2014 年欧洲地区主要国家 3106 类化肥生产量　　　　　万吨

国家 \ 年份	俄罗斯	法国	意大利	土耳其	白俄罗斯	国家 \ 年份	俄罗斯	法国	意大利	土耳其	白俄罗斯
2002	0	0	0	0	0	2009	280	72	68	0	28
2003	0	0	0	55	0	2010	321	104	95	20	31
2004	0	0	0	55	14	2011	325	93	65	23	34
2005	0	158	0	79	16	2012	312	72	41	24	39
2006	0	208	0	30	21	2013	320	66	80	28	43
2007	0	149	0	30	17	2014	312	80	90	25	63
2008	0	150	0	25	18						

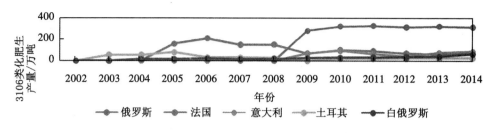

图 4.72　欧洲主要国家 3106 类化肥生产情况

二、欧洲主要化肥消费国

欧洲氮肥消费量突破百万吨的国家有 6 个，消费量最高的国家是法国，法国氮肥平均消费量在 200 万吨左右，且消费量年变化不大，消费量最高为 240 万吨，最低为 191 万吨，较为均衡，如表 4.87 和图 4.73 所示。其次是德国，德国消费量总体起伏不大，平均为 165 万吨，年增长率低。土耳其排名第三，氮肥消费量 2002 年为 120 万吨，2014 年为 149 万吨，最高年份达到 153 万吨，波动小。波兰和俄罗斯这两个国家的消费数量较接近，在 2008 年以前消费逐渐增长，后期消费量变动大。西班牙和意大利这两个国家的消费量则低于前面的国家，多为 80 多万吨和 90 多万吨，最低的是意大利，消费量呈下降趋势，最高的消费量也只有 87 万吨。

表 4.87　　　　　　**2002—2014 年欧洲地区主要国家氮肥消费量**　　　　　　万吨

年份＼国家	法国	德国	土耳其	波兰	俄罗斯	英国	西班牙	意大利
2002	220	179	120	83	65	118	103	85
2003	238	183	134	90	85	113	120	85
2004	232	178	137	90	84	106	107	87
2005	221	178	137	100	86	100	92	80
2006	220	160	141	106	91	101	97	80
2007	240	181	136	114	104	101	99	81
2008	210	155	113	110	121	91	74	67
2009	190	157	153	103	124	102	78	51
2010	204	179	143	109	119	103	94	50
2011	194	164	126	109	126	100	85	52
2012	191	165	143	118	118	100	84	69
2013	200	168	158	110	117	106	96	60
2014	220	182	149	163	119	105	110	60

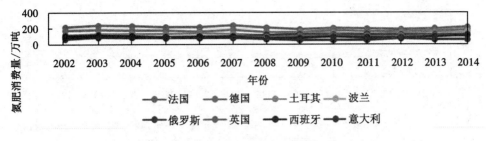

图 4.73 欧洲主要国家氮肥消费情况

欧洲磷肥消费量和氮肥消费量相比要少很多，各国消费量均在几十万吨，在这之中，又以土耳其的消费量最多。土耳其的磷肥消费量在 50 万吨徘徊，2002—2006 年间，磷肥消费量逐年增加，此后磷肥消费整体呈下降的趋势，2008 年是消费量最低的年份，只有 33 万吨，如表 4.88 所示。西班牙的磷肥消费量在下降，2008 年以前下降幅度大，达到了 58%，后期下降速度减慢，见图 4.74。法国磷肥消费量大致呈下降趋势，但是年变化很大，从 71 万吨降至 19 万吨，最低只有 16 万吨。俄罗斯和波兰的消费量大致为 40 万吨，总体是上升的。意大利和德国这两个国家的消费量最低，德国平均消费量为 30 万吨，意大利平均消费量为 20 万吨，消费量年变化较小。

表 4.88　　　　　　2002—2014 年欧洲地区主要国家磷肥消费量　　　　　　万吨

国家 年份	土耳其	西班牙	法国	俄罗斯	波兰	德国	意大利	英国
2002	47	61	71	31	30	33	32	27
2003	55	61	75	30	32	28	32	28
2004	59	59	68	33	32	30	32	26
2005	60	51	60	35	44	27	29	24
2006	61	45	56	37	41	26	27	22
2007	52	55	63	49	46	32	28	22
2008	33	27	30	43	38	17	20	13
2009	63	26	16	39	35	24	17	18
2010	61	34	28	44	41	29	18	19
2011	49	36	24	43	37	25	20	19
2012	53	38	25	42	37	28	21	19
2013	62	43	26	44	34	28	17	20
2014	57	40	19	47	35	30	17	20

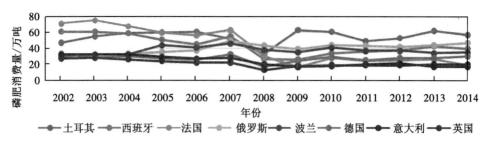

图 4.74　欧洲主要国家磷肥消费情况

欧洲钾肥消费量比氮肥、磷肥更少，如表 4.89 和图 4.75 所示，排名第一的白俄罗斯消费量总体上升，2008 年以前的消费量在 40 万吨，2008 年以后的消费量在 70 万吨，上涨较快。法国的钾肥消费呈下降趋势，2007 年以前，消费量可以达到 80 万吨，之后的消费量在 30 万吨，2009 年最低，只有 14 万吨。波兰和德国的消费量平均为 45 万吨，消费量非常接近。西班牙的钾肥消费量是最小的，且呈下降的趋势，最开始三年里消费较高，有 49 万吨，后来消费量慢慢降低，不到 40 万吨，其中 2009 年变化最大，只有 17 万吨。

表 4.89　　　　　2002—2014 年欧洲地区主要国家钾肥消费量　　　　　万吨

国家＼年份	白俄罗斯	法国	波兰	德国	西班牙
2002	44	97	38	48	49
2003	36	98	41	49	47
2004	37	89	41	48	49
2005	39	74	53	43	40
2006	60	73	50	44	39
2007	57	79	54	51	44
2008	61	39	43	18	32
2009	77	14	40	36	17
2010	73	43	45	43	36
2011	79	40	42	39	31
2012	72	34	39	42	32
2013	68	31	50	46	35
2014	61	39	55	46	36

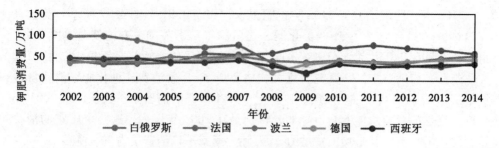

图 4.75 欧洲主要国家钾肥消费情况

　　3105 类化肥消费量较高的国家有土耳其、爱尔兰、乌克兰、法国和波兰。土耳其的消费量在 100 万吨以上，总体上升，但是 2006 年的消费量为 0，如表 4.90 和图 4.76 所示。爱尔兰的消费量只有几十万吨，2002 年、2006—2008 年这几年的消费量都是 0，2009 年以后，消费量慢慢增加，从 23 万吨增至 39 万吨。乌克兰很多年份的消费量都是 0，在 2008—2012 年有消费，且逐年增加，2002 年也消费了 17 万。法国和波兰的消费量从 2009 年开始才较为突出，法国的消费量是逐年递增的，从 42 万吨上涨为 150 万吨，增长了 257%；波兰的消费量变化较大，但是总体是下降的。

表 4. 90　　2002—2014 年欧洲地区主要国家 3105 类化肥消费量　　　　　　万吨

国家／年份	土耳其	爱尔兰	乌克兰	法国	波兰	国家／年份	土耳其	爱尔兰	乌克兰	法国	波兰
2002	43	0	17	0	0	2009	163	23	52	42	66
2003	163	68	0	0	5	2010	258	46	78	52	39
2004	167	74	0	0	0.07	2011	178	43	107	42	52
2005	248	64	0	0	0	2012	174	36	116	48	40
2006	0	0	0	0	0	2013	173	46	0	51	50
2007	144	0	0	0	0	2014	179	39	0	150	61
2008	94	0	25	0	0						

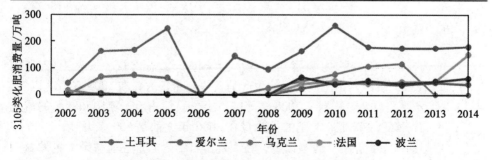

图 4.76　欧洲主要国家 3105 类化肥消费情况

3106 类化肥的消费比 3105 类化肥更少，如表 4.91 和图 4.77 所示，英国只在 2002—2005 年消费了 3106 类化肥，之后的年份里英国没有消费过这类化肥，平均消费量在 240 万吨。西班牙和英国一样，也只在开始的四年里消费了 3106 类化肥，平均消费为 170 万吨。意大利从 2008 年开始消费这种化肥，消费量慢慢增加，到 2014 年消费了 90 万吨。土耳其和挪威的消费年份较长，从 2003 年开始，但是消费量总体上是下降的，特别是在 2007 年以后，这两个国家的消费量变化很小，土耳其平均消费量为 25 万吨，挪威平均消费量为 34 万吨。

表 4.91 　　　　　 2002—2014 年欧洲地区主要国家 3106 类化肥消费量 　　　　　 万吨

国家\年份	英国	西班牙	意大利	土耳其	挪威	国家\年份	英国	西班牙	意大利	土耳其	挪威
2002	250	185	0	0	0	2009	0	0	45	28	33
2003	251	195	0	55	42	2010	0	0	51	20	32
2004	255	185	0	55	43	2011	0	0	54	23	36
2005	222	156	0	79	1	2012	0	0	57	24	34
2006	0	0	0	0	1	2013	0	0	80	28	34
2007	0	0	0	37	1	2014	0	0	90	25	35
2008	0	0	53	29	42						

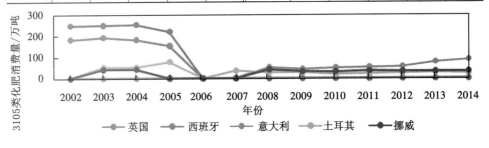

图 4.77　欧洲主要国家 3106 类化肥消费情况

三、供需比较

下面选择俄罗斯、法国和德国这三个国家进行供需比较。从表 4.92 和图 4.78 可以看出，俄罗斯化肥整体上的生产消费盈余量很大，在 1000 多万吨以上，从 2010 年开始，盈余量达到了 2000 多万吨以上。具体来看，氮肥和钾肥的盈余量是最大的，次之是磷肥。氮肥的盈余量在 2006 年之前是 500 多万吨，2006 年之后，氮肥的盈余量在 600 万吨以上，在实现了自给之后，还能盈余大量的氮肥用于出口。磷肥的盈余量在 200 万吨左右，数量比氮肥少，且磷肥的盈余量慢慢减少，到 2014 年盈余量为 150 万吨。钾肥的盈余量在氮肥和磷肥之间，数量可以达到 600 万吨左右，且盈余量在逐渐增加，可用于出口的钾肥数量也在增加。3105 类和 3106 类化肥的盈余量从 2009 年开始，之前的年份里都为 0，且这两种化肥的盈余量逐渐增多，3105 类化肥在 2014 年有 531 万吨，3106 类化肥有 312 万吨。整体上说明了俄罗斯是一个化肥生产大国和化肥出口大国。

表 4.92　　　　　　　2002—2014 年俄罗斯各类化肥生产消费盈余量　　　　　　万吨

化肥品种\年份	3102	3103	3104	3105	3106	31
2002	532	220	437	0	0	1189
2003	515	229	527	0	0	1271
2004	575	247	618	0	0	1440
2005	587	242	690	0	0	1519
2006	592	240	638	0	0	1470
2007	616	232	700	0	0	1548
2008	568	214	645	0	0	1427
2009	422	72	388	150	280	1312
2010	639	214	638	665	321	2477
2011	652	191	681	619	325	2468
2012	653	174	573	565	312	2277
2013	681	155	629	524	320	2309
2014	669	150	756	531	312	2418

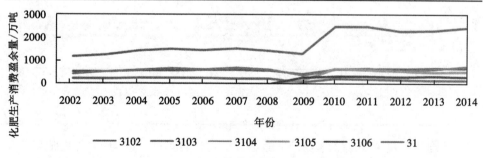

图 4.78　俄罗斯各类化肥生产消费盈余情况

法国化肥盈余量总体上是负的，盈余量为正的年份只有 3 年，分别是 2005 年、2006 年和 2007 年，其余年份盈余量都存在缺口，如表 4.93 和图 4.79 所示。具体而言，氮肥的盈余量大部分年份是负的，但是缺口总体上不是很大，缺口较大的年份是 2002 年，为 –120 万吨。磷肥的生产消费盈余缺口比氮肥要小，有些年份盈余量是正的，并且缺口量逐渐减少。钾肥盈余量在氮肥和磷肥之间，最大缺口量是 77 万吨，缺口数量越来越大。3105 和 3106 类化肥在前三年的盈余量是0，之后的盈余量多为正，这两类化肥法国基本上能够满足自给。

表 4.93 　　　　　　　2002—2014 年法国各类化肥生产消费盈余量　　　　　　　万吨

年份 \ 化肥品种	3102	3103	3104	3105	3106	31
2002	– 120	– 55	– 31	0	0	– 206
2003	– 115	– 60	– 36	0	0	– 211
2004	53	– 54	– 37	0	0	– 38
2005	83	– 2	– 39	97	158	297
2006	– 2	14	– 60	75	208	235
2007	– 137	– 23	– 57	62	149	– 6
2008	– 85	16	– 61	79	150	99
2009	– 83	4	– 77	– 10	57	– 109
2010	– 102	9	– 73	11	64	– 91
2011	– 68	5	– 79	27	54	– 61
2012	– 54	– 1	– 72	15	40	– 72
2013	– 88	– 4	– 68	4	36	– 120
2014	– 108	4	– 61	– 97	0	– 262

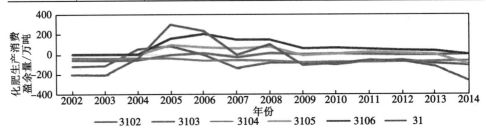

图 4.79　法国各类化肥生产消费盈余情况

德国化肥盈余量从整体上看是能够实现自给自足的，因为 31 类化肥盈余量大部分都是正的，只在 2014 年是负的，出现了盈余量缺口，如表 4.94 所示。从图 4.80 可知，整个化肥行业的盈余量是渐渐减少的，呈现下降的趋势。氮肥整体上的盈余量是负的，缺口量在 50 万吨左右，但缺口量在逐渐减少。磷肥的生产消费盈余量也是负的，存在消费缺口，但是这个缺口多在 20 万吨徘徊，所需数量比氮肥要少。钾肥是德国唯一一个能够实现自给的化肥种类，盈余量大约为200 万吨，这些盈余量可以用于出口。而 3105 和 3106 这两类化肥德国的盈余量基本为 0，3105 类化肥在 2013 年和 2014 年还是负的，需要进口。3106 类化肥就全是 0。

表 4.94　　　　　　　　2002—2014 年德国各类化肥生产消费盈余量　　　　　　万吨

化肥品种 / 年份	3102	3103	3104	3105	3106	31
2002	−53	−27	272	0	0	192
2003	−71	−15	298	0	0	212
2004	−62	−23	274	0	0	189
2005	−53	−22	297	0	0	222
2006	−41	−23	292	0	0	228
2007	−31	−28	238	0	0	179
2008	−59	−12	223	0	0	152
2009	−35	−17	151	0	0	99
2010	−51	−24	204	0	0	129
2011	−49	−20	223	0	0	154
2012	−34	−20	231	0	0	177
2013	−17	−24	204	−67	0	96
2014	−42	−24	108	−68	0	−26

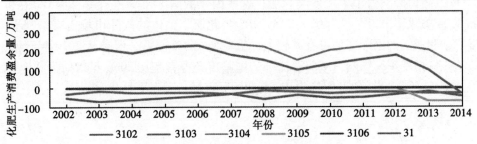

图 4.80　德国各类化肥生产消费盈余情况

四、欧洲重点国家化肥国际竞争力

1. 国际市场占有率

从表 4.95 中的数据可以比较清楚地看到欧洲地区整个化肥产业及各类化肥产品的国际市场占有率情况。

氮肥国际市场占有率较高的国家是俄罗斯，俄罗斯这些年国际市场占有率平均为 5%，与世界其他国家相比，这个国际市场占有率还是比较高的，最高的年份达到了 5.2%，且这些年俄罗斯的国际市场占有率变化不大，基本维持在 5% 左右。白俄罗斯的国际市场占有率不大，大部分是 2%，且在 2002—2014 年的 13 年里变化不大。德国氮肥的国际市场占有率也较大，多为 6%，是欧洲氮肥市场占有率最高的国家，整体趋势是增强的。

磷肥的国际市场占有率要弱于氮肥，磷肥国际市场占有率较高的是俄罗斯，在 5% 左右，但是，在后段时间，俄罗斯的磷肥国际市场占有率在慢慢下降，2014 年下降至 3.8%。白俄罗斯的国际市场占有率不足 0.1%，且它的国际市场占有率逐渐减少，它在国际上磷肥出口的力度慢慢减弱。法国在 2008 年以前的国际市场占有率还有 0.1%，但是之后，它的国际市场占有率下降，不足 0.1%。白俄罗斯、德国和土耳其这三个国家的国际市场占有率非常低，几乎都不到 0.1%，土耳其有些年份达到了 0.1%，但是很少。

钾肥的国际市场占有率比磷肥高，俄罗斯很多年份能达到 7%，2014 年达到了 8%，国际市场占有率越来越大，说明俄罗斯的钾肥在世界上的出口力量逐渐增强。白俄罗斯的钾肥国际市场占有率也较大，在 5% 徘徊，且越来越大，实力较强。德国钾肥的国际市场占有率较为一般，保持在 4% 左右，但是从 2010 年开始，这种趋势有所减弱。土耳其和法国的国际市场占有率较小，大部分不足 0.1%，出口影响力小。3106 类化肥，这些国家的国际市场占有率都为 0，在世界 3106 类化肥出口上没有优势。而 3105 类化肥，整体的国际市场占有率都小，俄罗斯和法国的国际市场占有率较大，俄罗斯在 3% 左右，但是从 2010 年开始，数值在慢慢变小，影响力减弱；法国的国际市场占有率在 2006 年以前为 0.1%，但是 2007 年、2008 年两年降为 0，后期国际市场占有率不足 0.1%。

表 4. 95   欧洲重点国家化肥产业及各类产品的国际市场占有率

年份	化肥品种 国家	3102					3103				
		俄罗斯	白俄罗斯	德国	法国	土耳其	俄罗斯	白俄罗斯	德国	法国	土耳其
2002		0.04992	0.00479	0.00625	0.00106	0.00100	0.05391	0.00043	0.00224	0.00130	0.00099
2003		0.04925	0.00174	0.00594	0.00270	0.00036	0.05588	0.00054	0.00035	0.00164	0.00034
2004		0.05065	0.00285	0.00534	0.00244	0.00073	0.05697	0.00032	0.00206	0.00188	0.00026
2005		0.05215	0.00248	0.00613	0.00249	0.00048	0.05577	0.00041	0.00205	0.00192	0.00038
2006		0.05412	0.00266	0.00635	0.00224	0.00052	0.05596	0.00050	0.00152	0.00151	0.00054
2007		0.04594	0.00239	0.00660	0.00245	0.00045	0.05207	0.00040	0.00169	0.00131	0.00179
2008		0.04602	0.00166	0.00603	0.00467	0.00066	0.05175	0.00030	0.00216	0.00135	0.00133
2009		0.05402	0.00348	0.00770	0.00249	0.00051	0.04931	0.00097	0.00175	0.00061	0.00184
2010		0.04691	0.00244	0.00614	0.00202	0.00092	0.05230	0.00085	0.00180	0.00054	0.00285
2011		0.04808	0.00318	0.00703	0.00179	0.00097	0.04545	0.00075	0.00150	0.00045	0.00118
2012		0.04598	0.00242	0.00676	0.00216	0.00064	0.04850	0.00099	0.00168	0.00054	0.00100
2013		0.04721	0.00369	0.00652	0.00211	0.00028	0.04867	0.00109	0.00114	0.00058	0.00082
2014		0.04139	0.00258	0.00599	0.00177	0.00047	0.03844	0.00151	0.00110	0.00067	0.00126

年份	化肥品种 国家	3104					3105				
		俄罗斯	白俄罗斯	德国	法国	土耳其	俄罗斯	白俄罗斯	德国	法国	土耳其
2002		0.04874	0.04317	0.03828	0.00125	0.00015	0.38287	0.00787	0.00000	0.01954	0.01059
2003		0.05507	0.02921	0.03848	0.00089	0.00007	0.41445	0.00766	0.00000	0.02008	0.00354
2004		0.05519	0.04653	0.03305	0.00069	0.00004	0.44122	0.00516	0.00000	0.02129	0.00265
2005		0.06752	0.0503	0.03762	0.00094	0.00012	0.39744	0.00733	0.00000	0.02748	0.00576
2006		0.05965	0.04506	0.03528	0.00085	0.00001	0.33660	0.00797	0.00000	0.01875	0.00379
2007		0.06588	0.04617	0.02775	0.00081	0.00005	0.33643	0.00688	0.00000	0.00000	0.00994
2008		0.06827	0.04226	0.02730	0.00087	0.00009	0.26079	0.00339	0.01870	0.00000	0.00622
2009		0.06114	0.04160	0.03710	0.00076	0.00009	0.25203	0.00949	0.01190	0.00448	0.00654
2010		0.06648	0.04578	0.02451	0.00074	0.00004	0.24778	0.00815	0.01303	0.00351	0.00936
2011		0.05398	0.05056	0.02606	0.00061	0.00005	0.20991	0.00714	0.01071	0.00295	0.00464
2012		0.06880	0.04202	0.02851	0.00071	0.00006	0.23981	0.00931	0.01140	0.00324	0.00453
2013		0.05151	0.03978	0.02544	0.00069	0.00011	0.24774	0.01042	0.00677	0.00412	0.00424
2014		0.00835	0.06976	0.01607	0.00051	0.00009	0.20252	0.01462	0.00820	0.00473	0.00552

化肥品种 年份\国家	3106					31				
	俄罗斯	白俄罗斯	德国	法国	土耳其	俄罗斯	白俄罗斯	德国	法国	土耳其
2002	0	0	0	0	0	0.07224	0.01798	0.01661	0.00239	0.00133
2003	0	0	0	0	0	0.08114	0.01156	0.0158	0.00324	0.00051
2004	0	0	0	0	0	0.08155	0.01873	0.01462	0.00305	0.00053
2005	0	0	0	0	0	0.08021	0.01972	0.01641	0.00342	0.00067
2006	0	0	0	0	0	0.07682	0.01814	0.01559	0.0028	0.00057
2007	0	0	0	0	0	0.07317	0.01802	0.01288	0.0015	0.00116
2008	0	0	0	0	0	0.07445	0.01616	0.01421	0.00342	0.00107
2009	0	0	0	0	0	0.07998	0.01168	0.01319	0.00203	0.00145
2010	0	0	0	0	0	0.07692	0.01682	0.01213	0.00153	0.00192
2011	0	0	0	0	0	0.07034	0.0177	0.01227	0.00133	0.00120
2012	0	0	0	0	0	0.07695	0.0148	0.01291	0.00158	0.00101
2013	0	0	0	0	0	0.07296	0.01448	0.01105	0.00167	0.00081
2014	0	0	0	0	0	0.05252	0.02107	0.00791	0.00161	0.00115

2. 贸易竞争指数

从表 4.96 中数据可以看到,对于氮肥来说,俄罗斯的贸易竞争性指数是最高的,几乎都接近于 1,说明俄罗斯的氮肥是保持净出口的。白俄罗斯稍次于俄罗斯,白俄罗斯的氮肥贸易竞争指数在 2009 年以前较大,在 50% 以上,有些年份甚至在 80% 以上,但是 2009 年以后,氮肥的贸易竞争指数有所下降。德国、法国和土耳其的贸易竞争指数都是负的,土耳其是最接近于 -1,说明土耳其在氮肥上是纯进口。法国在 -80% 左右,进口力度大。

磷肥上,贸易竞争指数最大的是俄罗斯,为 99%,是纯出口的化肥种类。白俄罗斯在 2004 年以前贸易竞争指数是正的,之后,贸易竞争指数是负的,但是数值在逐渐变大,2014 年又为正的,由进口转为出口。德国、法国、土耳其这三个国家的贸易竞争指数多是负的,且负的数值较大,很多在 -50% 以上,说明这三个国家在磷肥上是处于进口较多的国家。

俄罗斯、白俄罗斯和德国在钾肥方面都是贸易竞争指数较大的国家，接近于1，尤其是俄罗斯，它的贸易竞争指数达到了99%，出口优势非常大。白俄罗斯和德国这两个国家的贸易竞争指数也较大，在80%以上，也属于出口优势大的国家。法国和土耳其这两个国家的贸易竞争指数则为负，且在－80%以上，接近于－1，说明它们是进口力度较大的国家。

在3105类化肥方面，只有俄罗斯这个国家是纯出口的，因为它的贸易竞争指数在99%左右，接近1，出口力量强。白俄罗斯只有两年的贸易竞争指数是负的，其余年份都是正的，且数值在50%左右，说明其属于出口的国家。德国、法国和土耳其这些国家的贸易竞争指数都是负的，数值在－50%以上，需要依靠进口满足国内消费。在3106类化肥方面，这些国家的贸易竞争指数都是0，没有出口数额。

表4.96　　　　欧洲重点国家化肥产业及各类产品的贸易竞争指数情况

年份＼化肥品种国家	3102					3103				
	俄罗斯	白俄罗斯	德国	法国	土耳其	俄罗斯	白俄罗斯	德国	法国	土耳其
2002	0.9683	0.8320	－0.3377	－0.8451	－0.7868	0.9916	0.1382	－0.6015	－0.8897	－0.2649
2003	0.9776	0.7826	－0.4016	－0.7058	－0.9287	0.9986	0.6115	－0.8422	－0.8139	－0.8927
2004	0.9846	0.8512	－0.3848	－0.7291	－0.8771	0.9974	0.3468	－0.6263	－0.7693	－0.9438
2005	0.9832	0.8961	－0.3159	－0.7179	－0.9141	0.9982	－0.1639	－0.6133	－0.7400	－0.9341
2006	0.9873	0.5094	－0.2608	－0.7586	－0.9206	0.9974	－0.6703	－0.6041	－0.7378	－0.8628
2007	0.9980	0.7534	－0.1780	－0.7296	－0.9168	0.9975	0.1576	－0.6144	－0.8480	－0.4830
2008	0.9972	0.5294	－0.3314	－0.5977	－0.8729	0.9964	－0.5799	－0.5509	－0.8262	－0.5406
2009	0.9986	0.6438	－0.1858	－0.7363	－0.9252	0.9974	－0.2721	－0.5388	－0.8636	－0.6275
2010	0.9937	0.2496	－0.2677	－0.7818	－0.8227	0.9931	－0.3634	－0.5854	－0.8997	－0.2522
2011	0.9942	0.478	－0.2347	－0.8000	－0.7940	0.9911	－0.4801	－0.5363	－0.8762	－0.5717
2012	0.9940	0.4392	－0.1751	－0.7755	－0.8574	0.9924	－0.2289	－0.5371	－0.8760	－0.6822
2013	0.9941	0.6877	－0.0937	－0.7566	－0.9480	0.9937	－0.0907	－0.6727	－0.8826	－0.7210
2014	0.9950	0.8086	－0.2044	－0.7908	－0.9101	0.9939	0.1265	－0.6469	－0.8401	－0.5878

化肥品种 年份	3104					3105				
国家	俄罗斯	白俄罗斯	德国	法国	土耳其	俄罗斯	白俄罗斯	德国	法国	土耳其
2002	0.9946	0.9992	0.8590	-0.8353	-0.7856	0.9972	0.5128	0.0000	-0.6663	-0.4090
2003	0.9900	0.9992	0.9647	-0.8934	-0.9049	0.9974	0.7670	0.0000	-0.6348	-0.8094
2004	0.9895	0.9994	0.8436	-0.9084	-0.9378	0.9954	0.5881	0.0000	-0.6042	-0.8977
2005	0.9925	0.9994	0.8723	-0.8607	-0.8590	0.9957	0.4052	0.0000	-0.5048	-0.8533
2006	0.9889	0.9993	0.8891	-0.7837	-0.9846	0.9936	-0.2452	0.0000	-0.5789	-0.8466
2007	0.9917	0.9993	0.8372	-0.8728	-0.9449	0.9936	0.5004	0.0000	0.0000	-0.5541
2008	0.9921	0.9992	0.8323	-0.8632	-0.8529	0.9925	-0.2264	-0.4585	0.0000	-0.5648
2009	0.9958	0.9982	0.8965	-0.8303	-0.9118	0.9966	0.2866	-0.3022	-0.7281	-0.6736
2010	0.9984	0.9993	0.8215	-0.8467	-0.9265	0.9939	0.1604	-0.4651	-0.8337	-0.3289
2011	0.9956	0.9995	0.8487	-0.8623	-0.9158	0.9920	0.0504	-0.4072	-0.8011	-0.6111
2012	0.9971	0.9992	0.8480	-0.8227	-0.9005	0.9930	0.3099	-0.4203	-0.8088	-0.6482
2013	0.9962	0.9992	0.8500	-0.8337	-0.8502	0.9936	0.4557	-0.5668	-0.7776	-0.6609
2014	0.9184	0.9995	0.6865	-0.8865	-0.8943	0.9954	0.5539	-0.5294	-0.7150	-0.5532

化肥品种 年份	3106					31				
国家	俄罗斯	白俄罗斯	德国	法国	土耳其	俄罗斯	白俄罗斯	德国	法国	土耳其
2002	0	0	0	0	0	0.9880	0.9560	0.3706	-0.7907	-0.6222
2003	0	0	0	0	0	0.9911	0.9677	0.4214	-0.7392	-0.8819
2004	0	0	0	0	0	0.9916	0.9772	0.3425	-0.7354	-0.8980
2005	0	0	0	0	0	0.9918	0.9645	0.395	-0.6831	-0.8895
2006	0	0	0	0	0	0.9910	0.8254	0.4449	-0.6973	-0.8903
2007	0	0	0	0	0	0.9946	0.9627	0.3724	-0.7972	-0.7444
2008	0	0	0	0	0	0.9939	0.8973	0.1105	-0.6011	-0.7344
2009	0	0	0	0	0	0.9972	0.7909	0.1538	-0.7575	-0.7907
2010	0	0	0	0	0	0.9950	0.8305	0.0869	-0.8206	-0.5715
2011	0	0	0	0	0	0.9933	0.8281	0.1460	-0.8189	-0.7003
2012	0	0	0	0	0	0.9943	0.8428	0.1791	-0.8010	-0.7557
2013	0	0	0	0	0	0.9943	0.8723	0.1712	-0.7884	-0.8187
2014	0	0	0	0	0	0.9918	0.9210	-0.0617	-0.7895	-0.7489

第五章
五个特殊区域分析

第一节　低收入粮食短缺国家

一、低收入粮食短缺国家的化肥生产和消费

低收入粮食短缺国家这个词是由联合国粮食与农业组织（FAO）提出来的，其定义的标准是：① 贫困——人均收入低于世界银行确定接受 IDA 援助的标准。② 粮食净进口——过去三年基本粮食进口量超过出口量。在 2000 年，低收入粮食短缺国家有 83 个，主要分布情况为：非洲 42 个，亚洲 24 个，拉丁美洲 7 个，大洋洲 7 个和欧盟 3 个，目前世界低收入粮食短缺国家下降至 70 个。

低收入粮食短缺国家大多受环境、人口、自然灾害、疾病、社会动乱等因素的影响导致粮食产量低，无法满足本国人民粮食的需求，所以粮食的供给很大程度上依赖于进口，这从侧面上说明了低收入粮食短缺国家的农业大多处于不发达的状态。低收入粮食短缺国家由于经济贫困，农业不发达，化肥施用面积比例和单位面积用量都比较低，故该地区国家化肥生产量和消费量都较低，并且这些国家只生产消费氮肥、磷肥、钾肥这三大种类的化肥，不生产使用复合型化肥。

表 5.1 是对所有低收入粮食短缺国家 2002—2014 年的氮肥生产量和消费量进行统计得出的结果。从表中数据可以看到，全球所有低收入粮食短缺国家氮肥的生产量在 1100 万吨到 1400 万吨之间，总体较为稳定，呈小幅上升的趋势。而该区域氮肥的消费量则一直高于生产量，并且两者之间的差距在不断拉大，从 2002 年消费氮肥 1255 万吨增加到 2014 年消费氮肥 2074 万吨，增长幅度较大。氮肥生产和消费的这种变化趋势使得低收入粮食短缺国家的氮肥一直处于缺口的

状态，并且缺口在不断扩大，见图 5.1。这说明随着经济的发展，低收入粮食短缺国家农业发展状况得到改善，对氮肥的使用量在逐渐增加，而由于氮肥的生产受资源条件的约束性较大，所以该地区国家氮肥生产量的增加量要远远小于氮肥消费量的增加量。

表 5.1 　　　　2002—2014 年氮肥在低收入粮食短缺国家的生产量、消费量和生产消费盈余量　　　　　　　　　　　　　万吨

年份	生产量	消费量	生产消费盈余量
2002	1180	1255	−75
2003	1166	1304	−138
2004	1243	1392	−149
2005	1233	1495	−262
2006	1279	1679	−400
2007	1240	1727	−487
2008	1228	1802	−574
2009	1315	1858	−543
2010	1373	1985	−612
2011	1390	2081	−691
2012	1396	2056	−660
2013	1399	2054	−655
2014	1399	2074	−675

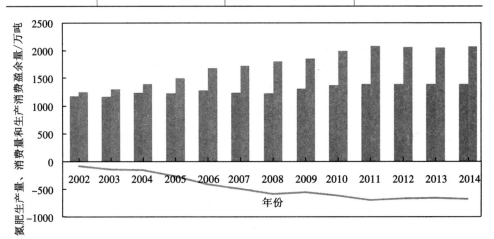

图 5.1　2002—2014 年氮肥在低收入粮食短缺国家的生产量、消费量和生产消费盈余量

在氮肥进出口方面（表 5.2 和图 5.2）可以看到，为弥补氮肥生产不足的缺陷，低收入粮食短缺国家氮肥的进口量要远远高于出口量，并且氮肥进口量还在不断增加，增长幅度较大，2014 年低收入粮食短缺国家氮肥的进口量为 745 万吨，是 2002 年氮肥进口量的 7 倍。而该地区氮肥的出口量则相对要小得多，总体也较为稳定，近几年一直保持在四十多万吨的水平。由于该地区氮肥的进口量常年大于出口量，所以该地区的氮肥一直处于贸易逆差中，属于净进口化肥。

表 5.2　2002—2014 年氮肥在低收入粮食短缺国家的进口量、出口量和净出口量　万吨

年份	出口量	进口量	净出口量
2002	33	109	−76
2003	24	113	−89
2004	18	161	−143
2005	24	282	−258
2006	22	419	−397
2007	27	509	−482
2008	21	538	−517
2009	30	524	−494
2010	39	674	−635
2011	48	767	−719
2012	45	725	−680
2013	43	657	−614
2014	44	745	−701

低收入粮食短缺国家磷肥的生产量和消费量都要低于氮肥，其中磷肥的生产量多集中在三四百万吨，呈小幅波动的趋势，而磷肥的消费量则要高于生产量，前期呈不断上升的趋势，由 2002 年的 481 万吨上升到 2011 年的 972 万吨（见表 5.3），之后便转为下降的趋势。由于低收入粮食短缺国家磷肥消费量的变化幅度要大于磷肥生产量的变化幅度，故磷肥的缺口在前期一直处于上升的态势，后期则有所下降，见图 5.3。

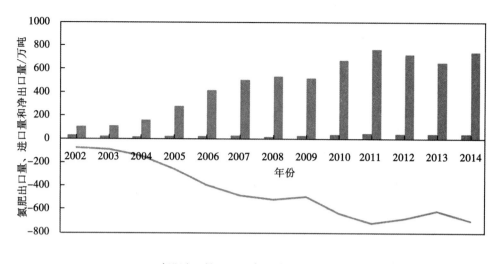

図 5.2　2002—2014 年氮肥在低收入粮食短缺国家的进口量、出口量和净出口量

表 5.3　　2002—2014 年磷肥在低收入粮食短缺国家的生产量、消费量

和生产消费盈余量　　　　　　　　　　　　万吨

年份	生产量	消费量	生产消费盈余量
2002	409	481	−72
2003	379	486	−107
2004	418	542	−124
2005	434	604	−170
2006	360	655	−295
2007	314	655	−341
2008	276	689	−413
2009	352	822	−470
2010	462	926	−464
2011	472	972	−500
2012	413	838	−425
2013	422	742	−320
2014	433	775	−342

　　低收入粮食短缺国家磷肥的出口量非常少，平均在 10 万吨左右，而进口量则在 2002—2011 年期间一直呈上升的趋势，由 2002 年的 75 万吨增加到 2011 年

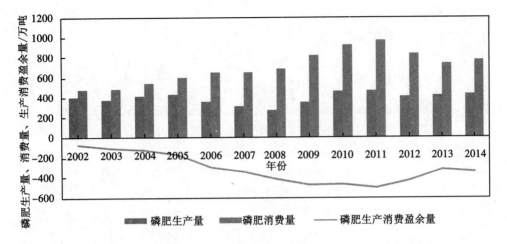

图5.3　2002—2014年磷肥在低收入粮食短缺国家的生产量、消费量和生产消费盈余量

的507万吨，在十年的时间里增加了432万吨，之后磷肥的进口量有所下降，见表5.4和图5.4。随着磷肥进口量的增加，净出口值一直保持负数，这也说明了低收入粮食短缺国家的磷肥在很大程度上依赖进口。

表5.4　2002—2014年磷肥在低收入粮食短缺国家的进口量、出口量和净出口量　万吨

年份	出口量	进口量	净出口量
2002	5	75	−70
2003	6	91	−85
2004	6	102	−96
2005	4	189	−185
2006	5	211	−206
2007	6	198	−192
2008	10	370	−360
2009	11	360	−349
2010	10	457	−447
2011	12	507	−495
2012	8	404	−396
2013	14	277	−263
2014	12	299	−287

　　钾肥在低收入粮食短缺国家的生产时间较晚，直到2008年才有所生产，并且生产量也非常少，不到1万吨，2011年之后则一直保持在10万吨左右。低收

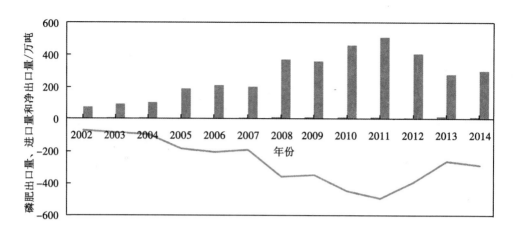

图 5.4   2002—2014 年磷肥在低收入粮食短缺国家的进口量、出口量和净出口量

入粮食短缺国家的钾肥消费量远远大于生产量，总体保持在 200 万吨到 400 万吨之间，且在 2002—2009 年期间呈缓慢上升的趋势，在 2009 年到 2012 年又呈现下降的趋势，之后再上升，总体来说波动性较大，如表 5.5 和图 5.5 所示。由于低收入粮食短缺国家的钾肥生产量非常少，钾肥一直处于缺口的状态，故该地区国家的钾肥几乎完全依赖进口。

表 5.5   2002—2014 年钾肥在低收入粮食短缺国家的生产量、消费量

和生产消费盈余量

万吨

年份	生产量	消费量	生产消费盈余量
2002	0	190	−190
2003	0	196	−196
2004	0	251	−251
2005	0	293	−293
2006	0	286	−286
2007	0	315	−315
2008	0.01	378	−378
2009	0.1	403	−403
2010	0.03	400	−400
2011	11	320	−309
2012	13	274	−261
2013	9	277	−268
2014	10	325	−315

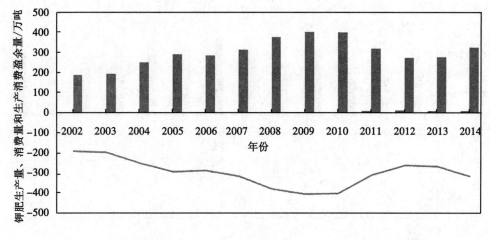

图 5.5　2002—2014 年钾肥在低收入粮食短缺国家的生产量、消费量和生产消费盈余量

　　从进出口情况看，低收入粮食短缺国家钾肥进口量的走势大致和钾肥消费量的走势趋于一致，而钾肥的出口量则非常少，虽然后期钾肥的出口量有所增加，但出口量的最大值也仅为 16 万吨，如表 5.6 和图 5.6 所示。钾肥在低收入粮食短缺国家属于净进口型化肥。

表 5.6　　2002—2014 年钾肥在低收入粮食短缺国家的进口量、出口量和净出口量　　万吨

年份	出口量	进口量	净出口量
2002	4	192	−188
2003	4	192	−188
2004	4	252	−248
2005	3	330	−327
2006	3	262	−259
2007	3	317	−314
2008	5	389	−384
2009	4	354	−350
2010	3	451	−448
2011	16	351	−335
2012	16	232	−216
2013	12	283	−271
2014	14	320	−306

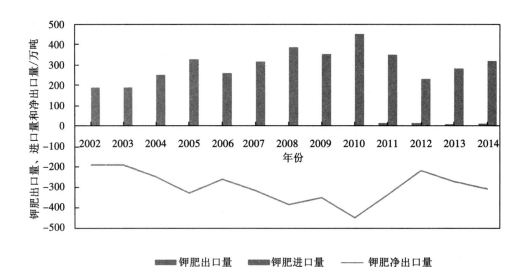

图 5.6　2002—2014 年钾肥在低收入粮食短缺国家的进口量、出口量和净出口量

　　由于低收入粮食短缺国家只生产消费氮磷钾这三种化肥，故本地区 31 类化肥也仅包含此三种化肥，是这三种化肥生产量和消费量的加总。从低收入粮食短缺国家的整个化肥产业分析来看，本地区国家化肥的生产量相对来说较为稳定，如表 5.7 所示，在 2002—2014 年期间一直保持在 1500 万吨到 1900 万吨之间，而化肥的消费量则总体处于上升的趋势，从 2002 年消费 1926 万吨上升到 2014 年消费 3174 万吨，增长了 64.8%。并且化肥的消费量一直大于生产量，且随着消费量的增加，两者的差距在不断扩大，这也使得低收入粮食短缺国家的化肥一直处于缺口的状态，缺口量在前期增长迅速，于 2007 年突破了千万吨，后期增长态势有所减缓，见图 5.7。

表 5.7　　　2002—2014 年 31 类化肥在低收入粮食短缺国家的生产量、消费量

和生产消费盈余量　　　　　　　　　　　　　　　　　万吨

年份	生产量	消费量	生产消费盈余量
2002	1589	1926	−337
2003	1544	1986	−442
2004	1660	2186	−526
2005	1667	2392	−725
2006	1640	2620	−980
2007	1554	2697	−1143
2008	1504	2869	−1365
2009	1667	3083	−1416

续表 5.7

年份	生产量	消费量	生产消费盈余量
2010	1835	3311	– 1476
2011	1873	3373	– 1500
2012	1821	3167	– 1346
2013	1830	3073	– 1243
2014	1842	3174	– 1332

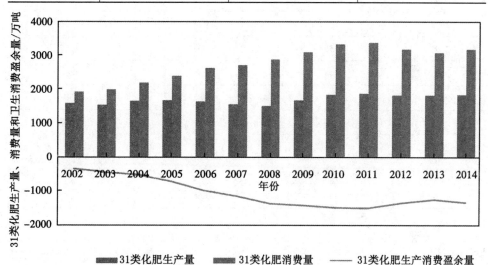

图 5.7　2002—2014 年 31 类化肥在低收入粮食短缺国家的生产量、消费量和生产消费盈余量

从对低收入粮食短缺国家各化肥品种的进出口情况分析（表 5.8 和图 5.8）中可以看到，氮磷钾这三种化肥都是进口量常年大于出口量，出口量的比重非常小，故低收入粮食短缺国家的化肥基本上属于净进口型化肥。而随着该地区化肥消费量的不断增加，化肥的进口量也呈上升的趋势，但近几年化肥进口量上升的速度有所减缓，略有下降。这说明低收入粮食短缺国家的化肥在很大程度上依赖进口，对国外化肥市场的依存度还是比较高，但近几年化肥进口趋势有所减缓又说明了低收入粮食短缺国家也在不断谋求本国化肥产业的发展，增加化肥的自给能力。

表5.8　　　2002—2014年31类化肥在低收入粮食短缺国家的进口量、
　　　　　出口量和净出口量　　　　　　　　　　　　　　　　万吨

年份	出口量	进口量	净出口量
2002	42	376	−334
2003	34	396	−362
2004	28	516	−488
2005	31	802	−771
2006	29	892	−863
2007	36	1024	−988
2008	36	1298	−1262
2009	45	1239	−1194
2010	52	1582	−1530
2011	76	1624	−1548
2012	69	1362	−1293
2013	69	1218	−1149
2014	70	1365	−1295

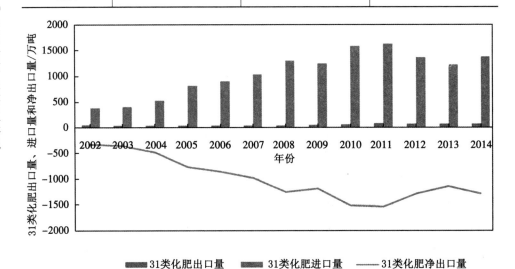

图5.8　2002—2014年31类化肥在低收入粮食短缺国家的进口量、出口量和净出口量

二、低收入粮食短缺国家化肥的国际竞争力

1. 国际市场占有率

全球共有 224 个国家和地区，其中国家为 193 个，地区为 31 个，而低收入粮食短缺国家目前有 70 个，占全球所有国家和地区的近三分之一。这些国家各类化肥的国际市场占有率并不高，占比还不到 1%。从表 5.9 中的数据可以具体看到，低收入粮食短缺国家国际市场占有率最高的化肥是氮肥，国际市场占比保持在 0.2% 到 0.4% 之间；其次是磷肥，国际市场占有率在 0.1% 到 0.3% 之间；钾肥的国际市场占有率最小，但占比在不断增加。从整个化肥产业来看，低收入粮食短缺国家化肥的国际市场占有率总体保持在 0.2% 左右，占比非常低。

表 5.9　2002—2014 年低收入粮食短缺国家化肥产业及各类产品的国际市场占有率情况

化肥品种 / 年份	3102	3103	3104	31	化肥品种 / 年份	3102	3103	3104	31
2002	0.0040	0.0013	0.0005	0.0020	2009	0.0031	0.0028	0.0009	0.0022
2003	0.0027	0.0015	0.0005	0.0015	2010	0.0035	0.0021	0.0003	0.0018
2004	0.0019	0.0014	0.0004	0.0011	2011	0.0042	0.0021	0.0017	0.0025
2005	0.0026	0.0010	0.0004	0.0013	2012	0.0038	0.0016	0.0018	0.0023
2006	0.0024	0.0012	0.0003	0.0012	2013	0.0035	0.0026	0.0014	0.0023
2007	0.0025	0.0013	0.0003	0.0014	2014	0.0032	0.0020	0.0017	0.0022
2008	0.0021	0.0026	0.0006	0.0014					

2. 贸易竞争指数

由于低收入粮食短缺国家的化肥大部分属于净进口型化肥，进口量常年大于出口量，净出口值皆是负数，故贸易竞争指数也皆是负数。从表 5.10 中可以看到，低收入粮食短缺国家的氮肥、磷肥、钾肥的贸易竞争指数都是负数，磷肥和钾肥的竞争指数更是连续多年都在 -0.9 以上，说明低收入粮食短缺国家各类化肥皆处于严重的竞争弱势，化肥产业在国际市场中不存在竞争力。

表 5.10　2002—2014 年低收入粮食短缺国家化肥产业及各类产品的贸易竞争
指数对比分析

化肥品种 年份	3102	3103	3104	31	化肥品种 年份	3102	3103	3104	31
2002	-0.5352	-0.8750	-0.9592	-0.7990	2009	-0.8917	-0.9407	-0.9777	-0.9299
2003	-0.6496	-0.8763	-0.9592	-0.8419	2010	-0.8906	-0.9572	-0.9868	-0.9364
2004	-0.7989	-0.8889	-0.9688	-0.8971	2011	-0.8822	-0.9538	-0.9128	-0.9106
2005	-0.8431	-0.9585	-0.9820	-0.9256	2012	-0.8831	-0.9612	-0.8710	-0.9036
2006	-0.9002	-0.9537	-0.9774	-0.9370	2013	-0.8771	-0.9038	-0.9186	-0.8928
2007	-0.8993	-0.9412	-0.9813	-0.9321	2014	-0.8885	-0.9228	-0.9162	-0.9024
2008	-0.9249	-0.9473	-0.9746	-0.9460					

第二节　粮食净进口发展中国家

一、粮食净进口发展中国家的化肥生产和消费

粮食净进口发展中国家并不是说这个国家不生产粮食，而是指该国粮食的生产不能满足本国国民的需求，需要依赖大量的进口，并且连续多年粮食的进口量都要超过出口量。一些发展中国家沦为粮食净进口国的原因可能是人口的增长、自然环境的恶化、社会动乱以及战争等，这些因素使得发展中国家的粮食产量急剧减少，难以满足国内的消费需求，并且随着人口数量的快速增长，部分粮食净出口国也转为了粮食净进口国。在非洲国家，由于人口的增加而转为粮食净进口国的情况更为严重，近十年来，非洲地区人口的增长率为 3%，而粮食的增长率却只有 1%，粮食的增长远远赶不上人口的增长。由于粮食净进口发展中国家的粮食供给更依赖进口，故本地粮食的生产比率相对更低，对化肥的生产和消费也就相对不高。

具体来看，粮食净进口发展中国家的氮肥生产量保持在 600 万吨到 800 万吨之间，而氮肥的消费量也从最开始的 600 多万吨增长到 800 多万吨，如表 5.11 所示。总体来看，粮食净进口发展中国家的氮肥生产量要略小于氮肥的消费量，并且二者之间的差在逐渐扩大（见图 5.9），氮肥整体存在缺口。

表 5.11   2002—2014 年氮肥在粮食净进口发展中国家的生产量、消费量和
生产消费盈余量   万吨

年份	生产量	消费量	生产消费盈余量
2002	655	636	19
2003	639	667	−28
2004	665	689	−24
2005	664	717	−53
2006	668	692	−24
2007	743	689	54
2008	767	788	−21
2009	763	781	−18
2010	797	817	−20
2011	757	837	−80
2012	697	806	−109
2013	704	852	−148
2014	673	874	−201

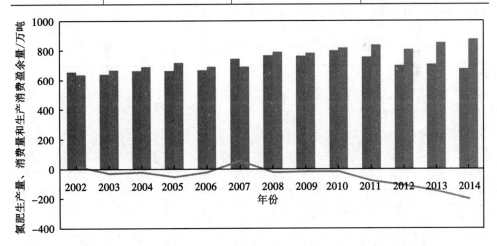

图 5.9   2002—2014 年氮肥在粮食净进口发展中国家的生产量、消费量和生产消费盈余量

在氮肥的进出口方面，如表 5.12 和图 5.10 所示，粮食净进口发展中国家的氮肥出口量在 200 万吨到 300 万吨之间，总体来说波动较小，相对更稳定，而进口量则由 2002 年的 179 万吨上升到 408 万吨，增幅相对更大。二者在前期的差

距较小，之后随着氮肥进口量的快速增加，差距在不断扩大，到2014年氮肥的出口量仅为进口量的一半，净出口值多为负数。

表5.12　　　　　2002—2014年氮肥在粮食净进口发展中国家的进口量、
出口量和净出口量
　　　　　　　　　　　　　　　　　　　　　　　　　　　　　　万吨

年份	出口量	进口量	净出口量
2002	204	179	25
2003	151	176	−25
2004	179	201	−22
2005	195	250	−55
2006	260	237	23
2007	282	217	65
2008	243	243	0
2009	299	325	−26
2010	306	330	−24
2011	280	367	−87
2012	255	386	−131
2013	222	372	−150
2014	202	408	−206

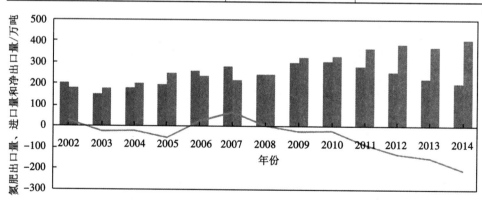

图5.10　2002—2014年氮肥在粮食净进口发展中国家的进口量、出口量和净出口量

粮食净进口发展中国家磷肥的生产量只有氮肥生产量的一半，多数年份生产量保持在300万吨到400万吨之间，且前期磷肥生产量多在300万吨左右徘徊，比较稳定，2010年之后有较大幅度的增长，保持在400万吨左右，见表5.13和

图 5.11。而磷肥的消费量在大多数年份保持在 200 万吨到 300 万吨之间，生产量要大于消费量，粮食净进口发展中国家的磷肥存在盈余。磷肥的盈余量在前期保持在 80 万吨到 100 万吨之间，后期有小幅的增加，且连续多年突破百万吨。

表 5.13 2002—2014 年磷肥在粮食净进口发展中国家的生产量、消费量和生产消费盈余量 万吨

年份	生产量	消费量	生产消费盈余量
2002	289	203	86
2003	286	188	98
2004	314	209	105
2005	302	225	77
2006	306	211	95
2007	311	217	94
2008	292	169	123
2009	307	203	104
2010	398	240	158
2011	413	262	151
2012	418	282	136
2013	383	290	93
2014	411	304	107

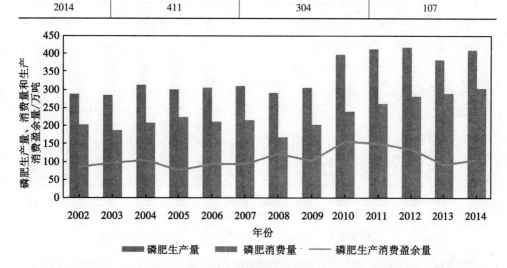

图 5.11 2002—2014 年磷肥在粮食净进口发展中国家的生产量、消费量和生产消费盈余量

粮食净进口发展中国家磷肥的出口量和氮肥相比相差无几，保持在 200 万吨到 300 万吨之间，但磷肥的进口量却要大大低于氮肥，总体在 100 万吨到 200 万吨之间，且出口量要大于进口量，净出口值总为正数，如表 5.14 和图 5.12 所示。

表 5.14　2002—2014 年磷肥在粮食净进口发展中国家的进口量、出口量和净出口量　万吨

年份	出口量	进口量	净出口量
2002	205	116	89
2003	211	102	109
2004	235	138	97
2005	209	153	56
2006	234	127	107
2007	236	145	91
2008	186	100	86
2009	239	130	109
2010	292	133	159
2011	299	160	139
2012	306	185	121
2013	282	181	101
2014	303	191	112

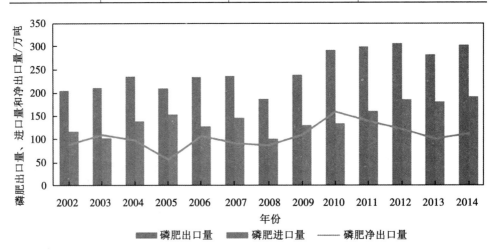

图 5.12　2002—2014 年磷肥在粮食净进口发展中国家的进口量、出口量和净出口量

粮食净进口发展中国家钾肥的生产量大多在 100 万吨到 150 万吨之间，总体较为稳定，波动性较小，而钾肥的消费量则要略小于生产量，在 2002—2010 年

期间钾肥的消费量皆低于 100 万吨，2011 年之后则达到百万吨以上，如表 5.15
所示。由于两者之间的波动变化导致钾肥的盈余量也呈波动性变化，没有规律
性，如图 5.13 所示，但钾肥在粮食净进口发展中国家基本可以实现自给。

表 5.15　　　　2002—2014 年钾肥在粮食净进口发展中国家的生产量、消费量和
生产消费盈余量　　　　　　　　　　　　　　　　　　万吨

年份	生产量	消费量	生产消费盈余量
2002	118	67	51
2003	118	67	51
2004	116	79	37
2005	110	97	13
2006	104	93	11
2007	114	98	16
2008	123	88	35
2009	70	65	5
2010	122	75	47
2011	143	103	40
2012	116	114	2
2013	113	112	1
2014	135	113	22

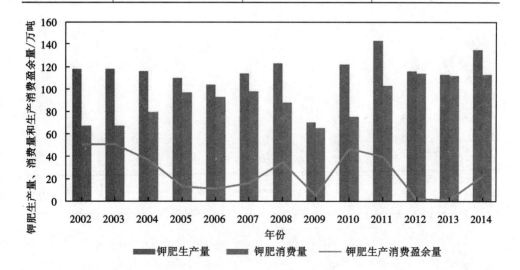

图 5.13　2002—2014 年钾肥在粮食净进口发展中国家的生产量、消费量和生产消费盈余量

由于粮食净进口发展中国家的钾肥基本可以实现自给，故钾肥的出口量要大于进口量。总体来看，钾肥的出口量保持在 100 万吨到 150 万吨之间，而钾肥的进口量则在大部分年份要低于 100 万吨，钾肥的净出口值在前期处于下降的趋势，但后期又呈现为波动性的上升，如表 5.16 和图 5.14 所示。

表 5.16　2002—2014 年钾肥在粮食净进口发展中国家的进口量、出口量和净出口量　万吨

年份	出口量	进口量	净出口量
2002	123	66	57
2003	126	66	60
2004	119	78	41
2005	106	90	16
2006	96	82	14
2007	110	95	15
2008	116	93	23
2009	66	61	5
2010	124	82	42
2011	133	90	43
2012	99	102	−3
2013	106	119	−13
2014	136	103	33

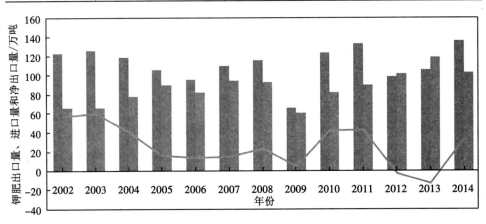

图 5.14　2002—2014 年钾肥在粮食净进口发展中国家的进口量、出口量和净出口量

从整个化肥产业来看，粮食净进口发展中国家化肥的生产和消费皆处于缓慢上升的趋势，皆达到了千万吨，但化肥生产量的增长速度总体要小于化肥消费量的增长速度，尤其是在后期，氮磷钾三种化肥都处于快速上升的状态，故化肥的生产消费盈余量在前期来看较为稳定，但在后期则迅速下降，并且由盈余转为了缺口，如表5.17和图5.15所示。虽然粮食净进口发展中国家的粮食供给大部分依赖进口，但随着经济的发展，本国农业也得到了相应的发展，对化肥的需求也有所提高。并且部分粮食净进口发展中国家在前期还属于粮食净出口国，本身具备较好的农业基础，在大量增加粮食进口的同时也不忘发展本国农业，故化肥消费量的增长要超过化肥生产量的增长，由原来存在较多盈余转为出现缺口。

表5.17　　　　　2002—2014年31类化肥在粮食净进口发展中国家的生产量、

消费量和生产消费盈余量　　　　　　　　万吨

年份	生产量	消费量	生产消费盈余量
2002	1062	905	157
2003	1043	922	121
2004	1095	977	118
2005	1076	1039	37
2006	1079	995	84
2007	1169	1004	165
2008	1181	1045	136
2009	1140	1049	91
2010	1318	1132	186
2011	1314	1202	112
2012	1232	1202	30
2013	1200	1253	−53
2014	1219	1291	−72

与化肥的生产和消费相一致的是，粮食净进口发展中国家化肥的出口量呈先上升后下降的趋势，总体保持在500万吨到700万吨之间，而进口量则一直处于上升的趋势中，由2002年的361万吨上升到2014年的701万吨（见表5.18和图5.16），这与化肥消费量的不断增加有直接关系。2002—2011年粮食净进口发展中国家的化肥出口量要大于进口量，但2011年之后则发展为化肥的进口量要超过出口量，其中氮肥的进口量最大，所占比重最高，对国外化肥市场的依赖性也最强，从而在很大程度上影响了整个化肥产业的走向。

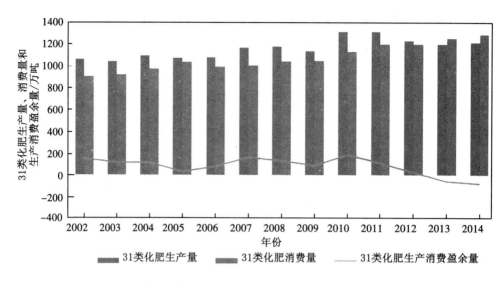

图 5.15　2002—2014 年 31 类化肥在粮食净进口发展中国家的生产量、消费量和生产
消费盈余量

表 5.18　　　　　 2002—2014 年 31 类化肥在粮食净进口发展中国家的进口量、
出口量和净出口　　　　　　　　　　　　万吨

年份	出口量	进口量	净出口量
2002	531	361	170
2003	487	344	143
2004	533	417	116
2005	509	493	16
2006	590	446	144
2007	628	457	171
2008	544	437	107
2009	604	515	89
2010	722	546	176
2011	713	617	96
2012	659	673	− 14
2013	610	673	− 63
2014	641	701	− 60

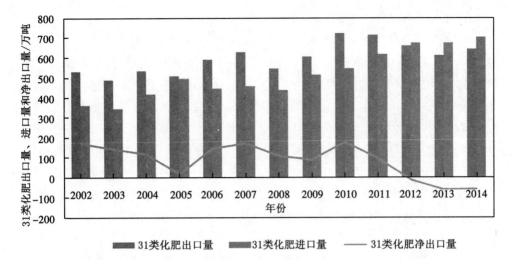

图 5.16 2002—2014 年 31 类化肥在粮食净出口发展中国家的进口量、出口量和净出口量

二、粮食净进口发展中国家化肥的国际竞争力

1. 国际市场占有率

粮食净进口发展中国家的氮肥、磷肥、钾肥出口量都在百万吨以上，在整个国际化肥出口中皆占据了一定的比重。具体来看，氮肥的国际市场占有率大致在 2% 左右，磷肥的国际市场占有率要高于这一数值，平均在 5% 左右，钾肥的国际市场占有率最小，总体在 1% 左右，而整个 31 类化肥的国际市场占有率综合在 2% 左右，如表 5.19 所示。从数据上来看，粮食净进口发展中国家的氮磷钾三种化肥在国际市场中具有一定的竞争力，而且各类化肥的国际市场占比相对来说都比较稳定。

表 5.19 2002—2014 年粮食净进口发展中国家化肥产业及各类产品的国际市场占有率情况

化肥品种 年份	3102	3103	3104	31	化肥品种 年份	3102	3103	3104	31
2002	0.0245	0.0518	0.0160	0.0248	2009	0.0305	0.0606	0.0153	0.0291
2003	0.0170	0.0512	0.0159	0.0215	2010´	0.0271	0.0625	0.0135	0.0254
2004	0.0194	0.0543	0.0131	0.0217	2011	0.0244	0.0523	0.0142	0.0233
2005	0.0208	0.0520	0.0125	0.0217	2012	0.0214	0.0596	0.0112	0.0223
2006	0.0281	0.0554	0.0109	0.0245	2013	0.0181	0.0534	0.0121	0.0202
2007	0.0266	0.0529	0.0117	0.0239	2014	0.0146	0.0509	0.0164	0.0198
2008	0.0247	0.0483	0.0129	0.0217					

2. 贸易竞争指数

粮食净进口发展中国家氮磷钾这三大化肥中，氮肥在大部分年份进口量要大于出口量，净出口值多为负数，故其贸易竞争指数也大部分为负数（见表5.20），这说明粮食净进口发展中国家氮肥的竞争优势较弱，并且随着竞争指数越来越往 -1 的方向靠近，氮肥的竞争优势会越来越弱，并逐渐由优势转为劣势。磷肥和钾肥在大部分年份贸易竞争指数是正数，但磷肥的竞争指数要比钾肥大，且钾肥连续有两个年份竞争指数为负数，波动性较大，这说明与氮肥相比，磷肥和钾肥的竞争优势要更强，但钾肥和磷肥相比，磷肥的竞争优势最强。从化肥产业的竞争指数上可以看到，粮食净进口发展中国家化肥的贸易竞争指数呈递减的趋势，并且后期由正数转为了负数，这说明粮食净进口发展中国家整体化肥的竞争力在减弱，对国外化肥市场的依赖性在增强。

表 5.20　2002—2014 年粮食净进口发展中国家化肥产业及各类产品的贸易竞争指数对比分析

化肥品种 / 年份	3102	3103	3104	31	化肥品种 / 年份	3102	3103	3104	31
2002	0.0653	0.2773	0.3016	0.1906	2009	-0.0417	0.2954	0.0394	0.0795
2003	-0.0765	0.3482	0.3125	0.1721	2010	-0.0377	0.3741	0.2039	0.1388
2004	-0.0579	0.2601	0.2081	0.1221	2011	-0.1345	0.3028	0.1928	0.0722
2005	-0.1236	0.1547	0.0816	0.016	2012	-0.2044	0.2464	-0.0149	-0.0105
2006	0.0463	0.2964	0.0787	0.139	2013	-0.2525	0.2181	-0.0578	-0.0491
2007	0.1303	0.2388	0.0732	0.1576	2014	-0.3377	0.2267	0.1381	-0.0447
2008	0	0.3007	0.11	0.1091					

第三节　内陆发展中国家

一、内陆发展中国家的化肥生产和消费

内陆发展中国家是指没有海岸线的国家，亦即被周围邻国陆地领土所包围的国家。内陆发展中国家与临海国、岛国相比，地理条件比较闭塞，交通与对外联系多有不便，社会经济发展上有许多困难和特殊之处。

从表5.21 中可以看到，氮肥作为世界最常用的化肥，在内陆发展中国家的生产和消费都比较低，但总体上消费量要高于生产量。内陆发展中国家氮肥的生

产量在前期比较低，到 2006 年之后，氮肥的生产量得到迅猛地增加，之后一直保持在 110 万吨左右的生产水平。而氮肥的消费量在这一期间也处于上升的趋势，从 2002 年的 45 万吨上升到 2014 年的 210 万吨，增长了将近 5 倍。内陆发展中国家氮肥消费量的增长速度要远远高于氮肥生产量的增长速度，这使得氮肥的缺口也越来越大，见图 5.17。

表 5.21　2002—2014 年氮肥在内陆发展中国家的生产量、消费量和生产消费盈余量　万吨

年份	生产量	消费量	生产消费盈余量
2002	10	45	−35
2003	9	43	−34
2004	20	69	−49
2005	9	58	−49
2006	92	122	−30
2007	107	127	−20
2008	107	129	−22
2009	104	132	−28
2010	102	157	−55
2011	113	167	−54
2012	116	193	−77
2013	109	197	−88
2014	118	210	−92

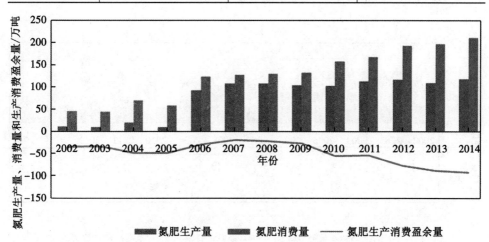

图 5.17　2002—2014 年氮肥在内陆发展中国家的生产量、消费量和生产消费盈余量

内陆发展中国家由于地处内陆地区，交通十分不便，从而在很大程度上限制了对外贸易，氮肥的出口和进口都受到了一定的限制，但从表5.22中的数据可以看到，内陆发展中国家氮肥的出口量还是要小于进口量。其中氮肥的出口量在前期比较低，不超过10万吨，后期缓慢增加，呈小幅上升的趋势，见图5.18。而氮肥的进口量则一直保持上升的状态，且增长的幅度要更大，由最初的38万吨增长到135万吨，这就使得氮肥的净出口量一直是负数，氮肥总处于贸易逆差中。

表5.22　　　2002—2014年氮肥在内陆发展中国家的进口量、出口量和净出口量　　　万吨

年份	出口量	进口量	净出口量
2002	1	38	−37
2003	3	37	−34
2004	8	57	−49
2005	4	58	−54
2006	10	59	−49
2007	8	73	−65
2008	13	71	−58
2009	15	75	−60
2010	29	90	−61
2011	42	101	−59
2012	40	129	−89
2013	31	131	−100
2014	41	135	−94

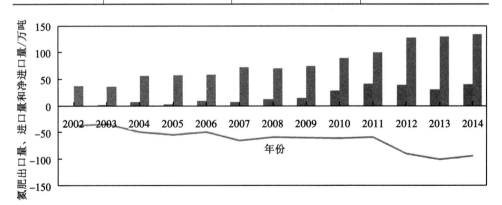

图5.18　2002—2014年氮肥在内陆发展中国家的进口量、出口量和净出口量

　　大部分内陆发展中国家都不具有丰富的磷矿资源，故内陆发展中国家磷肥的生产量一直比较低，总体保持在一二十万吨左右，变化幅度较小，相对较为稳定，如表 5.23 和图 5.19 所示。而磷肥的消费量则总体处于上升的趋势中，且要高于生产量，其在前期增长速度较为缓慢，自 2010 年之后增长速度加快，并于 2014 年达到最高值 83 万吨。由于内陆发展中国家磷肥的消费量总是高于生产量，因此内陆发展中国家的磷肥总是处于缺口中，并且缺口还在一直扩大。

表 5.23　2002—2014 年磷肥在内陆发展中国家的生产量、消费量和生产消费盈余量　万吨

年份	生产量	消费量	生产消费盈余量
2002	12	26	−14
2003	14	25	−11
2004	14	38	−24
2005	14	30	−16
2006	25	48	−23
2007	33	62	−29
2008	29	50	−21
2009	31	58	−27
2010	19	58	−39
2011	19	75	−56
2012	20	71	−51
2013	19	77	−58
2014	17	83	−66

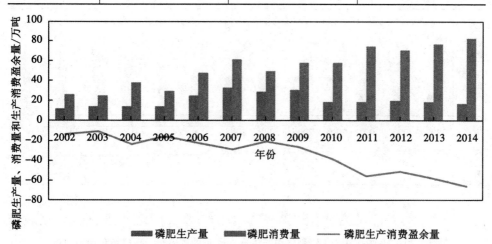

图 5.19　2002—2014 年磷肥在内陆发展中国家的生产量、消费量和生产消费盈余量

内陆发展中国家磷肥的生产无法完全满足磷肥的消费，使得部分磷肥的供给需要依靠进口。从表 5.24 可以看到，磷肥的出口量较少，平均在 8 万吨左右，而磷肥的进口量则要远远高于这一数值，总体保持在 20 万吨到 60 万吨之间，且呈不断上升的趋势（见图 5.20）。由此导致磷肥的净出口量总为负数，磷肥在内陆发展中国家属于净进口型化肥。

表 5.24　　2002—2014 年磷肥在内陆发展中国家的进口量、出口量和净出口量　　万吨

年份	出口量	进口量	净出口量
2002	3	20	−17
2003	6	20	−14
2004	2	40	−38
2005	9	33	−24
2006	5	33	−28
2007	8	37	−29
2008	18	34	−16
2009	7	41	−34
2010	7	42	−35
2011	8	52	−44
2012	7	57	−50
2013	8	57	−49
2014	8	62	−54

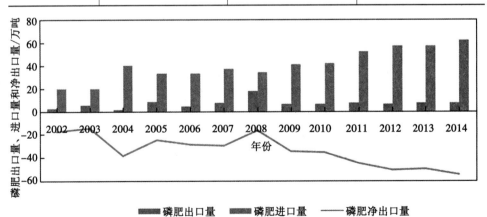

图 5.20　2002—2014 年磷肥在内陆发展中国家的进口量、出口量和净出口量

　　钾肥在内陆发展中国家的生产时间较晚，直到 2008 年才开始生产少量的钾肥，2011 年之后钾肥的生产量稳定在 10 万吨左右。而钾肥的消费时间则相对较早，总体消费量保持在 10 万吨到 40 万吨之间（见表 5.25），处于小幅上升的趋势中。内陆发展中国家的钾肥一直出现缺口，前期缺口随钾肥消费量的增加而增加，后期因钾肥生产量的提高，钾肥的缺口有所减少，但近几年这一缺口又有继续扩大的趋势，见图 5.21。

表 5.25　2002—2014 年钾肥在内陆发展中国家的生产量、消费量和生产消费盈余量　万吨

年份	生产量	消费量	生产消费盈余量
2002	0	9	−9
2003	0	16	−16
2004	0	18	−18
2005	0	18	−18
2006	0	23	−23
2007	0	27	−27
2008	0.01	28	−28
2009	0.1	19	−19
2010	0.1	24	−24
2011	11	27	−16
2012	13	27	−14
2013	9	32	−23
2014	10	38	−28

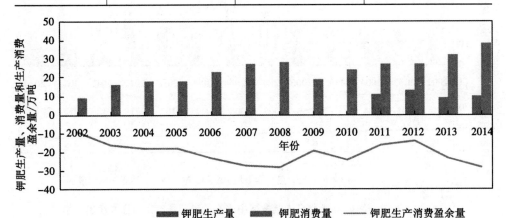

图 5.21　2002—2014 年钾肥在内陆发展中国家的生产量、消费量和生产消费盈余量

内陆发展中国家在 2002—2010 年期间的钾肥出口量特别少，平均不到 1 万吨，2011 年之后有了较大增加，平均在 10 万吨左右，如表 5.26 和图 5.22 所示。进口量则保持在一二十万吨，整体呈波动上升的趋势，增长幅度较小，但却相对要大于出口量，属于进口型化肥。

表 5.26　　2002—2014 年钾肥在内陆发展中国家的进口量、出口量和净出口量　　万吨

年份	出口量	进口量	净出口量
2002	0.06	10	−10
2003	0.2	16	−16
2004	0.2	18	−18
2005	0.2	19	−19
2006	0.8	22	−21
2007	0.3	25	−25
2008	0.5	27	−27
2009	0.7	16	−15
2010	1	22	−21
2011	12	26	−14
2012	12	24	−12
2013	7	29	−22
2014	9	34	−25

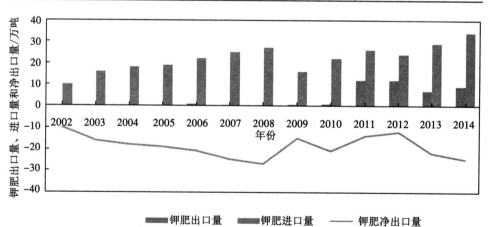

图 5.22　2002—2014 年钾肥在内陆发展中国家的进口量、出口量和净出口量

内陆发展中国家整体化肥产业的生产量和消费量都较小，一方面原因在于内陆发展中国家不具有磷矿、钾矿等资源优势，另一方面原因在于内陆发展中国家地处内陆，气候环境相对来说较为恶劣，不适宜发展种植型农业，而更适宜发展畜牧业，故这些国家对畜牧业的发展要强于传统农业。从表 5.27 来看，内陆发展中国家在 2002—2005 年这四年间化肥的生产量仅在二三十万吨左右，但在 2006 年化肥的生产量迅速增加至百万吨，涨幅巨大，2007 年之后化肥的生产量则一直保持在 140 万吨左右。而内陆发展中国家化肥的消费量则要远远大于生产量，其在前期增长速度较为缓慢，后期迅速增加，使得化肥的缺口在前期相对稳定，后期则呈不断上升的趋势，见图 5.23。

表 5.27　　　　　2002—2014 年 31 类化肥在内陆发展中国家的生产量、消费量和
生产消费盈余量　　　　　万吨

年份	生产量	消费量	生产消费盈余量
2002	22	80	−58
2003	23	84	−61
2004	34	125	−91
2005	23	106	−83
2006	117	193	−76
2007	140	216	−76
2008	136	207	−71
2009	135	210	−75
2010	121	238	−117
2011	143	268	−125
2012	149	291	−142
2013	137	306	−169
2014	145	332	−187

内陆发展中国家的化肥基本上属于净进口型化肥，出口量少，进口量常年大于出口量，从而导致化肥产业年年都处于缺口中。从表 5.28 中可以看到，内陆发展中国家化肥的生产量和消费量都呈上升的趋势，但消费量的增幅要大于生产量，生产量从 2002 年的 4 万吨增加到 2014 年的 58 万吨，在 13 年的时间里增加了 54 万吨，而化肥的消费量则从 2002 年的 68 万吨增加到 2014 年的 231 万吨，增加了 163 万吨，二者增长幅度的巨大差距使得缺口量也处于不断上升的趋势，见图 5.24。

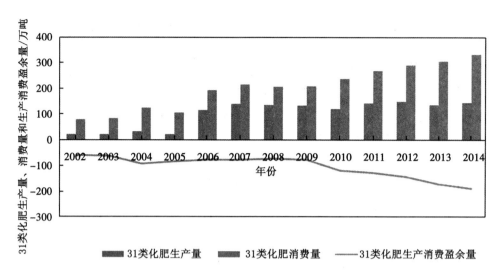

图 5.23　2002—2014 年 31 类化肥在内陆发展中国家的生产量、消费量和生产消费盈余量

表 5.28　2002—2014 年 31 类化肥在内陆发展中国家的进口量、出口量和净出口量　万吨

年份	出口量	进口量	净出口量
2002	4	68	−64
2003	9	73	−64
2004	10	115	−105
2005	13	109	−96
2006	16	114	−98
2007	17	134	−117
2008	32	132	−100
2009	22	132	−110
2010	37	154	−117
2011	62	179	−117
2012	59	211	−152
2013	46	217	−171
2014	58	231	−173

中国化肥产业走出去研究

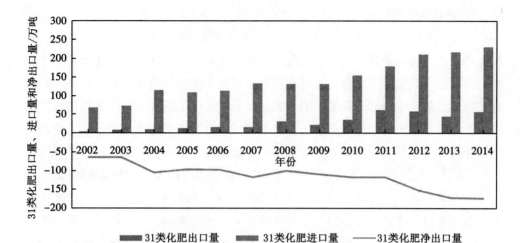

图 5.24 2002—2014 年 31 类化肥在内陆发展中国家的进口量、出口量和净出口量

二、内陆发展中国家化肥的国际竞争力

1. 国际市场占有率

由于内陆发展中国家各类化肥的出口量较小，基本上皆属于净进口型化肥，因此各类化肥的出口量在国际化肥出口中的占比非常低。其中氮肥的国际市场占有率在前期还不到 0.1%，后期虽有所增加，但最高也只有 0.37%；磷肥的国际市场占有率则相对来说更为稳定，大部分的年份保持在 0.1%；钾肥的国际市场占有率最小，有 5 个年份连 0.01% 都不到，只有 3 个年份达到了 0.1%，其余年份则小于这一数值，如表 5.29 所示。而从整个化肥产业来看，2002—2007 年化肥的国际市场占有率不到 0.1%，2007 年之后则保持在 0.1% 到 0.2% 之间，占比非常低，这说明内陆发展中国家的化肥产业竞争力十分低下。

表 5.29 2002—2014 年内陆发展中国家化肥产业及各类产品的国际市场占有率情况

化肥品种 年份	3102	3103	3104	31	化肥品种 年份	3102	3103	3104	31
2002	0.0001	0.0008	0.0000	0.0002	2009	0.0015	0.0018	0.0002	0.0011
2003	0.0003	0.0015	0.0000	0.0004	2010	0.0026	0.0015	0.0001	0.0013
2004	0.0009	0.0005	0.0000	0.0004	2011	0.0037	0.0014	0.0013	0.0020
2005	0.0004	0.0022	0.0000	0.0006	2012	0.0034	0.0014	0.0014	0.0020
2006	0.0011	0.0012	0.0001	0.0007	2013	0.0025	0.0015	0.0008	0.0015
2007	0.0008	0.0018	0.0000	0.0006	2014	0.0030	0.0013	0.0011	0.0018
2008	0.0013	0.0047	0.0001	0.0013					

2. 贸易竞争指数

从内陆发展中国家各化肥的进出口情况（表5.30）可以看到，氮磷钾三种化肥的净出口值常年都是负数，这说明内陆发展中国家氮磷钾三大化肥都处于竞争弱势。但从具体数值来看，氮肥和钾肥贸易竞争指数的绝对值有不断变小的趋势，即其贸易竞争指数是朝着1的方向运动的，这说明随着出口的缓慢增加，内陆发展中国家氮肥和钾肥的竞争优势有所增加，但其仍然还是负值，故氮肥和钾肥还是处于竞争弱势。而磷肥的竞争指数相对来说变化较小，近几年一直保持在-0.7左右，相比氮肥和钾肥更接近于-1，这说明内陆发展中国家的磷肥处于严重的竞争弱势，且近几年其竞争力还要低于氮肥和钾肥。整个31类化肥的贸易竞争指数也一直是负数，但竞争指数的绝对值逐渐减小，这说明内陆发展中国家整个化肥产业都处于竞争弱势中，但这种竞争弱势在近几年相对有所减弱。

表5.30　2002—2014年内陆发展中国家化肥产业及各类产品的贸易竞争指数对比分析

化肥品种 年份	3102	3103	3104	31	化肥品种 年份	3102	3103	3104	31
2002	-0.9487	-0.7391	-0.9940	-0.8889	2009	-0.6667	-0.7083	-0.8982	-0.7143
2003	-0.8500	-0.5385	-0.9877	-0.7805	2010	-0.5126	-0.7143	-0.9130	-0.6126
2004	-0.7538	-0.9048	-0.9890	-0.8400	2011	-0.4126	-0.7333	-0.3684	-0.4855
2005	-0.8710	-0.5714	-0.9896	-0.7869	2012	-0.5266	-0.7813	-0.3333	-0.5630
2006	-0.7101	-0.7368	-0.9211	-0.7538	2013	-0.6173	-0.7538	-0.6111	-0.6502
2007	-0.8025	-0.6444	-0.9881	-0.7748	2014	-0.5341	-0.7714	-0.5814	-0.5986
2008	-0.6905	-0.3077	-0.9818	-0.6098					

第四节　最不发达国家

一、最不发达国家的化肥生产和消费

1. 钾肥

最不发达国家是指经济落后、整体经济实力弱的国家，这些国家的化肥生产量和化肥消费量少。从下面钾肥的生产消费数据表（表5.31）可知，最不发达地区的钾肥生产量在2007年之前都是0，2007—2014年间，钾肥的生产数量在0.3万吨左右，且后面连续4年都没有变化。而钾肥的消费量则比生产量多，钾肥消费量整体上呈现上升的趋势（见图 5.25），最低消费为 22 万吨，最高消费为 54 万吨，年变化小。因为钾肥的消费量总是大于钾肥生产量，所以这些国家的钾肥盈余量都是负的，存在着钾肥生产消费缺口，且这个缺口逐年增加。

表 5.31　2002—2014 年钾肥在最不发达国家的生产量、消费量和生产消费盈余量　　万吨

年份	消费量	生产量	生产消费缺口
2002	22	0	-22
2003	25	0	-25
2004	28	0	-28
2005	34	0	-34
2006	22	0	-22
2007	25	0	-25
2008	33	0.01	-32.99
2009	24	0.1	-23.9
2010	30	0.03	-29.97
2011	42	0.3	-41.7
2012	52	0.3	-51.7
2013	51	0.3	-50.7
2014	54	0.3	-53.7

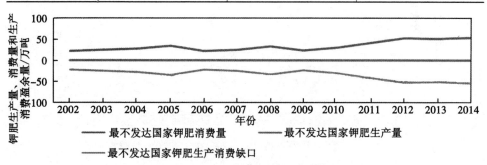

图 5.25　最不发达国家钾肥生产消费情况

前文中提到了最不发达地区钾肥生产消费存在缺口，需要依靠进口满足消费，从下面的钾肥进出口图表（表 5.32、图 5.26）可知，最发达地区的钾肥进出口量存在着差异，钾肥出口量在 5 万吨以下，2005—2008 年钾肥的出口量在 1 万吨以下，数量少。钾肥进口量则比钾肥出口量多很多，进口量总体上升，特别是在 2009—2014 年间，钾肥进口量增长较快，最高达到了 69 万吨。进出口量差

距很大，那么，钾肥的净出口就是负的，在 2011 年前，钾肥净出口量保持持平，在 25 万吨左右，但是，在 2001 年后，钾肥净出口量缺口扩大，在 2013 年达到了最大，为 65 万吨。

表 5.32　　　2002—2014 年钾肥在最不发达国家的进口量、出口量和净出口量　　　万吨

年份	出口量	进口量	净出口量
2002	3	24	−21
2003	2	27	−25
2004	0.5	34	−33.5
2005	0.1	22	−21.9
2006	0.5	26	−25.5
2007	0.6	32	−31.4
2008	1	25	−24
2009	1	31	−30
2010	4	39	−35
2011	3	56	−53
2012	4	69	−65
2013	4	46	−42
2014	3	24	−21

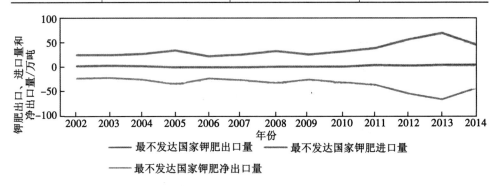

图 5.26　最不发达国家钾肥进出口情况

2. 磷肥

最不发达地区的磷肥生产量总体要小于磷肥的消费量，磷肥生产量呈总体下降的趋势，2002 年最多，为 16 万吨，到 2014 年生产量为 8 万吨，且生产量年变化小，如表 5.33 所示。磷肥消费量总体上升，在 2006 年以前，磷肥的消费数值平均在 50 万吨，2008 年为磷肥消费最低点，为 36 万吨，2008 年以后，磷肥的

消费量慢慢增加，2014 年达到了 107 万吨，平均消费数值在 75 万吨。由于磷肥消费量大于磷肥生产量，所以磷肥的盈余量小于 0，生产消费缺口在 2008 年以前，大概为 50 万吨，在 2008 年以后，生产消费缺口逐渐增大，2014 年达到了 99 万吨，见图 5.27。

表 5.33 2002—2014 年磷肥在最不发达国家的生产量消费量、和生产消费盈余量　　万吨

年份	消费量	生产量	生产消费缺口
2002	50	16	−34
2003	36	11	−25
2004	60	11	−49
2005	55	10	−45
2006	51	8	−43
2007	64	16	−48
2008	36	10	−26
2009	50	3	−47
2010	70	6	−64
2011	88	7	−81
2012	99	7	−92
2013	95	5	−90
2014	107	8	−99

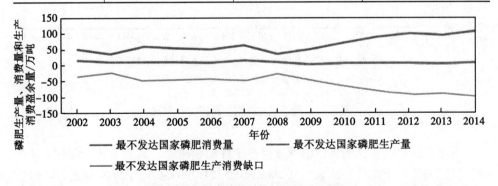

图 5.27 最不发达国家磷肥生产消费情况

磷肥的进出口量和磷肥的生产消费量相比，则进出口量要小于生产消费量。磷肥出口量平均在 2 万吨，年变化小，2006 年出口量最低，只有 0.4 万吨，其余

年份里磷肥出口量几乎保持在 2 万吨，如表 5.34 和图 5.28 所示。磷肥进口量要多于磷肥出口量，进口量总体增加，且很多年份的进口量超过了 50 万吨，进口量的年变化较大。

表 5.34　　2002—2014 年磷肥在最不发达国家的出口量、进口量和净出口量　　万吨

年份	出口量	进口量	净出口量
2002	2	35	− 33
2003	4	28	− 24
2004	3	57	− 54
2005	1	52	− 51
2006	0.4	47	− 46.6
2007	2	50	− 48
2008	2	46	− 44
2009	1	55	− 54
2010	2	64	− 62
2011	4	86	− 82
2012	3	107	− 104
2013	4	87	− 83
2014	4	98	− 94

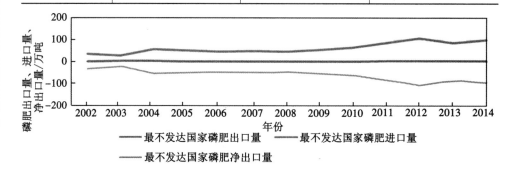

图 5.28　最不发达国家磷肥进出口情况

3. 氮肥

最不发达地区氮肥的生产消费量要多于钾肥和磷肥，从表 5.35 和图 5.29 可知，氮肥的生产量在慢慢减少，从 2002 年的 121 万吨减少到 2014 年的 53 万吨，减少了 56%，而氮肥的消费量则逐渐在增加，在 2009 年以前，氮肥的消费量几乎都在 150 万吨以上，2009 年以后，氮肥的消费量在 200 万吨以上，且后面几年里, 氮肥的消费量逐年上涨。从 2009—2014 年, 氮肥上涨了 49%, 增速较快。从氮肥生产消费可知, 氮肥生产消费盈余为负, 存在着缺口, 2008 年以前, 缺口量在 100 万吨以下, 之后, 缺口量在 150 万吨以上, 缺口量逐渐增大。

表5.35　　2002—2014 年氮肥在最不发达国家的生产量消费量和生产消费盈余量　　万吨

年份	消费量	生产量	生产消费缺口
2002	154	121	−33
2003	135	103	−32
2004	167	109	−58
2005	151	98	−53
2006	169	91	−78
2007	170	99	−71
2008	197	79	−118
2009	185	66	−119
2010	212	54	−158
2011	231	56	−175
2012	246	60	−186
2013	247	61	−186
2014	275	53	−222

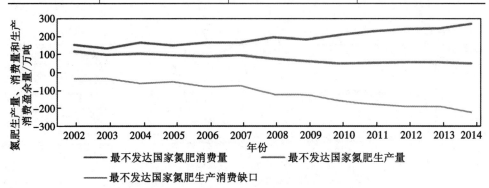

图 5.29　最不发达国家氮肥生产消费情况

氮肥的进出口量要小于生产消费量, 这些国家的氮肥出口量较小, 且出口量慢慢减少, 如表 5.36 所示, 2009 年以前, 出口量在 10 万吨以上, 2009 年以后,出口量大概在 5 万吨左右，整体出口量小。进口量则要多于出口量，进口量逐年增加，2008 年进口量突破了 100 万吨，达到了 121 万吨，到 2014 年，进口量为 223 万吨，在 2008—2014 年间，进口增速为 84%，增长速度快。2007 年以前，进口量小于 100 万吨，平均在 65 万吨左右，那么，这些国家的氮肥净出口量为负，数值逐渐增大，见图 5.30，由此可知，这些地区所需要进口的氮肥数量也在逐渐增加。

表 5.36　　　　2002—2014 年氮肥在最不发达国家的出口量、进口量和净出口量　　　　万吨

年份	出口量	进口量	净出口量
2002	29	58	−29
2003	18	49	−31
2004	13	68	−55
2005	19	79	−60
2006	10	82	−72
2007	18	93	−75
2008	6	121	−115
2009	13	137	−124
2010	8	165	−157
2011	5	185	−180
2012	5	198	−193
2013	5	198	−193
2014	7	233	−226

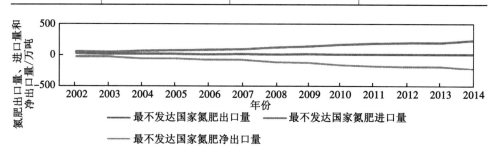

图 5.30　最不发达国家氮肥进出口情况

4.3105 和 3106 类化肥

最不发达地区对于 3105 类化肥和 3106 类化肥没有生产消费量。

二、最不发达国家化肥的国际竞争力

1. 国际市场占有率

根据表 5.37 可知，最不发达国家的化肥国际市场占有率总体上是较低的，从 31 大类化肥行业可知，国际市场占有率总体是下降的，2002 年和 2003 年是最大的，分别是 0.15% 和 0.11%，其余年份的国际市场占有率都低于 0.1%，特别是在 2010 年后，31 类化肥的国际市场占有率大多为 0.04%，数值非常小，这说明了最不发达国家的化肥在国际市场上的地位非常低，影响力小。具体可知，氮肥的国际市场占有率相对来说是较高的，在 2007 年前，氮肥的国际市场占有率在 0.1% 以上，2002 年是最大的，有 0.34%，之后，氮肥的国际市场占有率逐渐减少，2008 年后，不足 0.1%。磷肥的国际市场占有率比氮肥的国际市场占有率小，最高的为 0.1%，且只有 2003 年这一年，其余的年份里国际市场占有率小于0.1%，多为 0.05%。钾肥的国际市场占有率则要小于磷肥的国际市场占有率，最高的为 0.05%，其余年份多为 0.02% 左右，国际市场占有率非常小。

表 5.37　　　　　　　　最不发达国家的化肥国际市场占有率

化肥品种 / 年份	3102	3103	3104	31	化肥品种 / 年份	3102	3103	3104	31
2002	0.00344	0.00060	0.00024	0.00154	2009	0.00134	0.00030	0.00022	0.00073
2003	0.00207	0.00106	0.00033	0.00112	2010	0.00072	0.00052	0.00013	0.00041
2004	0.00143	0.00077	0.00021	0.00075	2011	0.00046	0.00076	0.00041	0.00044
2005	0.00202	0.00036	0.00006	0.00089	2012	0.00045	0.00059	0.00029	0.00037
2006	0.00111	0.00009	0.00001	0.00045	2013	0.00038	0.00078	0.00045	0.00042
2007	0.00171	0.00047	0.00006	0.00079	2014	0.00054	0.00075	0.00053	0.00050
2008	0.00060	0.00056	0.00007	0.00035					

2. 贸易竞争指数

从表 5.38 可知，最不发达国家的贸易竞争指数整体上是负的，从 31 类化肥的数据可知，31 类化肥的贸易竞争指数都是负的，且逐渐的接近于 -1，这说明了 31 类化肥逐渐进口力度加大，需要依靠进口的化肥数量增加。具体可知，氮肥的贸易竞争指数也都为负的，且它的数值也是在慢慢地变大，在 2014 年，达到了 -94%，越来越接近 -1，说明了氮肥的进口量增加，进口影响力较大。而磷肥的贸易竞争指数的绝对值比氮肥的数值大，多在 -88% 以上，进口大于出口，进口数量多，影响力大。钾肥的贸易竞争指数全是负数，多为 -90% 以上，说明了钾肥也是属于进口影响力大的化肥品种。

表 5.38　　　　　　　　最不发达国家的贸易竞争指数

化肥品种 年份	3102	3103	3104	31	化肥品种 年份	3102	3103	3104	31
2002	-0.3376	-0.8728	-0.8573	-0.5598	2009	-0.8254	-0.9582	-0.9268	-0.8687
2003	-0.4563	-0.7299	-0.8061	-0.5996	2010	-0.9060	-0.9265	-0.9273	-0.9135
2004	-0.6769	-0.8884	-0.8674	-0.7836	2011	-0.9443	-0.9037	-0.8207	-0.9165
2005	-0.6112	-0.9463	-0.9689	-0.7746	2012	-0.9473	-0.9447	-0.9140	-0.9413
2006	-0.7778	-0.9836	-0.9910	-0.8676	2013	-0.9541	-0.9097	-0.8920	-0.9307
2007	-0.6729	-0.9197	-0.9603	-0.7815	2014	-0.9381	-0.8728	-0.8271	-0.9175
2008	-0.9066	-0.9098	-0.9606	-0.9159					

第五节　小岛屿发展中国家

一、小岛屿发展中国家的化肥生产和消费

1. 氮肥

小岛屿国家的化肥生产量和消费量都是较小的，根据 31 类化肥可知，小岛屿国家的 31 类化肥生产量平均大概为 60 万吨，消费量平均大概为 30 万吨，整体的生产量和消费量较小，没有突破百万吨。具体来看，根据下面的氮肥生产消费图表（表 5.39 和图 5.31）可知，氮肥生产量在 60 万吨左右，且氮肥的生产量从 2008 年开始逐年下降，到 2014 年，氮肥生产量只有 54 万吨。而氮肥的消费量要小于氮肥的生产量，氮肥消费量平均为 15 万吨，只有在 2002 年、2008 年和 2014 年这三年里氮肥的生产量才达到了 20 万吨以上，其余年份均没有达到。消费少生产多，那么，这些小岛屿国家的氮肥能够有盈余量，且盈余量平均在 40 万吨，足够满足这些小岛屿国家的氮肥需求，或许还能够用于出口。

表 5.39 　　 2002—2014 年氮肥在小岛屿国家的生产量、消费量和生产消费盈余量 　　万吨

年份	消费量	生产量	生产消费缺口
2002	23	62	39
2003	15	58	43
2004	17	51	34
2005	14	62	48
2006	17	62	45
2007	15	61	46
2008	20	62	42
2009	14	63	49
2010	18	63	45
2011	17	62	45
2012	18	57	39
2013	17	54	37
2014	21	54	33

── 小岛屿国家氮肥消费量　── 小岛屿国家氮肥生产量　── 小鸟屿国家氮肥生产消费缺口

图 5.31　小岛屿发展中国家的氮肥生产消费情况

　　小岛屿国家的氮肥生产量要高于氮肥的消费量，所以氮肥有盈余量，不存在氮肥生产消费缺口。从表 5.40 可知，氮肥的出口量多于进口量，氮肥的出口量在 54 万～65 万吨之间，每年的出口量较为均衡，而进口量则在 20 万吨以下，多数年份里进口量为 17 万吨，只有在 2014 年进口量为 20 万吨，进口量远远小于出口量。所以，氮肥的净出口数量为正（见图 5.32），多数在 40 万吨以上，最高达到了 52 万吨，由此可知，这些小岛屿国家是氮肥出口和氮肥生产国家。

表5.40　　　　2002—2014 年氮肥在小岛屿国家的出口量、进口量和净出口量　　　　万吨

年份	出口量	进口量	净出口量
2002	57	17	40
2003	57	13	44
2004	54	15	39
2005	61	13	48
2006	60	15	45
2007	62	14	48
2008	57	17	40
2009	65	13	52
2010	61	15	46
2011	61	16	45
2012	57	17	40
2013	55	16	39
2014	55	20	35

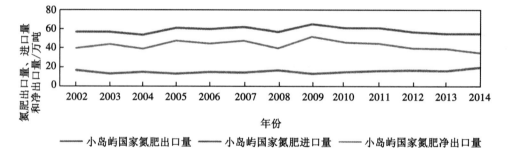

图 5.32　小岛屿发展中国家的氮肥进出口情况

2. 磷肥

这些小岛屿国家的磷肥生产量和消费量很小，磷肥生产量不足 1 万吨，绝大多数年份里磷肥的生产量分别是 0.3 万吨或者 0.4 万吨，最低的生产量只有 0.07 万吨，还不足 0.1 万吨，数量极少，如表 5.41 所示。而磷肥的消费量要稍多于磷肥的生产量，磷肥的消费量在 4 万~8 万吨之间，后面连续四年的消费量都是 7 万吨，2003 年的消费量是最多的，有 11 万吨，2004 年的消费量是最少的，只有 2 万吨。由于生产量小于消费量，所以磷肥的生产消费盈余量是负的（见图 5.33），存在着生产消费缺口，但是所缺数量不多，平均为 7 万吨，那么，可能所需要进口的磷肥数量也是较小的。

表 5.41　　2002—2014 年磷肥在小岛屿国家的生产量、消费量和生产消费盈余量　　万吨

年份	消费量	生产量	生产消费缺口
2002	8	0.4	−7.6
2003	11	0.3	−10.7
2004	2	0.3	−1.7
2005	4	0.4	−3.6
2006	6	0.4	−5.6
2007	6	0.1	−5.9
2008	8	0.3	−7.7
2009	4	0.3	−3.7
2010	6	0.07	−5.93
2011	7	0.4	−6.6
2012	7	0.3	−6.7
2013	7	0.3	−6.7
2014	7	0.4	−6.6

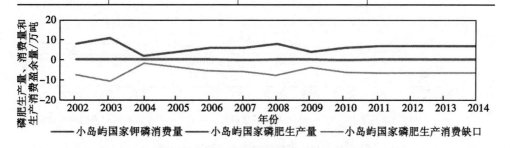

图 5.33　小岛屿发展中国家磷肥生产消费情况

　　根据上文可知，磷肥的生产量小，磷肥的消费量也小，那么，可知这些小岛屿国家所需要的磷肥数量少，需要进口的磷肥数量也会随之减少。磷肥的出口量和磷肥的生产量有关，生产少，能够用于出口的数量也少，磷肥的出口数量在 0~2 万吨之间，有六年磷肥的出口量低于 1 万吨，数量非常少。而磷肥的进口量则稍多于磷肥的出口量，磷肥的进口量在 5 万吨以上，平均为 7 万吨，最高的为 2003 年的 13 万吨，其余年份都低于 10 万吨。磷肥的进口多于磷肥的出口，所以磷肥的净出口量是负的，缺口量在 6 万吨，特别是后几年的缺口量都在 6 万~7 万吨之间，非常稳定，见表 5.42 和图 5.34。

表 5.42　2002—2014 年磷肥在小岛屿国家的出口量、进口量和净出口量　　　万吨

年份	出口量	进口量	净出口量
2002	1	8	−7
2003	2	13	−11
2004	2	3	−1
2005	0.8	4	−3.2
2006	0.8	6	−5.2
2007	1	7	−6
2008	1	9	−8
2009	1	5	−4
2010	0.2	7	−6.8
2011	0.2	7	−6.8
2012	0.3	7	−6.7
2013	0.2	7	−6.8
2014	1	8	−7

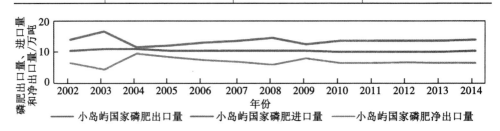

图 5.34　小岛屿发展中国家磷肥进出口情况

3. 钾肥

小岛屿国家的钾肥生产量和消费量虽然少于氮肥的生产消费量，但是却多于磷肥的生产消费量。从表 5.43 可知，钾肥的生产量不足 1 万吨，平均为 0.5 万吨，且这些年里生产量变化很小，较为稳定（见图 5.35）。而钾肥的消费量要多于钾肥的生产量，虽然在 10 万吨以下，但是很多年份里的消费量达到了 8 万吨，最低也有 4 万吨，且钾肥的生产量在后面几年里呈现上涨的趋势，所以在未来的一段时间里，钾肥消费量可能还会增加。那么，钾肥的消费缺口也会随着扩大，在 2002—2014 年里，钾肥的生产消费缺口平均在 7 万吨左右，在 2014 年，生产消费缺口达到了 8.5 万吨，如果消费量还会增加，所需要的钾肥数量也会增加。

表 5.43　　2002—2014 年钾肥在小岛屿国家的生产量、消费量和生产消费盈余量　　万吨

年份	消费量	生产量	生产消费缺口
2002	9	0.6	−8.4
2003	4	0.5	−3.5
2004	4	0.5	−3.5
2005	7	0.6	−6.4
2006	9	0.6	−8.4
2007	9	0.3	−8.7
2008	8	0.5	−7.5
2009	4	0.5	−3.5
2010	6	0.1	−5.9
2011	8	0.6	−7.4
2012	8	0.6	−7.4
2013	8	0.4	−7.6
2014	9	0.5	−8.5

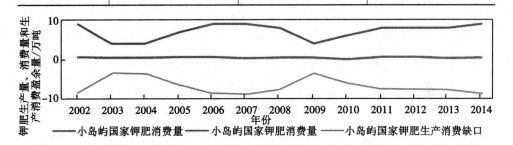

图 5.35　小岛屿发展中国家钾肥生产消费情况

　　由于小岛屿国家的钾肥生产量少，则可用于出口的钾肥数量也少。根据表 5.44 可知，钾肥的出口量多为 2 万吨或者 3 万吨，最多的出口量只有 4 万吨，最少的只有 0.6 万吨，量小，出口量年变化小。进口量根据钾肥的消费量而定，这些小岛屿国家的钾肥消费量较多，钾肥需要进口的量也就会多，钾肥的进口量平均在 9 万吨，最高的有 12 万吨，最低有 6 万吨，钾肥的进口量在 6 万 ~ 12 万吨之间，变化小（见图 5.36）。所以，这些小岛屿国家也是钾肥进口国家，进口多，出口少，进口影响力大。

表5.44		2002—2014年钾肥在小岛屿国家的出口量、进口量和净出口量	万吨
年份	出口量	进口量	净出口量
2002	2	10	−8
2003	3	7	−4
2004	3	7	−4
2005	2	8	−6
2006	2	10	−8
2007	3	11	−8
2008	4	12	−8
2009	3	6	−3
2010	3	9	−6
2011	2	9	−7
2012	1	9	−8
2013	0.6	8	−7.4
2014	2	10	−8

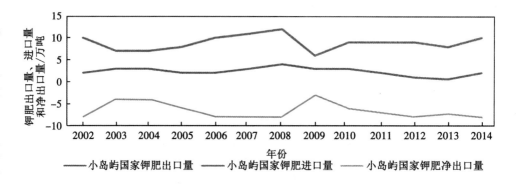

图5.36 小岛屿发展中国家钾肥进出口情况

4. 3105 和 3106

小岛屿国家的3106和3105类化肥没有生产消费、进出口数据。

二、小岛屿发展中国家化肥的国际竞争力

1. 国际市场占有率

小岛屿发展中国家的化肥国际市场占有率整体都不高，从表5.45可知，31大类化肥的国际市场占有率在2011年以前，国际市场占有率还在0.2%以上，多

为 0.25%，但是在 2011 年以后，国际市场占有率就下降了，大概为 0.19%，这表明 31 类化肥的国际市场占有率在未来几年里有可能下降。氮肥的国际市场占有率最大，多在 0.55% 以上，最高的年份里达到了 0.68% 以上，但是从 2009 年开始，氮肥的国际市场占有率开始减少，到 2014 年为 0.4%，未来一段时间里氮肥的国际市场占有率可能还会下降，说明氮肥的国际出口影响力减弱。磷肥的国际市场占有率很小，2009 年以前，磷肥的国际市场占有率平均为 0.03%，2009年以后，磷肥的国际市场占有率下降较大，不足 0.01%，但是 2014 年有所变大，为 0.02%，变化较大。钾肥的国际市场占有率平均为 0.02%，且国际市场占有率为 0.02% 和 0.03% 的年份较多，说明钾肥的国际市场占有率年变化小，但是最高的年份里国际市场占有率达到了 0.07%，但是整体小，说明钾肥的国际出口影响力较小。

表 5.45　　　　　　　　　小岛屿发展中国家的国际市场占有率

化肥品种 年份	3102	3103	3104	31	化肥品种 年份	3102	3103	3104	31
2002	0.00682	0.00038	0.00032	0.00284	2009	0.00668	0.00035	0.00074	0.00337
2003	0.00646	0.00049	0.00040	0.00276	2010	0.00539	0.00003	0.00032	0.00224
2004	0.00587	0.00044	0.00037	0.00243	2011	0.00532	0.00003	0.00021	0.00207
2005	0.00646	0.00020	0.00024	0.00271	2012	0.00474	0.00005	0.00011	0.00195
2006	0.00646	0.00019	0.00022	0.00259	2013	0.00448	0.00005	0.00007	0.00185
2007	0.00580	0.00032	0.00028	0.00249	2014	0.00400	0.00024	0.00025	0.00182
2008	0.00575	0.00038	0.00044	0.00248					

2. 贸易竞争指数

小岛屿发展中国家的贸易竞争指数的数值要比它的国际市场占有率数值大，从表 5.46 可知，31 类化肥的贸易竞争指数数值在 25% ~ 50% 之间，很多年份的贸易竞争指数为 20% ~ 30%，而超过 40% 的只有三年，这说明小岛屿发展中国家 31 类化肥主要出口，出口力度大。而氮肥的贸易竞争指数最大，都在 50% 以上，只有 2014 年的贸易竞争指数为 46%，这说明小岛屿发展中国家的氮肥主要是出口，属于氮肥出口国家。磷肥的贸易竞争指数则都是负的，都在 - 70% 以上，特别是 2010 年以后，磷肥的贸易竞争指数达到了 - 90% 以上，接近 - 1，这说明小岛屿发展中国家的磷肥以进口为主，特别是 2010 年以后，磷肥接近纯进口。钾肥的贸易竞争指数数值要小于磷肥，但是钾肥的贸易竞争指数也都是负的，平均在 - 50% 以上，这说明小岛屿发展中国家的钾肥是主要以进口为主，只是也存在着出口，只是出口量很小，小于进口数量。

表 5.46 <center>小岛屿发展中国家的贸易竞争指数</center>

化肥品种 年份	3102	3103	3104	31	化肥品种 年份	3102	3103	3104	31
2002	0.5368	−0.6970	−0.6019	0.2641	2009	0.6609	−0.5790	−0.3232	0.4771
2003	0.6219	−0.7322	−0.3999	0.2971	2010	0.5950	−0.9526	−0.5155	0.3462
2004	0.5731	−0.2642	−0.3515	0.4080	2011	0.5781	−0.9502	−0.6606	0.3171
2005	0.6452	−0.6546	−0.5966	0.4357	2012	0.5282	−0.9257	−0.8040	0.2695
2006	0.5978	−0.7630	−0.6731	0.3347	2013	0.5403	−0.9315	−0.8704	0.2744
2007	0.6333	−0.6640	−0.6218	0.3431	2014	0.4618	−0.6928	−0.6563	0.2105
2008	0.5445	−0.7224	−0.4886	0.2496					

第六章
全球化肥贸易

第一节　全球化肥贸易及分布

全球化肥贸易量总体上呈上升的趋势，2002 年为 15713 万吨，随后一直处于缓慢上涨的状态中，但受金融危机的影响，全球化肥贸易量在 2009 年出现了低谷，仅为 17097 万吨，较上一年减少了 13.9%，之后两年迅速上升，2011 年上涨至 25438 万吨，之后两年有所回落，但又在 2014 年增长至 26748 万吨。各化肥品种贸易量的走势整体上和化肥产业贸易量的走势相一致，但具体各类化肥的贸易量却存在较大差距。氮肥是使用最广、消费量最大的化肥，故其贸易量在所有化肥中最高，2002 年氮肥的贸易量为 5369 万吨，之后波动性上升至 2014 年的 8580 万吨，如表 6.1 所示。磷肥在世界三大类化肥中贸易量最少，增长也最小，2002 年的贸易量为 2550 万吨，到 2014 年贸易量最高也仅为 3573 万吨。钾肥在前期的贸易量仅次于氮肥，在 2002 年为 4844 万吨，之后波动上升，但自金融危机后，钾肥的贸易量开始落后于 3105 类复合肥，值得注意的是，钾肥在 2009 年的贸易量下降幅度巨大，不到上一年贸易量的一半（见图 6.1），之后又迅速恢复至原来的水平，到 2014 年钾肥的贸易量增至 6007 万吨。3105 类复合肥是所有化肥中贸易量增长最为迅速、变化最大的化肥，在 2002 年其贸易量只有 2948 万吨，但在 2014 年却达到 8243 万吨，增加了将近 3 倍，仅次于氮肥的贸易量，这说明全球对于 3105 类复合肥的使用越来越普遍，越来越多的国家使用此类化肥，而对于一些化肥生产和消费大国，3105 类复合肥生产和消费比重已经可以和氮磷钾三大化肥比肩。3106 类复合肥在全球并不普及使用，仅有少部分国家会生产使用该类化肥，故其贸易量在所有化肥中最少，但从总体上 3106 类复合肥的贸易量呈上升的趋势，在2002年和2003年其贸易量还不到10万吨，但在2004年却迅速增至221万吨，随后呈波动性变化，在2011年达到最高值550万吨，之后有所回落。

表6.1　2002—2014年世界化肥产业及各化肥品种的贸易情况　　　　　　万吨

年份＼化肥品种	3102	3103	3104	3105	3106	31
2002	5369	2550	4844	2948	2	15713
2003	5758	2613	5053	3859	8	17291
2004	5970	2769	5819	3851	221	18630
2005	6158	2640	5577	3622	177	18174
2006	6210	2703	5435	4108	220	18676
2007	6905	2826	6197	4142	275	20345
2008	6513	2503	5820	4867	154	19857
2009	6359	2436	2891	5290	121	17097
2010	7340	3000	5836	6734	273	23183
2011	7637	3428	6070	7753	550	25438
2012	7785	3233	5510	7418	297	24243
2013	7853	3246	5660	7299	398	24456
2014	8580	3573	6007	8243	345	26748

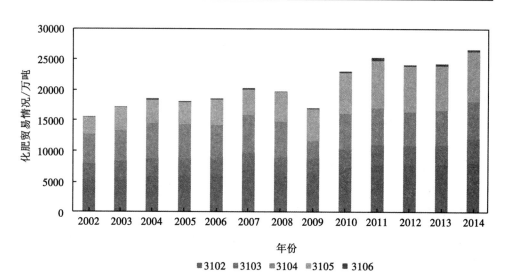

图6.1　2002—2014年世界化肥产业及各化肥品种的贸易情况

从全球各大洲化肥的进出口情况上来看，全球化肥的出口集中在亚洲、欧洲、北美洲以及北非，这些地区是世界重要的化肥生产地区，占全球化肥生产的90%。2014年欧洲出口化肥4886万吨，占全球化肥出口比重的35.4%；其次为北美洲，出口化肥4228万吨，占比为30.6%；亚洲排名第三，出口化肥3401万吨，占比为24.6%；非洲、南美洲以及大洋洲化肥的出口量较小，分别为910万吨、313万吨和64万吨，这三大洲化肥的出口占比合计为9.4%，如图6.2所示。

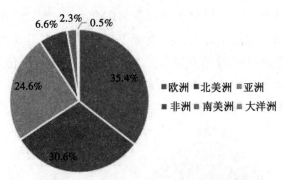

图6.2　2014年各大洲化肥出口量占比

由于各大洲对于不同的化肥品种生产上存在较大差异，故各大洲各化肥品种的出口也会存在较大差异。以2014年为基年来进行具体分析。从数据来看，亚洲、欧洲、北美洲在各类化肥出口中皆排在前三位，出口占比除3105类复合肥外皆在90%以上。其中氮肥出口量最多的是亚洲，出口氮肥1828万吨，占比40.8%；排在第二位的是欧洲，出口1608万吨，占比为35.9%；排在第三位的是北美洲，出口756万吨，占比为16.9%；非洲为195万吨，占比为4.3%，南美洲为85万吨，占比为1.9%；大洋洲氮肥出口量最少，只有8万吨，占比为0.2%。磷肥出口最多的也是亚洲，出口676万吨，占比32.5%，排在第二位的是北美洲，出口596万吨，占比为28.7%；欧洲出口磷肥491万吨，占比为23.6%；非洲出口磷肥274万吨，占比为13.2%；南美洲和大洋洲磷肥出口占比合计为2%。与氮肥和磷肥不一样的是，出口钾肥最多的大洲是北美洲，出口量为2229万吨，占比58.7%，占全球钾肥出口量的一半以上；其次为欧洲，出口1056万吨，占比27.8%；亚洲和非洲的出口量分别为390万吨和113万吨，占比分别为10.3%和3%；南美洲和大洋洲钾肥出口量非常少，占比皆不到1%。对于3105类复合肥，欧洲的出口量最多，为1714万吨，占比为52.5%，占据了全球出口比重的一半；亚洲和北美洲出口量分别为 502 万吨和 495 万吨，各占15%；非洲出口 426 万吨，占比为 13.1%；南美洲和大洋洲则分别占 2.7% 和1.2%。3106 类复合肥只有四个大洲有出口，分别为亚洲、欧洲、非洲和北美洲。其中北美洲出口量最高，为 152 万吨，占比为 84%，占全球该类化肥出口的绝大多数；其次是欧洲，出口 18 万吨，占比为 10%；亚洲和非洲出口最少，两者合计占比只有 6%。

亚洲、欧洲、北美洲、南美洲这四个大洲是全球最主要的化肥消费大洲，每年化肥的进口量巨大，占全球化肥进口贸易的 90% 以上。如图 6.3 所示，2014年化肥进口排在第一位的是北美洲，全年进口化肥 6241 万吨，占比为 35.4%；其次是亚洲，化肥进口 4259 万吨，占比为 24.2%；欧洲进口化肥 3430 万吨，占比为 19.5%；南美洲进口化肥 2631 万吨，占比为 14.9%；非洲和大洋洲化肥的进口量分别为 611 万吨和 461 万吨，占比分别为 3.5% 和 2.6%。

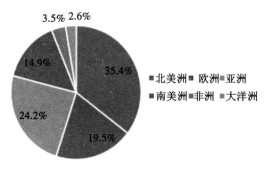

图 6.3　2014 年各大洲化肥进口量占比

第二节　各区域化肥贸易

一、亚洲地区

亚洲是全球化肥贸易最主要的出口地区，同时也是最主要的进口地区，并且随着亚洲地区农业的快速发展，化肥的贸易量呈逐年上升的趋势。从出口方面来看，亚洲整体化肥出口量在不断攀升，除因金融危机的影响在 2008—2009 年这两年出口有较大幅度的下滑之外，其余大部分年份都处于上升之中。2002 年亚洲化肥的出口量为 1027 万吨，占世界化肥出口的比重为 11.2%，但到 2014 年亚洲的出口量便已达到 3401 万吨，占比为 24.6%。在这 13 年的时间里总体化肥出口量翻了3倍，占全球化肥出口比重也有了非常大的提升。而在各类化肥中，氮肥的出口比重最大，增长量最多，也是唯一出口突破千万吨的化肥。亚洲在2002年出口氮肥仅521万吨，但到2014年便增至1828万吨，增长了1307万吨。磷肥在前期的出口量只有一二百万吨，但在后期出口迅速增加，2014年增至676万吨。钾肥的出口则整体较为稳定，大多数年份出口保持在300万吨到400万吨之间。3105类复合肥在前期的出口量保持在一两百万吨之间，后期迅速增加，到2014年增至502万吨。3106复合肥因使用的国家较少，整体出口量也相对较少，只有几十万吨。

虽然亚洲是主要的化肥生产地区，但因为消费量巨大，本地区的化肥生产不能完全满足消费的需求，故每年仍需进口大量的化肥，亚洲也成为世界最主要的化肥进口地区。随着对化肥需求量的不断增加，亚洲整体化肥进口量一直处于上升的趋势中，从2002年的2303万吨上升到2014年的4259万吨，在全球化肥进口中的比重也从21.8%上升至24.2%，进口量增长较大，但占比只有小幅的上升，这说明全球化肥的进口量也处于不断上升中。从各类化肥来看，进口量较大的是氮肥和钾肥，其中氮肥的进口量在2002年为641万吨，到2014年增至1161万吨，钾肥在2002年的进口量为898万吨，到2014年增至1333万吨。磷肥的进口量相比氮肥和钾肥较少，其在2002年的进口量为526万吨，在2014年的进口量为574万吨，没有较大幅度的增加。3105类复合肥的进口量基本和氮肥的进口量处于同一水平，而3106类复合肥的进口量相对较小，和出口量一样只有几十万吨。

从净出口量来看，亚洲化肥的出口量整体要小于进口量，净出口值为负数，且出口与进口的差值在不断拉大。而各类化肥中除氮肥在部分年份出口会大于进口之外，其他化肥皆是出口长期小于进口。亚洲的化肥贸易整体处于逆差中。

二、欧洲地区

欧洲地区大部分由发达国家组成，农业较发达，大部分国家临海的地理位置优势又为其化肥的贸易提供了优势，故欧洲也是一个重要的化肥出口地区和化肥进口地区。

第三节　主要化肥出口国

从 2002—2014 年化肥出口量的累计来看，主要化肥出口国集中在亚洲的中国、以色列、约旦、沙特阿拉伯、卡塔尔和韩国，北美洲的美国和加拿大，非洲的摩洛哥、突尼斯和埃及，欧洲化肥出口国家较多，排在前五位的分别是俄罗斯、白俄罗斯、德国、比利时和挪威。这些国家年均化肥出口量皆在百万吨以上，其中俄罗斯、美国、加拿大、中国这四个国家出口量更是在千万吨以上。下面具体进行分析。

化肥出口量在千万吨以上的国家有美国、加拿大、俄罗斯和中国。其中排在第一位的是美国，其每年化肥的出口量皆在 2000 万吨以上，整体呈波动上升的趋势。美国的化肥出口在前期较为平稳，后期波动性较大，上升幅度也要比前期更高，2002 年美国的出口量为 2573 万吨，到 2014 年上升至 2891 万吨，上升了12.4%，如表 6.2 所示。出口量仅次于美国的是俄罗斯，其在 2002—2004 年期间出口有较大幅度的上升，从 1546 万吨增加至 1998 万吨，之后五年较为稳定，略有下降。在 2009—2010 年期间，出口又一次迅速上升，从 1662 万吨增加至2189 万吨，之后连续三年保持在这一出口水平，直到 2014 年出口出现较大幅度的下降，跌至 1700 万吨。排在第三位的是加拿大，2002—2008 年出口整体保持在 1000 万吨到 1200 之间，较为稳定，但在 2009 年化肥出口量出现了一次大幅度的下降，从前一年的 1178 万吨跌至 476 万吨，随后一年又迅速增至 1120 万吨，之后保持在这一出口水平。中国化肥的出口量与美国、加拿大、俄罗斯三国相比要低很多，2002—2006 年期间出口量只有一两百万吨，但从 2007 年开始，中国化肥的出口量得到迅速上升，并且上升速度越来越快，如图 6.4 所示。2011年化肥的出口量更是在上一年的基础上翻了一番，且出口量达到了千万吨以上，超过了加拿大，化肥出口位居世界第三位。2014 年中国的化肥出口量更是突破2000 万吨，超越了俄罗斯，上升为全球第二大化肥出口国，仅次于美国。

表6.2   2002—2014 年化肥出口全球排名前四位国家的化肥出口量   万吨

国家\年份	美国	俄罗斯	加拿大	中国	国家\年份	美国	俄罗斯	加拿大	中国
2002	2573	1546	1003	134	2009	2392	1662	476	587
2003	2640	1840	1072	242	2010	2889	2189	1120	972
2004	2740	1998	1200	301	2011	2867	2153	1187	1805
2005	2487	1879	953	148	2012	2564	2279	1018	1414
2006	2586	1852	1125	207	2013	2860	2202	1086	1411
2007	2463	1925	1225	514	2014	2891	1700	1189	2160
2008	2787	1866	1178	677					

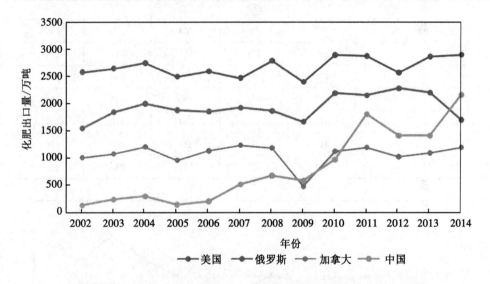

图 6.4   2002—2014 年化肥出口全球排名前四位国家的化肥出口量

化肥出口量排在第 5 至第 10 位的国家分别是白俄罗斯、摩洛哥、德国、比利时、以色列和挪威，这些国家每年化肥的出口量皆在百万吨以上。其中白俄罗斯和摩洛哥化肥出口量的增长速度最快，白俄罗斯从 2002 年出口化肥 385 万吨增长至 2014 年的 682 万吨，而摩洛哥从 2002 年的 296 万吨增长至 2014 年的 582 万吨，如表 6.3 所示。德国的化肥出口量整体来说较为稳定，保持在 300 万吨到 400 万吨之间，但后期略有下降，如图 6.5 所示。比利时化肥出口呈先下降后上升的趋势，但总体保持在 200 万吨 300 万吨之间。以色列化肥出口量整体增长幅度不大，略有上升，从 2002 年出口 173 万吨上升至 2014 年的 263 万吨。挪威化肥出口量的变化处于先上升后下降再上升的趋势，整体波动性较大，但挪威第二次上升的速度比较快，仅次于摩洛哥的增长速度；从 2002 年出口 77 万吨到 2014 年出口 350 万吨，挪威是这五个国家中增长幅度最大的国家。

表 6.3　　　2002—2014 年化肥出口全球排名第 5～10 位国家的化肥出口量　　　万吨

国家 年份	白俄罗斯	摩洛哥	德国	比利时	以色列	挪威
2002	385	296	355	246	173	77
2003	262	288	358	228	145	94
2004	459	260	358	213	244	100
2005	462	247	384	221	245	88
2006	437	284	376	208	218	282
2007	474	289	339	223	238	284
2008	405	177	356	204	279	90
2009	243	309	274	181	134	174
2010	479	474	345	249	286	261
2011	542	542	375	250	253	268
2012	438	647	382	244	218	382
2013	437	543	333	284	248	319
2014	682	582	256	244	263	350

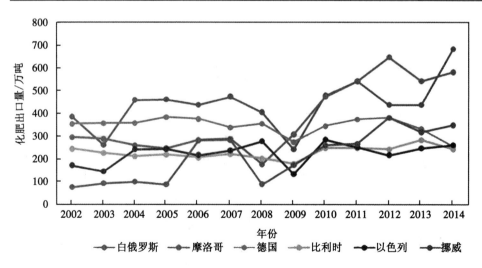

图 6.5　2002—2014 年化肥出口全球排名第 5～10 位国家的化肥出口量

第四节 主要化肥进口国

从2002—2014年化肥进口量的累计来看，全球主要化肥进口国集中在亚洲的印度、中国、泰国、越南、马来西亚以及印度尼西亚，北美洲的美国、墨西哥和加拿大，非洲的南非，大洋洲的澳大利亚和新西兰，南美洲的巴西、阿根廷、哥伦比亚及巴拉圭，欧洲的法国、土耳其、德国、西班牙和比利时等国家，本书将对排名前十位的国家重点进行分析。

全球化肥进口排名前四位的国家分别是美国、印度、巴西和中国。其中美国是进口化肥最多的国家，占全球化肥进口总量的三分之一，也是唯一一个在所有年份化肥进口量皆在千万吨以上的国家。从表6.4中可以看到，美国的化肥进口整体上呈先上升后下降再上升的趋势，其前期增长较为缓慢，从2002年的3824万吨到2007年的5220万吨，增长了36.5%，平均每年增长7.3%。2008年和2009年因受金融危机的影响，进口量跌至3148万吨，但随后又迅速增加，到2014年增至5567万吨，增长了76.8%，增长速度和增长幅度都要远远大于第一次的上涨。印度的化肥进口量居于世界第二位，但其上升的幅度是四个国家中最高的，其在2002年的进口量仅为241万吨，之后一直上升，到2011年已达到2356万吨，翻了将近十倍，平均每年以87.8%的速度在增长。然而这种上升趋势没有一直延续下去，2011年之后印度的化肥进口又转为下降的趋势中，且下降幅度也比较大。排在第三位的是巴西，巴西的化肥进口整体上处于缓慢上升的趋势中，从2002年的657万吨增加至2014年的1786万吨，总共增长了1129万吨。中国的化肥进口量要略小于前面三个国家，整体最为稳定，进口量并没有太大的起伏变化，且与前期相比还略有下降，近几年较多保持在600万吨到700万吨之间，如图6.6所示。

表6.4　　　　2002—2014年化肥进口全球排名前四位国家的化肥进口量　　　　万吨

国家年份	美国	印度	巴西	中国	国家年份	美国	印度	巴西	中国
2002	3824	241	657	922	2009	3148	1561	655	407
2003	4321	293	940	668	2010	4787	2080	964	566
2004	4536	344	1098	720	2011	5314	2356	1336	570
2005	4631	778	773	804	2012	5017	1540	1324	625
2006	4313	913	779	715	2013	5127	1113	1525	609
2007	5220	1077	1196	677	2014	5567	1358	1786	692
2008	4789	1670	982	428					

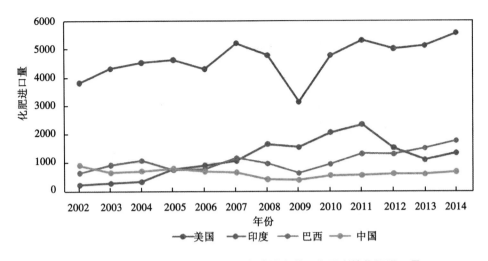

图 6.6 2002—2014 年化肥进口全球排名前四位国家的化肥进口量

全球化肥进口量排在第 5 到第 10 位的国家分别是法国、泰国、越南、澳大利亚、土耳其和德国。法国的化肥进口量除在 2004 年到 2009 年期间呈小幅下降的趋势外，其余年份较为稳定，保持在 400 万吨到 500 万吨之间，如表 6.5 和图 6.7 所示。泰国的化肥进口量总体处于波动上升的趋势，从 2002 年的 155 万吨增长至 2013 年的 524 万吨，增长了两倍多。越南的化肥进口整体保持在 200 万吨到 300 万吨之间，非常稳定。而澳大利亚的化肥进口量先下降后上升，整体增加量不大，保持在二三百万吨的水平。土耳其和德国的化肥进口量变化趋势较一致，都是呈缓慢上升的趋势，且后期多数年份的出口量都在两百多万吨的水平。

表 6.5   2002—2014 年化肥进口全球排名第 5～10 位国家的化肥进口量　　　　万吨

国家 年份	法国	泰国	越南	澳大利亚	土耳其	德国
2002	438	155	239	256	122	163
2003	490	444	275	258	183	146
2004	490	332	187	182	241	175
2005	425	269	208	171	267	167
2006	378	317	241	118	238	144
2007	349	348	279	197	208	155
2008	344	330	211	149	175	285
2009	305	296	332	158	258	201

续表 6.5

国家\年份	法国	泰国	越南	澳大利亚	土耳其	德国
2010	442	461	258	257	200	290
2011	408	445	287	269	209	280
2012	423	459	285	268	214	266
2013	425	524	357	288	245	236
2014	443	478	300	351	260	290

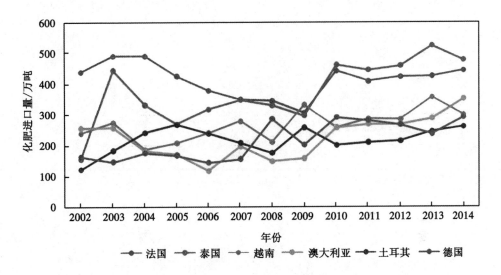

图 6.7 2002—2014 年化肥进口全球排名第 5 ~ 10 位国家的化肥进口量

第五节 主要国际化肥贸易商

在世界十大化肥生产企业中居前六位的都是西欧和北美的化肥生产企业。除排名前两位的美国美盛公司和加拿大的 PCS 公司，其他四个公司分别为挪威的 Yara 国际公司、德国的 K + S 集团、美国的 Terra 工业公司、加拿大的 A - grium 公司。上述公司化肥年生产能力均在 1000 万吨以上，在氮、磷、钾肥市场占据主导地位。同时，适应化肥生产全球化趋势，拥有资源优势的一些发展中国家大型化肥生产企业也在加强投资、战略联盟和引进外资中，不断增强实力。俄罗斯、中东和北非的大型化肥生产企业在与西欧和北美大型化肥生产企业竞争中脱颖而出，在国际化肥市场的影响不断扩大。白俄罗斯钾肥公司（Belamskali）、沙特基础工业公司（Sabic）、以色列化学工业公司（ICL）、俄罗斯的乌拉尔钾肥公司都已进入世界十大化肥企业之列。

第七章
全球化肥发展展望

第一节　全球化肥需求变化

全球化肥市场需求将温和增长，增幅在1.5%左右，预计达到198.9百万吨，如表7.1所示。其中氮肥需求量继续持续下移，增速预计在1.2%，磷肥需求继续保持温和增长态势，增速预计在1.5%，而钾肥在未来5年将持续稳步增长，预计增速在2.1%。

表7.1　　　　　　　　　　　全球肥料需求　　　　　　　　　百万吨养分

时间	氮	五氧化二磷	氧化钾	总计
2014/15	102.9	43.2	33.3	179.5
2015/16	104.2	43.7	33.5	181.5
变化	+1.3%	+1.0%	+0.7%	+1.1%
2016/17f	106.3	44.9	34.6	185.8
变化	+2.0%	+2.8%	+3.1%	+2.4%
2017/18 f	107.3	45.3	35.4	188.0
变化	+0.9%	+1.0%	+2.3%	+1.2%
2021/22f	112.4	48.1	38.4	198.9
变化	+1.2%	+1.5%	+2.1%	+1.5%

注：数据来源于世界农业和肥料需求中期展望：2016/17-2021/22.

从全球化肥需求区域变动来看，全球化肥需求增长最快的地区是非洲，其次是东欧、中亚、拉丁美洲和加勒比地区，这三个地区占未来五年全球化肥需求增长的比例分别为11%，10%和26%。其中对于非洲来说，氮肥、磷肥、钾肥等需求全线增长，钾肥需求增长速度要大于氮肥和磷肥；对于东欧中亚来说，氮肥、磷肥、钾肥等需求全线增长，磷肥需求增长速度要大于氮肥和钾肥；对于拉丁美洲和加勒比地区来说，氮肥、磷肥、钾肥等需求全线增长，氮肥需求增长速度要大于钾肥和磷肥。未来五年新增需求中，占比最大是拉丁美洲和加勒比地区，其次是南亚和东亚，三个地区占比分别是26%、24%和22%（见表7.2），三个地区未来五年的新增需求占全球新增需求的72%左右。发达地区未来五年的化肥需求相对来说比较低迷，大洋洲、北美和西欧中欧未来五年的新增需求仅占全球的1%、4%和1%。

表7.2 全球肥料需求区域分布变动

序号	区域	氮 N	磷 P	钾 K	总计	备注
1	西欧中欧	下降	增长	增长	下降	1%
2	东欧中亚	增长	增长	增长	增长第二 P < N，K	10%
3	北美	缓慢增	缓慢增	缓慢增	缓慢增	4%
4	拉丁美洲和加勒比	增长	增长	增长	增长第三 N < P，K	26%
5	非洲	增长	增长	增长	增长最快 K < N，K	11%
6	西亚	缓慢增	缓慢增	缓慢增	不确定（政治）	3%
7	南亚	1.4%增	2.5%增	3.7%增	增速低历史水平	24%
8	东亚	0.6%增	0.4%增	2.3%增	有限增长	22%
9	大洋洲	缓慢增	下降	缓慢增	较缓慢	1%

注：① 备注中的百分比为各区域新增需求占未来五年全球新增总需求的占比。
② 数据来源于世界农业和肥料需求中期展望：2016/17 – 2021/22

第二节　全球化肥供给变化

从化肥新增供给内部结构来看，未来五年全球新增供给为31.2百万吨养分，其中氮肥新增供给最多为13.3百万吨养分，其次是钾肥为10.9百万吨养分，再次是磷肥为7.0百万吨养分。氮肥新增供应量最大的区域是东欧中亚为3.4百万吨养分，磷肥新增供应量最大的区域是非洲为3.0百万吨养分，钾肥新增供应量最大的区域是东欧中亚为7.9百万吨养分。

从化肥新增供给区域分布来看，未来五年全球新增供给主要集中在东欧中亚、东亚、非洲和北美等，这四个地区新增化肥供给占全球新增化肥供给的83.33%，其中东欧中亚新增化肥供给12百万吨养分，占全球总新增供给的

38.46%，东亚新增化肥供给 4.9 百万吨养分，占全球总新增供给的 15.71%，非洲新增化肥供给 4.7 百万吨养分，占全球总新增供给的 15.06%，北美新增化肥供给 4.4 百万吨养分，占全球总新增供给的 14.10%，如表 7.3 所示。

表 7.3　　　　全球肥料供给区域分布变动（2021 年以 2016 年为基准年）　　　　百万吨养分

序号	区域	氮 N	磷 P	钾 K	总量	占比/%
1	西欧中欧	0.2	0.0	−0.8	−0.6	−1.92
2	东欧中亚	3.4	0.7	7.9	12	38.46
3	北美	2.0	0.0	2.4	4.4	14.10
4	拉丁美洲和加勒比	1.1	0.2	0.0	1.3	4.17
5	非洲	1.7	3.0	0.0	4.7	15.06
6	西亚	0.9	1.5	0.1	2.5	8.01
7	南亚	1.8	0.0	0.0	1.8	5.77
8	东亚	2.0	1.6	1.3	4.9	15.71
9	大洋州	0.0	0.0	0.0	0.0	0.00
10	全球	13.3	7.0	10.9	31.2	100.00

注：① 表中数据表示 2021 年各个地区相对于 2016 年的供给增量。② 数据来源于 IFA PIT 调查 2017。

未来五年，欧洲的氮肥和磷肥的产能基本没有增加，相反其钾肥的供应能力下降了 0.8 百万吨养分。东欧中亚是未来五年新增供应最大的地区（全球占比 38.46%），其氮肥和钾肥的新增供应都是全球第一，特别是钾肥的新增供应占到全球新增供应的 72.5%，其氮肥新增供应主要来源于俄罗斯、土库曼斯坦和阿塞拜疆，钾肥的新增供应主要来源于白俄罗斯、俄罗斯和土库曼斯坦，到 2021 年，东欧中亚将扩大 1300 万吨 MOP 的钾盐，其中大多数是用来出口。对于北美而言，未来五年新增化肥 4.4 百万吨养分，其中氮肥为 2.0，钾肥为 2.4，在全球新增氮肥和钾肥供应中均处于第二位，美国新增氮 250 万吨，主要用于减少进口适当增加出口，加拿大的钾盐产能将出现明显扩大。对于拉丁美洲和加勒比地区来说，未来五年新能供应能力很有限，而其需求在未来五年增长明显，其未来五年的进口将全线增加。对于非洲来说，未来五年其氮肥和磷肥供应继续增加，钾肥基本持平。氮肥供应的持续增长主要来源于尼日利亚和埃及，磷肥供应的持续增长主要来源于摩洛哥、埃及和阿尔及利亚。对于西亚地区而言，未来五年其供应增加、需求基本稳定，氮肥和磷肥的出口潜力扩大。伊朗的尿素和沙特的合成氮供应能力将增加。对于南亚地区而言，未来五年氮肥供应有所增加，主要来源于印度和孟加拉国，而磷肥和钾肥的新增供应基本为零。而南亚地区未来五年的需求比较旺盛，新增化肥需求占全球新增需求的24%，因此未来五年南亚地区依然保持全球最大的磷酸盐和尿素的进口国家和地区，也是加盐主要进口区域。对于东亚地区而言，未来五年新增供应占全球15.71%。中国氮磷钾肥供应全线上涨，氮和磷的增量进一步增加了中国的产能过剩，未来五年中国依旧是氮肥和磷肥的支配性出口国，与此同时钾肥的进口缺口进一步扩大。越南（NPK复合肥）、印尼（尿素和NPKs）、马来西亚（尿素）以及泰国和老挝（钾矿）等产能正在扩大。对于大洋洲而言，未来五年基本没有新增供应项目。

第八章
中国化肥的发展状况

第一节　中国化肥的生产条件

一、氮肥的生产条件

中国的陆地面积位于世界第三位，地域辽阔，拥有生产化肥所需的各种矿产资源。在世界三大化肥中，氮肥的生产原料主要集中于石油、天然气以及煤炭这三种资源，其中又以天然气为制造氮肥的最佳原料，具有投资少、成本低、污染少等特点。天然气占氮肥生产原料的比重，世界平均为 70% 左右，而与此相反，我国氮肥生产的原料中，煤占 65%，天然气占 28%，石油占 7%，这主要与我国的资源情况有关。我国是一个煤相对丰富、贫油、少气的国家，所以在我国的氮肥生产中，以煤为原料的氮肥企业数量最多，且使用的煤多以无烟煤为主。截至2017 年，中国无烟煤预测储量为 4740 亿吨，占全国煤炭总资源量的 10%，年产2 亿吨，产地主要集中在山西晋城，宁夏石炭井，河南焦作、永城，其中又以山西晋城无烟煤的质量最好。无烟煤的产量及价格走势已经成为影响氮肥价格波动的主要因素之一。

天然气是我国氮肥生产中排在第二位的原料，目前我国还有不少化肥企业用天然气作为氮肥生产的原料，特别是西南地区天然气尿素厂家较多，另外，新疆、内蒙古、宁夏、黑龙江、辽宁、海南等地也有部分天然气尿素厂家。在 2015年之前，国家对化肥用气一直实行优惠价格，鼓励了我国氮肥的生产，但在 2015年之后，国家取消了对化肥企业的天然气优惠价格，天然气价格的上涨对氮肥的影响较大，以煤为原料的化肥企业要比以气为原料的企业更占优势。2015 年全国天然气产量为1243.57亿立方米，较上年下降0.4%。"十二五"期间，我国天然气每年新增探明地质储量连续五年超过5000亿立方米，累计新增天然气探明地质储量3.92万亿立方米，较"十一五"增加8193.39亿立方米，增长27.7%。"十二五"期间，我国天然气总产量为6013.17亿立方米，较"十一五"增加2230.08亿立方米，增长54.9%。从产量分布上来看，我国的天然气产量集中分布在陕西、四川、新疆三省区，占据了全国天然气生产量的一半以上，黑龙江、青海、广东等省也有分布。

我国的石油资源在很大程度上以进口居多，受全球石油价格波动的影响较大，故我国以石油作为原料的氮肥企业几乎没有。

二、磷肥的生产条件

磷矿是磷肥的主要生产原料，在世界范围内，66%的磷矿用来生产磷肥。在全球磷矿资源分布中，94%的磷矿资源集中分布于摩洛哥和西撒哈拉，已探明储量达到500亿吨，而中国磷矿储量排名世界第二，累计查明资源储量约205亿吨，集中分布在湖北、贵州、云南、四川和湖南五省，约占全国磷矿基础储量的83%，P_2O_5品位大于30%的富矿石储量几乎全部集中在这五个省内。我国也一直没有停留磷矿资源勘探的步伐，目前还在不断发现新矿，如贵州织金地区发现的储量24亿吨的特大磷矿，湖北远安杨柳矿区探明的7亿吨磷资源，开磷矿区下部发现的资源量达7.82亿吨的特大磷矿等。虽然我国的磷矿储量丰富，但富矿少，中低品位矿多，P_2O_5大于30%的富矿矿石仅占总矿石量的7.65%。我国磷矿石平均品位（P_2O_5）在17%左右，远低于俄罗斯、摩洛哥、美国等国家（30%~39%）磷矿石品位。此外，除少数富矿可直接用来生产磷复肥和黄磷外，大部分磷矿石需经过选矿才能利用，选矿成本较高，无形中增加了我国磷肥的生产成本。虽然我国磷矿品质相对要弱于美国和摩洛哥等国家，但由于磷矿资源非常丰富，为磷肥的生产提供了条件，因而我国每年磷肥的产量非常巨大。

硫磺也是磷肥的主要生产原料之一，但我国是一个硫磺资源较为匮乏的国家，硫磺大部分都依赖于进口。2012年国产硫磺约520万吨，进口1120万吨，硫磺自给率仅有32%，同比持平。但目前我国硫磺的产能在逐年扩大，对炼油厂和气田制硫的开发正在进行中，硫磺的自给率也在不断上升。在这样的发展趋势下，未来中国将摆脱对国外硫磺的依存，实现完全的自给自足。

三、钾肥的生产条件

钾肥的生产原料主要为钾盐矿，但世界的钾盐矿分布较为集中，主要分布在加拿大、俄罗斯和白俄罗斯等国，这三国的钾盐矿合计储量占了全球储量的70%以上，其次为中国、美国、智利、德国、英国和巴西等国，这9国占全球总储量的95%，而中国仅占全球储量的6%。总体来说，中国的钾盐矿资源是相对匮乏的，长期以来主要依赖于进口。中国已探明的钾盐资源储量约为11亿吨（KCl），其中液体资源约占77%，查明矿产地40余处，矿床类型以现代盐湖钾盐为主，主要分布在柴达木等地区。从资源分布上来看，我国钾盐资源有99%分布在青海和新疆这两个地区，其中青海探明钾盐储量占全国的75%，新疆罗布泊探明钾盐储量占24%，滇西、塔里木、四川及鄂尔多斯盆地也有部分钾盐分布。由于我国的钾盐资源较为稀缺，且已探明的钾盐资源大多分布在第一板块，基础设施条件差，不利于开采和运输，所以钾肥的生产条件整体要弱于氮肥和磷肥。

第二节　中国化肥的生产和消费状况

中国是世界人口和农业大国，也是世界化肥生产和消费大国，每年化肥的生产量和消费量十分巨大。随着中国粮食产量的十二连增，中国化肥的生产量和消费量也连年上升，目前中国化肥的生产量和消费量已超过美国和印度，成为世界上最大的化肥生产国和消费国。

从表8.1中所列的数据变化可以看到，中国氮磷钾肥的生产量和消费量连年走高，2014年化肥生产量达到6772万吨，化肥消费量达到6016万吨，化肥产量和消费量都在快速增长。到2014年，中国化肥的生产量较2002年增长了90.8%，平均每年增长7.6%；而化肥的消费量则较2002年增长了37.7%，平均每年增长3.1%。显而易见，化肥生产量的增速要远远大于消费量的增速，在这一增长趋势下，中国化肥的生产量逐渐赶超消费量，生产消费缺口在不断缩小，且从2008年开始出现了生产消费盈余，到2014年中国化肥的生产消费盈余量已经达到756万吨，如图8.1所示。但由于中国各品种化肥的生产和消费存在较大差异，因而存在不同的缺口量和盈余量，下面根据化肥品种的不同具体进行分析。

表 8.1　　2002—2014 年中国氮磷钾肥的生产量、消费量和生产消费盈余量　　万吨

年份	生产量	消费量	生产消费盈余量	年份	生产量	消费量	生产消费盈余量
2002	3549	4370	−821	2009	5551	5414	137
2003	3986	4447	−461	2010	5762	5569	193
2004	4214	4665	−451	2011	6083	5723	360
2005	4112	4797	−685	2012	6195	5858	337
2006	4420	4960	−540	2013	6325	5931	394
2007	4947	5137	−190	2014	6772	6016	756
2008	5312	5262	50				

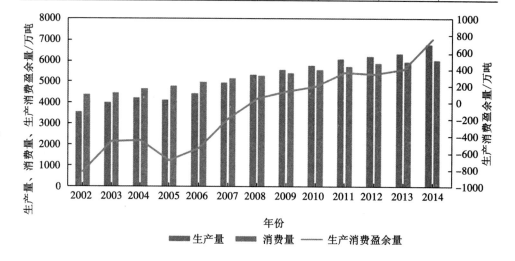

图 8.1　2002—2014 年中国氮肥钾肥的生产量、消费量和生产消费盈余量

一、氮肥

氮肥是中国施用最多也是生产量最高的化肥，占世界氮肥消费量的 31.2%，也是各类农作物施用量最高的化肥。我国主要的氮肥品种有尿素、碳酸氢铵、氯化铵、硝酸铵以及硫酸铵等，其中以尿素和碳酸氢铵为主要的氮肥品种，生产量和消费量最大。从表 8.2 中的数据可以看到，2002—2014 年，中国氮肥的生产量和消费量都在不断增加，但相比较而言，氮肥消费量的增长速度较为缓慢，远远

落后于生产量的增长速度。2014年，氮肥的生产量达到3944万吨，较2002年增长了66.5%，平均增速5.5%；氮肥的消费量在2014年达到3107万吨，较2002年增长了23.2%，平均增速1.9%，氮肥生产量的增速是消费量增速的2.9倍。在氮肥生产量的快速增长之下，中国氮肥逐渐摆脱缺口的状态，并且盈余量在不断上升（见图8.2），到2014年，氮肥的盈余量达到837万吨，中国氮肥由过去依赖进口发展为生产的严重过剩。

表8.2　　　2002—2014年中国氮肥的生产量、消费量和生产消费盈余量　　　　　万吨

年份	生产量	消费量	生产消费盈余量	年份	生产量	消费量	生产消费盈余量
2002	2369	2522	−153	2009	3064	2907	157
2003	2576	2535	41	2010	3344	2964	380
2004	2766	2639	127	2011	3383	3023	360
2005	2675	2678	−3	2012	3516	3074	442
2006	2739	2739	0	2013	3606	3090	516
2007	3088	2812	276	2014	3944	3107	837
2008	3088	2851	237				

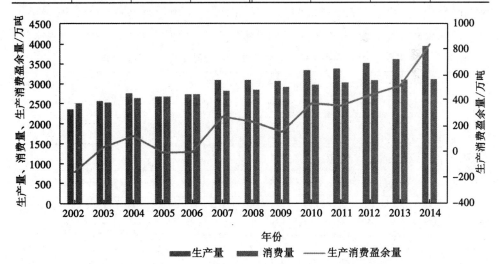

图8.2　2002—2014年中国氮肥的生产量、消费者和生产消费盈余量

二、磷肥

我国磷肥根据产品养分含量的不同可以分为低浓度磷肥和高浓度磷肥,低浓度磷肥指 P_2O_5 含量小于 20% 的产品,主要包括过磷酸钙和钙镁磷肥两个品种;高浓度磷肥指 P_2O_5 含量大于 40% 的产品,主要包括磷酸一铵、磷酸二铵、NPK、硝酸磷肥和重过磷酸钙等。如今,我国越来越重视高浓度磷肥的生产,高浓度磷肥的生产比重要远远高于低浓度磷肥。从生产上来看,磷肥是所有化肥中产量增加幅度最大,增长最快的化肥。从表 8.3 中可以看到,磷肥在 2002 年的生产量仅有 847 万吨,但到 2014 年已增长至 1963 万吨,2014 年的生产量较 2002 年增长了 131.8%,增长了一倍多,平均每年增长 11%。而相比于生产量,磷肥的消费量则增长较为缓慢。2014 年,磷肥的消费量达到 1556 万吨,较 2002 年增长了 45.3%,平均增速只有 3.8%。磷肥生产量的增速远远大于消费量的增速,使得中国磷肥的缺口在不断缩小,并于 2007 年生产量正式超过消费量,磷肥开始出现盈余,且随着生产量的继续增加,磷肥的盈余量也在不断上升,如图 8.3 所示。目前,我国磷肥产能和产量均占世界总量的 40% 左右,是世界最大的磷肥生产国。2015 年,中国磷肥产量达到 2350 万吨(折纯 P_2O_5),新增产能 147 万吨,自给率为 143%,高浓度磷肥同比增加 7%,占磷肥总产量 93%,磷肥供需的矛盾越来越突出,处于严重的产能过剩状态。

表 8.3 　　　　2002—2014 年中国磷肥的生产量、消费量和生产消费盈余量 　　　　　　万吨

年份	生产量	消费量	生产消费盈余量	年份	生产量	消费量	生产消费盈余量
2002	847	1071	−224	2009	1482	1371	111
2003	1001	1096	−95	2010	1569	1412	157
2004	1085	1148	−63	2011	1863	1458	405
2005	1098	1188	−90	2012	1790	1498	292
2006	1203	1243	−40	2013	1778	1523	255
2007	1415	1284	131	2014	1963	1556	407
2008	1458	1324	134				

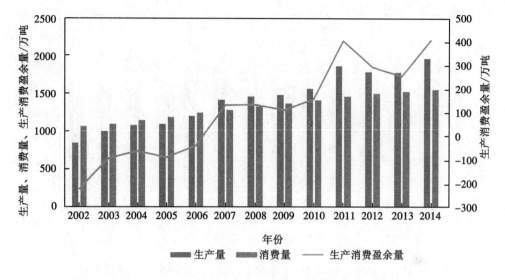

图8.3　2002—2014年中国磷肥的生产量、消费量和生产消费盈余量

三、钾肥

中国的钾肥主要有氯化钾、硫酸钾、硝酸钾、磷酸二氢钾、窑灰钾肥、钾镁肥和生物钾肥等几个品种，其中氯化钾的消费比重最大，施用量约占钾肥总量的90%，是钾肥的主要品种和基础肥料品种。青海盐湖工业集团有限公司是我国目前最大的氯化钾生产企业，中国近70%的氯化钾产自该公司。中国对于钾肥的消费量略小于磷肥，但水稻对于钾肥的施用量要超过磷肥，所以中国每年对钾肥的需求量非常大。但由于中国的钾盐矿资源比较匮乏，故在很大程度上钾肥仍然要依赖于进口。从图8.4中可以看到，中国钾肥的消费量增长趋势非常明显，几乎呈直线上升的趋势，而钾肥的生产量则波动性较大，除2007—2009年增长幅度较大之外，其余年份增长较为缓慢。而从表8.4中的数据可以看到，钾肥在2014年的消费量为1352万吨，较2002年增长了74%，平均每年增长6.25%；钾肥的生产量在2009年达到最大值，为1005万吨，到2014年又下降至865万吨，呈波动性变化，但钾肥的生产量整体要小于消费量，每年都存在缺口，2014年钾肥的缺口量在487万吨。近些年，随着中国加大对钾盐资源的勘探和开发，以及其他钾肥生产的工业基础设施投入，中国钾肥的自给率在逐渐提高，目前已超过了50%。

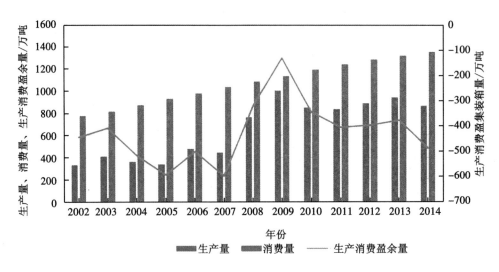

图 8.4　2002—2014 年中国钾肥的生产量、消费量和生产消费盈余量

表 8.4　　　　　　2002—2014 年中国钾肥的生产量、消费量和生产消费盈余量　　　　　　万吨

年份	生产量	消费量	生产消费盈余量	年份	生产量	消费量	生产消费盈余量
2002	333	777	−444	2009	1005	1136	−131
2003	409	816	−407	2010	849	1192	−343
2004	363	877	−514	2011	837	1242	−405
2005	338	931	−593	2012	889	1286	−397
2006	478	979	−501	2013	941	1319	−378
2007	444	1041	−597	2014	865	1352	−487
2008	766	1087	−321				

四、复合肥

复合肥是指在氮、磷、钾这三种养分中，至少含有两种养分的肥料。我国从 20 世纪 50 年代开始施用复合肥，虽然起步较晚，但发展较快，目前已成为化肥市场的主要化肥之一，深受农户喜爱。复合肥的发展离不开上游产品的生产，原料的数量和质量都会影响到复合肥的发展。目前我国的氮肥和磷肥有较多剩余，钾肥还存在较大缺口，这在一定程度上为复合肥的生产带来了不便，但随着生产工艺和生产技术的不断改进，中国复合肥的生产逐步摆脱了各种生产上的限制。截至 2014 年，按照可比口径计算，产销量前十名的复合肥生产企业产销量约占全国总产销量的 53.3%，有复合肥生产许可证的生产企业数量在不断减少，但仍在 3400 家以上，产能约 2 亿吨，实际产销量约 5000 万吨，意味着平均开工率

只有不到 25%，产能严重过剩。而在施用量方面，2015 年农用复合肥的施用量达到 2175.69 万吨，仅次于氮肥的施用量，而从图 8.5 中也可以看出，中国对复合肥的施用量呈现逐年增长的趋势，年均增长率保持在 6% 左右。中国的肥料复合化率水平不到 40%，低于世界平均水平 50%，更远低于欧洲、美国等发达农业国家水平（70% 以上）。随着肥料复合化率的继续增长，国内整体复合肥需求将继续保持稳步增长的态势。

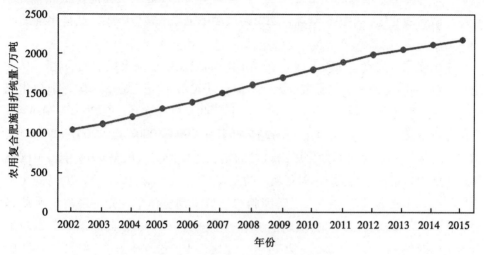

图 8.5 2002—2015 年中国农用复合肥施用折纯量

总体而言，目前除钾肥存在较大缺口之外，氮肥、磷肥和复合肥皆出现严重的产能过剩。这一方面原因在于生产工艺和生产技术的不断成熟和进步，突破了原有生产条件的各种限制，使得各类化肥在生产数量和生产品质上有了非常大的提升；另一方面在于对磷矿、钾盐矿、天然气、煤炭等化肥生产原料的不断勘探和开发，为化肥的生产提供了充足的原料供应。此外，还离不开中国政府对化肥产业的帮助和支持。近 30 年来，中国政府为了促进农业生产、提高粮食产量，对被称作粮食的"粮食"的化肥，除了对化肥生产装置进行较大规模的投资建设之外，还在政策上给予多种形式的支持和扶持。一方面，对化肥生产企业在电力、能源、原料、运输上提供价格优惠，另一方面，对化肥产品在增值税上实施税收优惠，并对化肥产品进行价格补贴，对冬储化肥贷款实施财政贴息等一系列的优惠政策。这大大提高了国内化肥企业的生产积极性，促使我国化肥产量一路走高，中国已由化肥不能自给、依赖进口的局面转变为化肥产能的严重过剩以及化肥的大量出口。

第三节　中国化肥的进出口状况

随着化肥产业的快速发展，中国在全球化肥市场上的地位在不断提高，且越来越成为全球化肥发展走向的风向标。现如今，中国已是全球最大的氮肥和磷肥出口国，同时也是最大的钾肥进口国，伴随着中国的崛起，全球都在注视着这片土地上微妙的变化，中国在全球化肥贸易大潮中也逐渐站稳脚跟，凸显出强劲的中国力量。

中国化肥的进出口在改革开放30年的时间里发生了翻天覆地的变化，20世纪90年代中国还是一个化肥进口大国，但自进入21世纪之后，中国逐渐由化肥的进口国转变为化肥的出口国。从表8.5和图8.6可以看到，自2002—2014年，中国化肥的出口量一直保持上升的趋势，其中2006—2007年、2009—2011年、2013—2014年这三个时间段化肥出口量的增长速度最快。截至2014年，中国氮磷钾肥的出口量已经达到1349万吨，约是2002年出口量的10倍，出口的化肥中以氮肥和磷肥居多。而中国氮磷钾肥的进口量则整体呈现先下降后上升的趋势，在2002—2009年这一时间段内，中国化肥的进口量由最高时的932万吨下降至最低时的149万吨；2009—2014年，又缓慢上升至593万吨。由于中国化肥的进口中以钾肥所占的比重最大，中国化肥进口的趋势变化侧面反映出了中国钾肥的发展变化。在中国化肥进出口的这一升一降中，中国的化肥产业由贸易逆差转为了贸易顺差。下面对各具体化肥的进出口情况进行分析。

表8.5　　　2002—2014年中国氮磷钾肥的进口量、出口量和净出口量　　　　　　万吨

年份	出口量	进口量	净出口量	年份	出口量	进口量	净出口量
2002	137	932	−795	2009	401	252	149
2003	246	676	−430	2010	638	446	192
2004	307	734	−427	2011	849	488	361
2005	152	816	−664	2012	848	507	341
2006	218	746	−528	2013	882	479	403
2007	525	711	−186	2014	1349	593	756
2008	433	389	44				

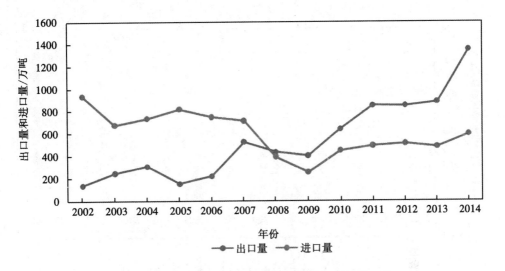

图 8.6　2002—2014 年中国氮磷钾肥的出口量和进口量

一、氮肥

氮肥是中国所有化肥中出口量最大的化肥。如表 8.6 和图 8.7 所示，中国出口氮肥的数量在近十年的时间里飞速增长，且增速越来越快。2014 年出口氮肥 872 万吨，是 2002 年氮肥出口量的 17.8 倍、2008 年氮肥出口量的 3.3 倍、2011 年氮肥出口量的 2.2 倍，出口增速越来越快。而中国氮肥的进口量则随着氮肥生产量的增加在不断减少，目前整体保持在三四十万吨的水平，进出口的差值在不断拉大。随着化肥出口政策的不断放松，中国氮肥出口量的增长速度将越来越快。

表 8.6　　　　2002—2014 年中国氮肥的进口量、出口量和净出口量　　　　万吨

年份	出口量	进口量	净出口量	年份	出口量	进口量	净出口量
2002	49	192	-143	2009	214	52	162
2003	153	101	52	2010	424	44	380
2004	219	86	133	2011	395	33	362
2005	104	102	2	2012	488	43	445
2006	107	105	2	2013	557	37	520
2007	323	46	277	2014	872	34	838
2008	263	25	238				

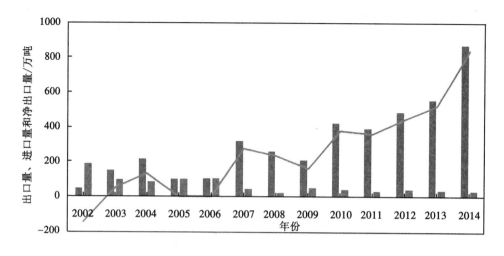

图8.7 2002—2014年中国氮肥的进口量、出口量和净出口量

二、磷肥

磷肥进出口的整体变化趋势与氮肥相似，但磷肥的出口量要略小于氮肥。从表8.7和图8.8中可以看到，中国磷肥的出口量在2007年之前还是小于进口量的，但随着磷肥生产量的不断扩大，中国磷肥逐渐可以自给，且出口在不断上升，进口在不断减少。到2014年，中国磷肥的出口量增长至444万吨，是2002年磷肥出口量的7.3倍，而磷肥的进口量在近几年一直保持在三四十万吨的水平。目前，中国磷肥的出口量已经超过美国和俄罗斯，成为世界最大的磷肥出口国。在国内磷肥产能严重过剩的情况下，预计未来我国磷肥的出口量仍将保持较快的增速，尤其在如今化肥出口政策宽松的环境下，更加推动了磷肥的出口。

表8.7　　　　2002—2014年中国磷肥的进口量、出口量和净出口量　　　　万吨

年份	出口量	进口量	净出口量	年份	出口量	进口量	净出口量
2002	61	277	−216	2009	159	45	114
2003	70	155	−85	2010	202	43	159
2004	84	138	−54	2011	435	27	408
2005	43	125	−82	2012	329	36	293
2006	101	130	−29	2013	295	35	260
2007	184	50	134	2014	444	32	412
2008	150	17	133				

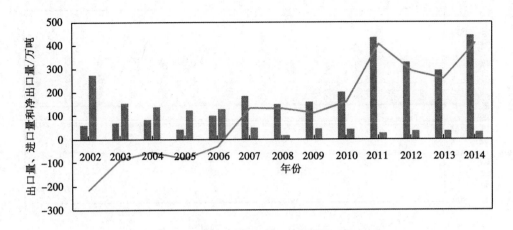

图 8.8　2002—2014 年中国磷肥的进口量、出口量和净出口量

三、钾肥

中国钾盐资源较为稀缺，钾肥在很大程度上仍然依赖于进口，故中国每年进口钾肥的数量较大，出口量非常少。从表 8.8 中数据可以看到，中国目前每年出口钾肥的数量只有三四十万吨，而进口钾肥的数量则在 500 万吨以上。中国钾肥的进口量在近十年的时间里并没有较大的增长，整体呈现"N"字形的变化趋势（见图 8.9），最高时的进口量为 2007 年的 615 万吨，最低时的进口量为 2009 年的 155 万吨，2014 年钾肥的进口量为 527 万吨。钾肥的进口量未如氮肥和磷肥的出口量一般迅猛增长，说明我国国内生产的钾肥数量在不断上升，提高了钾肥的自给率。目前，我国钾肥的自给率已经上升至 53%，较十年前有了非常大的提升。

表 8.8　　　　2002—2014 年中国钾肥的进口量、出口量和净出口量　　　　万吨

年份	出口量	进口量	净出口量	年份	出口量	进口量	净出口量
2002	27	462	−435	2009	28	155	−127
2003	23	421	−398	2010	13	358	−345
2004	5	509	−504	2011	20	428	−408
2005	4	589	−585	2012	31	428	−397
2006	10	511	−501	2013	31	407	−376
2007	17	615	−598	2014	34	527	−493
2008	20	347	−327				

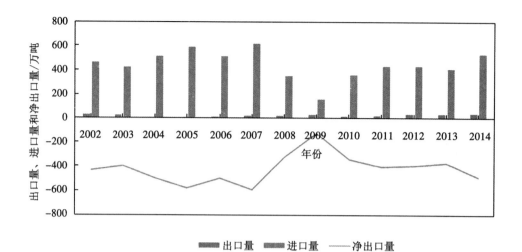

图8.9 2002—2014年中国钾肥的进口量、出口量和净出口量

四、复合肥

中国复合肥进口以三元复合肥为主，出口以氮磷二元复合肥为主。据海关统计数据显示，2016年中国进口三元复合肥113.22万吨，较上年下降22.54%，出口氮磷二元复合肥65.23万吨，较上年下降20.39%。2017年复合肥出口政策有明显变化：二元复合肥2017年关税取消，其在2015—2016年全年出口关税均为5%；三元复合肥2017年全年出口关税20%，其在2015—2016年全年出口关税均为30%。在2017年复合肥出口政策越加宽松的环境下，预计今后复合肥的出口量将有显著上升。

随着中国化肥生产和消费的不断增加，中国化肥的进出口也随之发生显著变化，整体而言可以总结为：氮肥出口增速在不断加快，出口量在逐年攀升；磷肥的出口波动性较大，但整体仍属于上升的趋势；钾肥的进口增长缓慢，近几年进口较为稳定。中国化肥的进出口不仅受到本国生产消费因素的影响，也受到国内出口政策以及国际市场环境的影响。在中国化肥还未能实现自给之前，对于化肥的出口政策整体上较为紧张，中国政府为了保证国内化肥的供给，严格控制化肥的出口，故在2009年之前，中国化肥的出口增长较为缓慢，部分年份因出口政策更加严格而出现下降。而在中国化肥生产量迅速增长，氮肥和磷肥实现完全自给，且产能出现越来越多剩余之后，政府逐渐放松对化肥的出口限制，并且鼓励化肥的出口，氮肥和磷肥的出口量也有显著提升。

第四节　中国化肥产业政策变化

化肥作为粮食的"粮食"，在保障农业发展，维护我国粮食安全方面发挥着无可替代的作用，国家对化肥产业的重视程度不亚于粮食产业。改革开放40年，我国的化肥产业取得了飞速发展，在国际化肥市场上的地位越来越高，成为影响国际化肥格局举足轻重的国家，这一切的发展成就离不开政府政策的大力支持，产业政策也成为影响化肥供需关系的重要因素，中国政府对化肥产业的政策变化也从侧面反映出我国化肥产业的发展状况。下面将从以下几个方面分析政府化肥的产业政策变化情况。

一、税收优惠：国家鼓励氮肥磷肥的出口

增值税和关税是国家用来调控化肥供应的主要手段，近30年来，增值税和关税几经变化，不仅税率在变，纳税的对象在变，纳税的产品也在变，但大部分是给予化肥企业在税收政策上的优惠的。1994年，财政部和国家税务总局曾联合发出《关于调整农业产品增值税税率和若干项目免征增值税的通知》，对于部分化肥免征增值税。此后免征的化肥品种陆续有所增加或对部分化肥先征后返，到2014年几乎覆盖大部分的化肥品种。这一优惠政策在保障化肥供应、稳定农资价格、促进农业生产上一度发挥了重要的作用，但随着化肥价格日益市场化，这一政策弊端开始凸显。2015年，财政部、海关总署和国家税务总局印发了《关于对化肥恢复征收增值税政策的通知》，规定自2015年9月1日起，对纳税人销售和进口的化肥，统一按13%的税率增收增值税，原有的增值税免税和先征后返政策相应停止执行。化肥企业享受了20年的增值税优惠政策正式结束。但与此同时，国家对有机肥仍然在生产流通环节实行免征增值税政策，鼓励有机肥的生产和使用，从而达到优化用肥结构、促进农业可持续发展的目的。

相比于增值税，对于化肥产业的关税政策变动更大，几乎每年都会有所调整。自化肥逐步实行免征增值税后，我国政府对化肥的进出口和市场价格采取了很多干预措施。进出口化肥关税政策，走过了由出口退增值税，到取消出口退税，再到加征出口关税，直至加征特别出口关税的路程、强力关税政策的出台，体现了政府限制化肥出口的坚定信心，保障国内市场供应的坚定决心。但随着我国化肥产量的提高，国内化肥的供需关系已经发生翻天覆地的变化，氮肥和磷肥都相继实现自给，并存在严重的产能过剩，而出口则成为了短期化解产能过剩现

状最为有效途径。意识到化肥的这一发展变化，国家近几年对化肥的出口关税政策表现的越来越宽松。从 2014 年 12 月 12 日，国务院关税税则委员会出台《2015 年关税实施方案》，明确指出对氮肥和磷肥取消出口淡旺季窗口期，全年实施统一的出口关税税率，到 2016 年 12 月 23 日，国务院公布《2017 年关税调整方案》，决定取消氮肥、磷肥等肥料的出口关税，将氮磷钾三元复合肥出口关税从 30% 下调至 20%。原来对于化肥出口的各种限制在逐渐取消，国家正在鼓励氮肥和磷肥的出口。

二、原料优惠：取消天然气和电价优惠生产成本提高

原料优惠主要是针对天然气和电价而言的。天然气作为化肥行业的原料，主要用于生产氮肥。化肥行业作为农业生产的重要保障环节，其用气价格长期享受优惠。2013 年和 2014 年两次上调非居民用气门站价格，考虑到化肥市场低迷等因素，对化肥用气价格均执行单独政策，少提或不提，2015 年试点放开直供用户门站价格，化肥用气价格也被排除在外。而电价的优惠主要是针对中小化肥企业，在生产用电上实施优惠，大化肥企业则不享受电价优惠。长期以来，这两项优惠政策在降低化肥企业生产成本，鼓励化肥生产，从而保障国内化肥供应上起了很大作用。但在 2015 年 4 月，国家发改委发布《关于降低燃煤发电上网电价和工商业用电价格的通知》，要求逐步取消化肥电价优惠，化肥生产用电执行相同用电类别的工商业用电价格，2016 年 4 月 20 日起全国不再保留化肥生产优惠电价。紧接着在 11 月，国家发改委又下发《关于推进化肥用气价格市场化改革的通知》，决定 11 月 10 日起全面放开化肥用气价格，同时鼓励化肥用气进入石油天然气交易中心等交易平台，通过市场交易形成价格，实现价格公开透明。这两项优惠政策相继被取消，说明国家已经不再一味地鼓励化肥生产了，而是想通过市场的手段来进行调节，淘汰掉那些高能耗、高污染、低效率的化肥企业，留下具有品牌优势、高技术、高效率、低能耗的化肥企业，推动产业结构的优化升级。

三、运输优惠：物流成本提高

如同原料的优惠一样，化肥产业还享受了运价的优惠，且免征铁路建设基金。一直以来，我国农用化肥铁路运输严格执行《关于明确农用化肥铁路运价优惠政策有关事项的通知》中的 2 号运价，区别于普通货物，给予一定的优惠，这大大降低了化肥企业的运输成本，帮助了化肥的销售。中国化肥受原料分布较集

中的影响，在化肥生产和销售上历来存在不平衡，大部分的化肥企业都是在原料产地附近建立生产基地，离我国的各个农作物种植区相聚较远，故化肥成品及化肥原料的运价在化肥销售价格中占据了较大的比重，而对于化肥产业实行优惠的运价能大大节省运输的成本。然而近些年来，农用化肥铁路运价年年看涨。从2009年开始，几乎每年上调一次，而且频率加速、幅度加大。2015年2月1日，国家发改委下发《关于调整铁路货运价格，进一步完善价格形成机制的通知》，将提高国家铁路货物统一运价，同时明确要求理顺化肥、磷矿石运价水平，取消优惠运价。这是继天然气和电力之后又一优惠被取消，无疑增加了化肥企业的生产成本和销售成本。

从以上政策的变化中可以看到，化肥产业在起步初期受到了政府各种政策的扶持，给予其在原料、运输、税收上的各种优惠，特别符合经济学中的"幼稚产业理论"。但随着化肥产业的成熟发展，国家对于原来的这些优惠政策在逐步取消，逐步引入市场的机制来进行调节，且从原来的限制出口转变为鼓励出口。在国际市场竞争激烈，国内各种政策优惠逐渐取消的情形下，中国的化肥企业也应该转变自身的战略，引入高技术，发展新型有机肥，走向国际化。

第五节　中国化肥企业走出去案例分析

一、史丹利

史丹利是一家专业从事复合肥生产与销售的公司，2011年在深交所上市。一直以来，史丹利与国外农业发达国家的同行们保持着频繁的技术交流与合作，专注于新型肥料的探索和研发，相继与世界级农业学府美国普渡大学、荷兰瓦格宁根大学签署战略合作协议，与美国AgSource、美国应用化工、法国利马格兰等知名农业机构达成合作。自"一带一路"倡议提出之后，史丹利加强了与东欧、中亚和以色列等"一带一路"沿线国的农业人才引进、技术研发及相关贸易等合作机会。2017年上半年，与荷兰科伯特生物系统有限公司共同推出了针对经济作物的"Terley（特利）"系列产品，之后又与乌克兰聚英有限公司（BMC）签署战略合作协议，双方将在以乌克兰为主的独联体国家开展创新农业领域的全面合作。同时，史丹利还与以色列可持续农业资讯组织SACOG签署专家聘用协议，积极引进国外专业的技术和人才，致力于科技的研发和产品的创新。目前史丹利仍旧以人才和技术的引进为主，在"走出去"方面未有显著成果。

二、金正大

金正大是一家从事复合肥、缓控释肥及其他新型肥料的研发、生产和销售的公司，其中缓控释肥产量居全国第一位，复合肥产量稳居全国前三位，是复合肥领域的龙头企业。金正大自成立以来就以国际化为战略方向，坚持"引进来"与"走出去"相结合，也是最早开始"走出去"的化肥企业之一。早在2006年，金正大就在美国华盛顿成立新型肥料研发中心，先后与美国佛罗里达大学、康奈尔大学、加州大学等6所美国大学及美国农业部明尼苏达州、华盛顿州和堪萨斯州3个试验站等单位建立了合作关系，共同致力于缓控释肥在美国的试验、示范和推广，共建立了13个试验示范基地。同时金正大还非常重视人才的培养和引进，吸引挪威雅苒公司前首席技术官Kevin Moran博士、加拿大加阳公司前副总裁Robert Rennie博士等一批国际顶尖专家加入，组建了一支60多人的国际一流的研发团队。此外，选派自己的科研、管理人才以及经销商到美国、德国、挪威、以色列、韩国等国家培训学习。在国际化进入"2.0"和"一带一路"倡议构想迅速落地的背景下，金正大加强了对沿线国家的布局，加快了"走出去"全球化布局的步伐。就在当年，金正大与以色列利夫纳特集团签署战略合作协议，并于11月共同在以色列成立了"金正大－利夫纳特农业科技研究中心"。2015年，金正大北美办事处在美国落成。在此前后，金正大还与德国、挪威等国知名科研机构建立了长期战略合作关系。2016年，又先后收购了欧洲第二大的缓控释肥生产企业——荷兰EKOMPANY（伊康姆）公司，欧洲特种肥料第一品牌德国Compo公司以及西班牙农业服务供应商Navasa公司。2017年以来，金正大继续加快国际化布局，如将巴斯夫力谋仕创新技术成果引入中国市场发展聚能长增效复合肥、率行业之先举办国际生物刺激素大会、与世界著名肥企加拿大加阳公司交流合作、与意大利SDF集团签署道依茨法尔农机项目股权合作协议、与挪威生命科学大学启动第三届国际环境保护与农业发展研究班等。金正大走出去的战略就是走国际化，通过海外并购、建设海外中心以及与国际知名机构合作等举措，推动技术进步，再通过直接收购，将技术、品牌、渠道、人才等进行有效整合，通过双方技术、品牌、渠道的嫁接融合来进一步完善公司全球生产基地的布局建设，从而提高公司在国际市场的差异化竞争力。金正大的国际化发展道路为中国肥料企业"走出去"提供了可资借鉴的有效路径。

三、云天化

云天化是一家以化肥及现代农业为主业，以玻纤新材料、磷矿采选及磷化工、石油化工、商贸及制造服务、产业金融为重要发展方向的国有综合性产业集团。拥有氮肥产能 216 万吨/年，磷复肥产能 853 万吨/年，其中高浓度磷复肥 833 万吨/年，产能规模亚洲第一。作为中国最大的磷肥生产企业，云天化的各类产品销往全球各地，业务网点遍布国内各省区市及欧洲、美洲、澳大利亚、中东、南亚、东南亚等地，年进出口总额超过 10 亿美元。其中氮肥和磷肥主要出口至南亚和东南亚各国，玻纤新材料产品主要出口至欧洲、中东、澳大利亚、美洲、非洲等地区，有机化工产品出口至欧洲、中东、沙特、俄罗斯、美国、东南亚等国家。自"一带一路"倡议提出以来，云天化响应政府的号召，加快了"走出去"的步伐，加强了和国际化肥企业的交流合作。2014 年 12 月，云天化通过非公开发行方式引入战略投资者——全球第六大钾肥公司以色列化工，双方在多个层次开展战略合作，包括以色列化工以现金认购云天化增发股份、双方组建磷产业合资公司等，在磷产业上形成全面的战略合作伙伴关系。此后，云天化又先后与墨西哥 ATIDER（艾特尔）、摩洛哥磷酸盐集团（OCP）签署合作协议，双方将逐步在全球化肥产品生产、销售、服务等方面开展深度全面的合作。在"一带一路"倡议背景下，云天化在"走出去"过程中最为显著的成果是顺利打开了缅甸的化肥市场，在缅甸设立控股子公司——缅甸瑞丰年肥料有限公司，填补了云天化在这个市场上的空白，并在几年的时间里迅速发展，一举占据了缅甸化肥市场 15% 的市场份额。此外还加大了对"一带一路"沿线国家的出口贸易量，如在 2017 年南亚东南亚国家商品展暨投资贸易洽谈会上签订磷肥出口越南贸易合同，约定自 2017 年 7 月至 2018 年 6 月期间，云天化将向越南市场投放磷酸二铵化肥产品约 30 万吨、贸易额约 9700 万美元。在未来 5 年内，云天化致力于打造国际化平台，主动融入国家"一带一路"倡议，围绕云南建设面向南亚、东南亚辐射中心，在化肥贸易、粮食及农产品加工、国际产能合作方面，深耕精耕越老柬泰中南半岛和孟中印缅经济走廊沿线国家市场，近期重点是在缅甸和越南市场，这些市场既有传统的基础，也有高增长的潜力。

云天化控股的中寮矿业（控股 77%）取得了老挝万象钾盐矿的开采权，2008 年 12 月，中寮矿业老挝万象年产 5 万吨氯化钾工程项目正式开工，拉开了在老挝建设百万吨级氯化钾生产基地的序幕。老挝万象钾盐矿储量丰富，经过云南地质勘查局多年的勘探，探明该地区有丰富的钾盐资源，总资源/储量为矿石量 49.29 亿吨，氯化钾储量 7.18 亿吨；控制的经济基础储量，矿石量 19.9 亿吨，氯化钾储量 2.92 亿吨；预测的远景储量（氯化钾）为 133.6 亿吨，可采钾盐储量一亿吨以上。整个矿区以钾为主，并伴（共）生有钠、镁盐以及溴等。中寮矿业开发投资有限公司通过对老挝万象钾盐的开发，可以将其建成亚洲最大的氯化钾生产基地。

四、鲁西化工

鲁西化工是一家集化肥、化工产品和科研技术开发为一体的大型化工企业，是目前全国最大的化肥生产企业之一。公司主营化肥、化工产品的生产与销售，主要产品为尿素、复合肥、磷酸二铵、烧碱等。近年来，鲁西集团随着产品在国内市场上占有率的逐步提升，出口产品也不断增多，多种产品远销国外市场。目前鲁西集团出口产品 33 种，包括化工、化肥和新能源装备三大类，覆盖全球 102 个国家和地区。其中，甲酸、二氯甲烷、三氯甲烷 3 种产品出口连续 3 年位居全国首位。随着国家"一带一路"倡议的推进，鲁西集团积极响应，抢抓机遇，着眼于国内和国际两个市场，先后在德国法兰克福、新加坡、中国香港等地设立办事处，同时启动了马德里商标国际注册申请，"LUXI"商标在国外的授权保护，为鲁西品牌"做成世界著名品牌"奠定了坚实的基础。但从整体上来看，鲁西化工的"走出去"还处于初级阶段。

五、新洋丰

新洋丰是一家以生产高浓度复合肥为主导产品的大型磷化工企业，是全国磷复肥龙头企业，全国化肥百强企业。在国内化肥产能严重过剩、市场竞争愈演愈烈、国家出台"到 2020 年化肥使用量零增长"行动方案的大背景下，作为国内磷复肥企业的旗舰企业，新洋丰在积极谋划企业转型升级的同时，一直在努力拓展国际市场，在优质产品和服务中探寻"去库存"途径。早在 2006 年，中国复合肥产能渐趋饱和时，新洋丰就未雨绸缪，依托外贸公司出口磷酸一铵，成功地打开东南亚市场和南美市场。2013 年，新洋丰肥业在北京注册了丰盈兴业农资有限公司，专业从事进出口业务。此前，每年以十万吨左右的批量走出国门，走过 7 个年头，"洋丰"颗粒一铵已经成为中国的骄傲，成为国外客户的首选品牌。北京丰盈兴业公司成立之后，新洋丰产品走出国门大提速，足迹遍及北美的加拿大；南美的巴西、智利、阿根廷；南亚的印度，东南亚国家韩国、日本、新加坡、马来西亚、印度尼西亚、越南、老挝、柬埔寨；澳大利亚；非洲的莫桑比克等 40 多个国家。之后，新洋丰积极开展海外投资，2016 年在澳大利亚墨尔本设立全资子公司——澳大利亚新洋丰，建设年产 5 万吨新型水溶肥项目并开展肥料贸易、在当地进行农业开发。当年 3 月，新洋丰全资子公司宜昌新洋丰取得澳大利亚农业部（DOA）颁发的出口澳大利亚化肥供应链一级资质证书，即 AQIS 认证，将通过宜昌新洋丰向澳大利亚出口化肥，主要出口产品：颗粒磷酸一铵。2017 年 10 月 11 日，新洋丰又与德国康朴公司签署合作协议，展开包括技术、生产、销售等多层面在内的本地化生产合作，并由德国康朴公司授权新洋丰作为其指定产品在中国的经销商。新洋丰立足于中国市场，将高水平引进来和大规模走出去同步推进，通过投资并购、合资合作等措施陆续推进贸易国际化、技术国际化、产能国际化和资源国际化，成为中国肥企"走出去"的标志性企业。

六、瓮福

瓮福集团是一家集磷矿采选、磷复肥、水溶肥、磷硫煤化工、氟碘化工生产、农产品种植及仓储贸易、科研、化工品国际国内贸易、行业技术与营运服务、国际工程总承包于一体的国有大型企业，成立于 1990 年，以信息化、国际化、金融化为战略方向。早在瓮福集团成立之初，就随之成立了瓮福磷矿进出口公司，后更名为瓮福国际贸易股份有限公司。瓮福国际贸易股份有限公司是瓮福产品进入国际市场的强大渠道，已形成高效、快捷、安全的物流体系，其产品远销世界各地，尤其是在亚洲、南太平洋和南美市场中拥有较高的市场占有率。2006 年，成立下属子公司——广西海湾资源开发有限公司，着眼于东盟自贸区与我国北部湾经济区的广阔未来，且同年瓮福成为国内唯一一家通过澳大利亚 AQIS 低风险出口货物认证的企业，标志着瓮福产品有了出口澳大利亚和新西兰的通行证；2010 年，又成立瓮福澳大利亚公司，与澳大利亚最主要的化肥消费和矿产资源供应客户开展直接销售和采购业务。自"一带一路"倡议提出以来，瓮福加强了对"一带一路"沿线国家的贸易出口，成功打通了瓮福 DAP + 产品的东南亚销售渠道。瓮福利用国际贸易的专业化在化肥进出口中占据了一定的优势地位。

七、盐湖股份

盐湖股份主要经营氯化钾的开发、生产和销售，是中国目前最大的钾肥工业生产基地，中国钾肥制造行业排头兵企业。2011 年，盐湖股份与中川国际矿业控股有限公司（以下简称"中川矿业"）就将加拿大 KP－488 项目建设成为我国海外钾盐生产基地达成合作意向，签署了《合作开发加拿大 300 万吨钾盐基地战略合作协议》。双方约定，在国家和青海省支持下，拟通过盐湖股份与中川矿业双方的共同努力，将 KP – 488 项目建设成为我国海外钾盐生产基地。据悉，中川矿业于 2010 年取得了加拿大萨斯喀彻温省 KP488 钾盐矿床采矿权。2012 年 6 月，盐湖股份的控股子公司青海盐湖镁业有限公司以货币资金对外投资，取得澳大利亚海镁特有限公司不超过 30% 的股权。

第九章
化肥产业布局战略

第一节 中国化肥产业布局战略

一、发展思路与目标

立足国际国内两种资源、两个市场，紧紧围绕国家农业对外合作规划和"一带一路"战略部署，统筹谋划重点国别、市场、产品的区域布局，以培育具有国际竞争力的跨国化肥企业为抓手，以境外氮磷钾资源及加工、贸易合作为突破口，以构建稳定、安全的化肥供应体系为己任，着力创新农业对外开放机制，加快国内优势产能转移，助推产业结构优化和转型升级，有效促进国际国内化肥产业要素有序流动、资源高效配置、市场深度融合，大力提升我国化肥产业对外合作过程中的全球竞争力、资源配置力、市场控制力和国际影响力。

二、化肥产业布局基本原则

（1）优化布局，突出重点。综合考虑境外目标国家或地区化肥自然资源条件、经济社会发展水平、产业比较优势、政治环境和文化差异等，优化生产区域布局，全面参与全球价值链、产业链建构，以非洲和东南亚为先导区，布局"一带一路"沿线区域和国家的市场，重点强化与东欧中亚和东南亚等区域重点国家合作，突出主攻方向和关键环节。

（2）政府引导，市场主体。坚持以企业为主体，实行市场化运作，发挥市场在资源配置中的决定性作用，深化改革，加强政府对化肥产业政策、资金、服务上的支持力度，促进企业间协同推进，在整个农资体系（肥料、农药、农机、农膜）中综合考量完善中国肥料产品出口支持政策。

（3）龙头带动，优势互补。中国煤基氮肥生产技术在全球独具特色，肥料生产技术已接近国际先进水平，产业链完整、配套完备，具有一定的比较优势。结合东道国发展诉求，充分利用我国资金、技术、市场及经验优势和多双边农业合作平台，发挥龙头企业的示范带动作用，抱团出海，构建化肥产业原材料资源供应、加工、仓储、物流、贸易全产业链体系，实现互利共赢。

（4）防范风险，持续发展。严格投资论证，强化市场、融资、汇率、文化、政治风险监测与评估，做好应急预案，确保项目安全运营，同时制定切实可行的政策支持企业走出去开展国际产能合作；主动融入东道国经济社会发展，自觉履行社会责任，保护生态环境，实现境外化肥产业的可持续发展。

（5）分类管理，持续优化。针对化肥细分产品中氮磷钾等资源禀赋差异，进行分类管理，分别制定战略布局和规划。根据国内外经济社会形势发展、相关产业动态以及地缘政治和文化等变化，动态持续优化产业布局，以提高市场抗风险能力及市场竞争力。

第二节　中国化肥产业走出去的技术路径

一、培育国际化肥龙头大企业

依托现有上市化肥龙头企业，深化国有化肥企业改革，加大资源整合力度，实施联合体、联盟、联营体三大经营战略，推广产业化、集团化和股份化等三大现代经营模式，通过资源集聚与资本运作相结合等现代经营方式，组建化肥行业联盟，在化肥原料配制、化肥销售、加工、种业、科技创新、信息、产业基金等领域开展全面务实合作，通过实施"协同、交叉、一体化"战略和"联合、联盟、联营"方式，加快形成以资本为纽带、连接紧密的利益共同体，打造国际化化肥龙头企业，鼓励国内具有互补优势的企业"抱团出海"，共同参与国际产能合作、开拓海外市场，培育具有国际竞争力的大企业大集团；完善我国化肥产品出口的相关政策，拉动我国化肥出口，化解产能过剩矛盾、把握化肥产业的话语权和控制力。

案例：江苏华昌化工股份有限公司已连续3年保持中国第一大复合肥出口企业地位。为了进一步扩大国际市场份额，输出中国肥料产业发展的经验，华昌化工在马来西亚成立了合资公司，致力推广以氯化铵、硫酸铵副产氮肥为主要氮源的配方肥料。同时，华昌化工还与河南金山等骨干企业成立了专门的工作组，到"一带一路"沿线国家和地区开展肥料示范、试验推广工作，复制中国测土配方施肥经验。

二、建立一批境外规模化原料供应研发生产加工企业

应加快实施走出去战略，按照政府引导、企业运作的方式，将企业建设境外化肥原料供应研发生产加工基地项目列入政府间农业经济合作框架，在海外设立或合办研发机构、在海外投资或并购的企业，给予相应的财政资助、税收优惠等政策支持，加强我国化肥企业对外投资生产经营活动的鼓励、扶持、保护和引导，开辟"绿色通道"实行"一站式"服务，简化对外投资审批流程，实行境外投资贴息贷款、优惠利率等信贷支持，以及给予政府补贴等融资政策，加强企业投资决策的信息服务，推动我国化肥企业海外投资规模化原料供应、研发、生产、销售。转变海外投资方式，加快从目前独资、新建为主，转向以合资合作、新建、扩建、并购、参股、上市等多种方式并举，绕过主要境外地区和国家的壁垒，增强我国化肥在国际化肥业的影响力，提高我国化肥的供给能力和对全球化肥资源的控制力，保证国家经济安全。

案例：湖北新洋丰肥业股份有限公司收购澳大利亚 Kendorwal 农场，进军国际高端农牧业市场，新洋丰的国际化战略逐步明晰，即技术国际化、产能国际化、贸易国际化和资源国际化，迈上国际化发展的新高度。金正大与佛罗里达大学、挪威生命科学大学等 7 所国外高校以及美国农业部 3 个试验站建立了长期合作关系。

三、融入化肥全球产业链建设并逐步获取主导权

全球化肥原料供应地区和国家正在由原来传统的原料出口逐步转向全产业链建设，向供应链的下游延伸。我国以东道国重点鼓励的化肥产业链环节为重点，为产业链各类企业走出去参与境外投资合作搭建平台，以研发、加工、仓储、物流体系建设等为重点，提升产业链环节上企业资源整合、优势互补，形成功能相互配套、相互衔接的优势产业集群。支持企业通过参控股方式新建或者收购重要物流节点的港口、码头，重点在一带一路沿线发展化肥仓储物流体系，利用陆海丝绸之路国际运输通道，发展境内外农产品跨境运输，增强国际市场开拓能力。

案例：国内新型肥料龙头企业金正大集团更是全方位走出去的典范，在广度和深度方面都为全行业树立起标杆。近两三年间，金正大不光在收购发达国家先

进农化企业方面动作频频，还与世界农化领域顶尖的研究机构、高校和企业开展了广泛的国际交流合作，同时在国际标准的制定实施方面突飞猛进，表现出加快国际化战略布局、跻身世界农化市场中心舞台的广阔胸襟和视野。

第三节　中国化肥产业走出去的区域布局

一、化肥产业的区域选择

从空间布局来看，我国化肥企业重点投资区域可以分成两类：一类是非洲地区，主要是摩洛哥和尼日利亚（氮素和磷酸盐）、埃及和阿尔及利亚（磷酸盐）、坦桑尼亚和莫桑比克（天然气）；一类是东南亚地区，氮肥磷肥需求旺盛，泰国和老挝国家有钾盐储藏，东南亚钾盐需求占全球11%。

（1）重点区域：非洲地区。从化肥需求来看，全球化肥需求增长最快的地区是非洲，该地区占未来五年全球化肥需求增长的比例为11%。其中对于非洲来说，氮肥、磷肥、钾肥等需求全线增长，钾肥需求增长速度要大于氮肥和磷肥。从化肥供给来看，对于非洲来说，未来五年其氮肥和磷肥供应继续增加，钾肥基本持平。氮肥供应的持续增长主要来源于尼日利亚和埃及，磷肥供应的持续增长主要来源于摩洛哥、埃及和阿尔及利亚。

（2）重点区域：东南亚地区。从化肥需求来看，东亚和南亚地区未来五年需求占全球新增总需求的22%和24%，合计共占比为46%。对于南亚地区而言，未来五年氮肥供应有所增加，主要来源于印度和孟加拉国，而磷肥和钾肥的新增供应基本为零。而南亚地区未来五年的需求比较旺盛，新增化肥需求占全球新增需求的24%，因此未来五年南亚地区依然保持全球最大的磷酸盐和尿素的进口国家和地区，也是钾盐主要进口区域。对于东亚地区而言，未来五年新增供应占全球15.71%。越南（NPK复合肥）、印尼（尿素和NPKs）、马来西亚（尿素）以及泰国和老挝（钾矿）等产能正在扩大。

中国氮磷钾肥供应全线上涨，氮和磷的增量进一步增加了中国的产能过剩，未来五年中国依旧是氮肥和磷肥的支配性出口国，于此同时钾肥的进口缺口进一步扩大。

二、化肥产业的市场选择

中国化肥产业走出去布局，从市场选择来看，首先是满足国内钾盐进口的需求，北美和东欧中亚地区贡献全球钾盐占供应总量的97%，北美（以加拿大为主）将贡献全球供应的35%，东欧中亚占34%，东亚占14%，其它地区占17%；其次是满足国际市场的氮肥和磷肥需要。非洲、拉丁美洲和南亚氮肥需求持续增加，将是未来主要市场。2016－2021年阶段中国合成氮产能约600万吨，到2021年我国将依旧是氮肥和磷肥产品的支配性出口国，但钾肥进口可能会进一步增加。

第四节　中国化肥产业走出去政策建议

在政府支持引导和自身的开拓探索下，中国化肥产业在走出去的过程中，在技术合作交流、产能合作、并购重组等方面取得了一定的成绩，但是在实践中也遇到了各种各样的问题与风险。

一是地缘政治和文化差异。不少"一带一路"沿线国家政局动荡，甚至面临战争、恐怖主义的威胁，这是长期产业投资合作所忌惮和回避的。

二是资金难题。在国外要获得当地政府的资金支持极其困难，企业必须有雄厚的资金实力来支撑项目建设和发展。

三是市场大幅波动。在国外市场，中国企业必须独自面对不可控的市场剧烈震荡。从目前来看，这些问题和风险几乎全部由走出去的企业独自承担。中国政府虽然多次重申，要政策支持有条件、有实力的企业走出去开展国际产能合作，但目前企业能切实争取获得的政策"红包"还是太少。

四是国内企业抱团出海问题。中国企业走出去还存在单打独斗、互相"打架拆台"的现象，既影响了国家利益，也损害了行业的整体利益。

针对上述四类主要问题，提出以下几点对策建议。

（1）机制方面：与重点合作国家建立多元合作机制，减少贸易摩擦风险，降低不可抗力因素隐患。加强中国与重点合作国家或地区高层及相关部门的对话和交流，重点解决地缘政治问题；农业部门、海关、交通（铁路、公路等）、检验检疫、文化等部门加强对话合作，重点解决贸易壁垒和障碍；及时建立完善重点合作国家政局动荡等不可抗力因素隐患的应急预案，重点降低不可抗力因素隐患。

（2）资金方面：加大财政支持力度，重点支持技术和产能合作以及并购方面的资金支持，培育国际化肥龙头大企业。第一，设立专项资金支持我国化肥企业跨国技术合作、产能合作和并购重组等，提高企业国际运营能力和抗风险能力。

第二，支持具有国际竞争力的化肥企业联合金融机构、社会资本等成立产业发展基金，引导资金向优势产区和重点建设环节倾斜。实行境外投资贴息贷款、优惠利率等信贷支持，以及给予政府补贴等融资政策。培育一批具有国际竞争力和国际品牌的化肥龙头企业或集团。

（3）政策方面：建立完整的中国肥料产品出口支持政策体系，采取积极的出口政策，促进肥料出口适度增长，提高企业国际经营的抗风险能力，缓解国内肥料产能结构性过剩矛盾。适时适量考虑以取消三元复合肥的出口关税为突破口，最终实现放开所有肥料产品的出口关税，并允许企业以加工贸易方式进口钾肥原料、出口三元复合肥成品。考虑给予肥料产品至少部分肥料产品出口退税优惠。开辟"绿色通道"实行"一站式"服务，简化审批流程。

（4）服务引导：提供战略规划和优质信息，引导抱团出海。切实加强组织领导和宏观战略把控，在农业对外合作"十三五"规划基础上，制定化肥产业走出去战略规划。借鉴国际经验，向社会提供基础性信息，建立权威的市场信息发布机制，面向企业及时提供准确、权威、全面的信息服务，帮助企业提高跨国经营的决策信息基础能力和抗风险能力。引导行业成立和完善行业协会和委员会，着力避免企业单打独斗，避免低水平重复建设，集聚各方优势资源，以技术、资本、渠道、服务和品牌等为纽带，搭建产业协作的大平台，推动全行业的联合协作，形成联合研发、联合生产、联合推广的合力。具有互补性优势的企业之间，"抱团出海"，共同参与国际产能合作、开拓海外市场。

参考文献

[1] 黄高强. 我国化肥产业发展特征及可持续性研究 [D]. 北京：中国农业大学，2015.

[2] 张卫峰等. 全球粮食危机中化肥产业面临的问题与对策 [J]. 现代化工，2008，07 (20).

[3] 沈华民. 全球化时代化肥产业的挑战和应对 [J]. 化工设计通讯，2011 (10).

[4] 徐京磐. 化肥产业发展形势浅析 [J]. 氮肥技术，2016，37 (5).

[5] 韩姝. 中国化肥产业的国际竞争力分析 [J]. 农业经济问题，2007，28 (A1).

[6] 王并双，唐亮. 加入 WTO 以来中国化肥产业国际竞争力的变化 [J]. 世界农业，2011 (7).

[7] 王利等. 中国化肥的产业环境评价与国际竞争力分析 [J]. 氮肥技术，2016，37 (5).

[8] 李向升. 中国化学肥料产业国际竞争力研究 [D]. 广州：暨南大学，2006.

[9] 马文奇，张卫峰，王利，张四代，张福锁. 世界化肥发展特点和未来趋势分析 [J]. 现代化工，2008，28 (4).

[10] 张卫峰，马文奇，张福锁. 中国、美国、摩洛哥磷矿资源优势及开发战略比较分析 [J]. 自然资源学报，2005，20 (3).

[11] 奚振邦，徐四新. 化肥与我国粮食的连续丰收 [J]. 磷肥与复肥，2017，32 (1).

[12] 沙海辉，邹盛联，叶志伟. 化学肥料对中国农业发展的长处与短处 [J]. 农业开发与装备，2017 (3).

[13] 张卫峰. 中国化肥供需关系及调控战略研究 [D]. 北京：中国农业大学，2007.

[14] 张四代. 中国化肥供需区域特征及调控策略研究 [D]. 保定：河北农业大

学，2008.

[15] 李宇轩. 中国化肥产业政策对粮食生产的影响研究 [D]. 北京：中国农业大学，2014.

[16] 周芳，金书秦. 产出率视角下的农业化肥利用效率国际比较 [J]. 世界农业，2016 (4).

[17] 李红莉，张卫峰，张福锁，杜芬，李亮科. 中国主要粮食作物化肥施用量与效率变化分析 [J]. 植物营养与肥料学报，2010 (5).

[18] 王艳语，苗俊艳. 世界及我国化肥施用水平分析 [J]. 磷肥与复肥，2016，31 (4).

[19] 沙海辉，邹盛联，叶志伟. 化学肥料对中国农业发展的长处与短处 [J]. 农业开发与装备，2017 (3).

[20] Prud'homme, M., Heffer, P. Fertilizer Outlook 2017 – 2021 [C]. 85th IFA Annual Conference, Marrakech, Morrocco, 2017.

[21] Heffer, P., Gruere, A., Peyroutou, G. Medium – Term Outlook for World Agriculture and Fertilizer Demand 2016/17 – 2021/22 [C]. 85th IFA Annual Conference, Marrakech, Morrocco, 2017.

[22] Prud'homme, M. Fertilizers and Raw Materials Global Supply 2017 – 2021 [C]. 85th IFA Annual Conference, Marrakech, Morrocco, 2017.